本书受以下项目和经费资助：

（1）国家社会科学基金重大项目“中国社会质量基础数据库建设”（项目号：16ZDA079）

（2）中国社会科学院“登峰计划重点学科发展社会学建设”

（3）中国社会科学院“社会发展指标综合集成实验室”

（4）中国社会科学院重大社会调查项目“2019 年中国社会状况综合调查”

（5）中国社会科学院创新工程重大项目“全面建成小康社会和‘后小康社会’重大问题研究”（项目号：2019ZDGH004）

智库 中社 年度报告 Annual Report

当代中国社会质量报告

2019

THE REPORT OF CONTEMPORARY SOCIAL QUALITY IN CHINA 2019

主　编　崔岩　邹宇春
副主编　李炜　任莉颖

中国社会科学出版社

图书在版编目（CIP）数据

当代中国社会质量报告.2019／崔岩，邹宇春主编.—北京：中国社会科学出版社，2021.1

（中社智库年度报告）

ISBN 978-7-5203-7429-3

Ⅰ.①当… Ⅱ.①崔… ②邹… Ⅲ.①社会发展—调查报告—中国—2019 Ⅳ.①D668

中国版本图书馆 CIP 数据核字(2020)第205019号

出 版 人　赵剑英
策划编辑　李凯凯
责任编辑　刘凯琳
责任校对　杨　林
责任印制　王　超

出　　版　中国社会科学出版社
社　　址　北京鼓楼西大街甲158号
邮　　编　100720
网　　址　http://www.csspw.cn
发 行 部　010-84083685
门 市 部　010-84029450
经　　销　新华书店及其他书店

印刷装订　北京君升印刷有限公司
版　　次　2021年1月第1版
印　　次　2021年1月第1次印刷

开　　本　710×1000　1/16
印　　张　20.25
字　　数　314千字
定　　价　109.00元

课题组成员

主　　编：崔　岩　邹宇春
副主编：李　炜　任莉颖
核心成员：林　红　田志鹏　高海燕

前　言

一　中国的社会质量研究正处于重大的转向时期

在我国经济社会转向“高质量发展阶段”的重大历史时期，中国社会科学院社会学研究所中国社会质量研究团队著述的《当代中国社会质量报告（2019）》（系《当代中国社会质量报告》第二辑，以下简称“《社会质量报告》二”）也即将问世，可谓恰逢其时，正适其势。

其时势便是近年来，“发展质量”逐步上升为党和政府规划我国未来发展方式的一项战略性政策理念。2017 年 10 月，习近平总书记在党的十九大报告中将“坚定不移贯彻新发展理念，坚决端正发展观念、转变发展方式，发展质量和效益不断提升”，作为十八大以来我国经济建设取得的成就的重要经验，同时也指出“发展质量和效益还不高，创新能力不够强”是未来必须着力加以解决的问题；2018 年 2 月，党的十九届三中全会公报提出“围绕推动高质量发展，建设现代化经济体系”的主张。上述十九大和十九届三中全会文件中谈到的“发展质量”“高质量发展”主要指的是经济发展领域，或政府与市场关系的调整。2019 年 10 月，党的十九届四中全会发布的《中共中央关于坚持和完善中国特色社会主义制度 推进国家治理体系和治理能力现代化若干重大问题的决定》中，“高质量发展”一词出现了 5 次，分别为“经济高质量发展”“高质量发展的区域经济格局”“完善以高质量发展为导向的文化经济政策”“更充分更高质量就业的促进机制”“推动共建‘一带一路’高质量发展”，可见追求发展质量已从经济领域扩延至更为广泛的范围。2020 年 10 月，党的十九届五中全会公报明确指出“我国已转向高质量发展阶段”，并将“以推动高质量发展为主题，以深化供给侧结构性改革为主线，以改革创新为根本动力，以满足人民日益增长的美好生活需要为根本目的，统筹发展和安全，加快建设现代化经济体系，加快构建以国内大循环为主体、国内国际双循环相互促进的新发展格局，推进国家治理体系和治理能力现代化，实现经济行稳致远、社会安定和谐”设定为“十四五”时期经济社会发展的指导思想和必须遵循的原则。

推动“高质量发展”成为建设现代化强国的重要路径，意味着从关注经济增长一个维度，转向关注经济发展、社会公平、生态环境等多个维度；从关注 GDP，转向关注以人民为中心的各项制度安排和城乡区域之间的协调发展。这一转向，为中国社会质量研究从学术探究拓展至公共政策的研究和评估，体现其经世致用之价值，提供了广阔的空间。

二　应大力推进社会质量研究在社会政策领域的应用

十余年来，社会质量在国内的研究进展迅速，已从学术译介阶段、理论研讨阶段，进入到社会政策的议题设置阶段。随着进入中国特色社会主义新时代，我国社会的主要矛盾已经转化为人民日益增长的美好生活需要和不平衡不充分的发展之间的矛盾。我们认为，在此背景下中国社会质量研究的核心要务，就是在社会建设和社会治理领域深入研究发展不平衡不充分的现状，锚定制约高质量发展、高品质生活的体制机制障碍，提供满足人民日益增长的美好生活需要的社会政策方案，为提升社会建设和社会治理能力现代化水平而贡献智力支撑。在我们这部《社会质量报告》二中，便体现了社会学人在此方向上的尝试和努力。

围绕这一目标，本期报告和 2018 年出版的一期报告相比，在格局上做了较大的调整。报告的上半部分（即一至八章），仍然以现有社会质量理论研究起首，而后聚焦于当前中国社会质量的社会经济保障、社会凝聚、社会包容、社会赋权四个维度的描述分析，最终加以总结。这一部分研究内容的目的，是以社会质量研究的描述、评估和群体比较功能，对我国当前社会质量的整体及四个维度逐项分析评估，并突出各项指标数据体现的发展不充分（即发展水平不足）和发展不平衡（区域间、城乡间、群体间的差距过大）方面的问题。

如在社会经济保障方面，收入的增长、社会保障的全面覆盖极大地提升了人民福祉，但另一方面物价、收入、房价、医疗等基本民生问题依然是公众面临的发展不充分的困难；最高和最低五等分收入组的收入差距仍高居不下；不同地区间居民家庭的收支平衡状况相差甚大；社会保障的享有水平在城乡间有较大差距；大多数公众认为当前的社会保障水平偏低，低收入群体对当前社会保障现状的评价偏低；私营企业、民非机构、社会自治组织中的劳动合同签约率明显低于全体就业者的平均水平；城乡居民的平均受教育年限仅为10年，刚过义务教育的初中水平，农业劳动者的受教育年尚不足7年。如在社会凝聚方面，公众的国家认同和社会认同进一步提升，统一的集体主义、规范性价值倾向正逐步形成，但也存在低收入、低学历、低职业地位等在社会结构中处于不利地位的群体持有相对更低的人际信任水平，对社会道德与社会遵纪守法方面的评价较为负面，国家认同低于平均水平等现象。如在社会包容方面，社会宽容度水平和社会公平感较上期调查都有一定程度的提升，但社会宽容仍然处于较低水平，尤其是对同性恋群体、艾滋病群体的接纳度大致在30%以下。如在社会赋权方面，互联网社交工具的应用极大地拓展了公众的社会交往空间，线上群圈成为人际交往的主渠道，上网而不入群的网民比例不足5%，一定程度上弥补了线下群体性交往的不足。但在日常政治参与方面也存在实际参与率偏低的状况，和公众较高的参与意愿形成明显的反差。

报告的下半部分（即九至十三章）则以5篇专题报告，展现社会质量应用于公共政策领域的经验研究成果。其中第九章《社会质量对居民主观幸福感的影响》，分析了社会质量一级指标的4个基本维度（社会经济保障、社会凝聚、社会包容、社会赋权）及其下设的15项二级指标对居民幸福感的影响。研究结果表明，并非所有的社会质量指标对幸福感都有促进作用：与其余指标相比，社会经济保障维度中的收入和就业质量，社会凝聚维度中的社会信任和社会认同，社会包容维度中的社会公平感，社会赋权维度中的政治参与，对幸福感的影响效应更为明显。这一研究发现启示我们要更加注重分析公众幸福感、获得感这样的主观感受与社会整体质量改善之间的多维关系。第十章《社会质量视域下的基本公共服务供给研究》，考察公众对养老保障、医疗保障、基本住房保障、城乡最低生活保障等基本公共服务的评价对社会发展质量评价的影响效应。研究结果显示，公众在各项公共服务供给方面的评价的确对社会质量评价产生显著影响，然而城乡居民之间存在评价侧重的差异。对农村居民而言，养老、医疗和就业保障方面的评价与社会质量评价之间的关联更为密切；而对城市居民而言，只有总体社会保障水平会对其社会质量评价产生显著的影响效应。这一发现意味着增加农村居民的公共服务供给，对提升其社会评价的“边际效益”更为明显，其政策意涵十分耐人寻味。第十一章《地方政府社会治理能力评价指标体系构建与验证》，采用因子分析的方法将 CSS2019 调查中社会质量的相关指标，构建成包括 4 个要素和 20 个指标的地方政府社会治理能力评价体系。这 4 个要素分别为提升民生保障水平的能力、促进社会公平的能力、维护社会秩序的能力和增强社会凝聚力的能力，与社会质量的 4 个基础维度非常类似，使得社会质量的指标框架和政府社会治理的评估关联起来，更加凸显其现实意义，也是一种别开生面的做法。第十二章《城市贫困及其影响因素研究》，关注的是城市居民中两种贫困状态（工作贫困和无业贫困）的产生机制。研究发现，年龄、性别、受教育程度是陷入贫困的主要个体层面因素。对在业人口而言，就业于体制外机构、未签订劳动合同也是贫困发生的劳动力市场因素；对于无业人口而言，除年龄、性别、受教育程度外，陷入贫困的因素还有家庭子女数和婚姻状况，即多子女家庭、未婚者群体进入贫困群体的风险更高。从政策意涵而言，对城市贫困家庭进行教育援助，提高贫困群体下一代的受教育程度，可以有效降低城市贫困代际传递发生率。第十三章《风险社会视域下流动人口的信任度研究》，聚焦社会质量中社会凝聚维度的社会信任指标，探究流动人口社会信任的现状及影响因素。研究发现，流动人口群体更加信任具有明确的制度、法律规定等“刚性”建设的机构，而对“柔性”的情感与人际关系信任度相对较低。在业的流动人口的制度信任要高于无业人口。

三　从社会质量评估向社会现代化评估拓展将是未来的研究方向

2020 年是全面建成小康社会的收官之年，也是建设“后小康社会”的开局之年。“后小康社会”的建设目标在党的十九大提出的“两步走”战略中已经非常明确：从 2020 年到 2035 年，在全面建成小康社会的基础上，再奋斗十五年，基本实现社会主义现代化；从 2035 年到 2050 年，在基本实现现代化的基础上，再奋斗十五年，把我国建成富强民主文明和谐美丽的社会主义现代化强国。由此可以看出，我国社会主义现代化强国的建设，是以经济、政治、文化、社会、生态（“五大建设”）为核心主题的。可以预见，和全面建成小康社会一样，社会主义现代化强国的建设也将会是在全局性和阶段性的规划下，逐步实现，也必定需要评估现代化建设进程的指标体系。其中社会现代化评估指标体系的研究和设计，是国内发展社会学必须关照的主导方向。

学界对社会现代化的概念、内涵已有诸多的讨论，然而到目前为止，国内尚未有具有共识性的“社会现代化”概念，更遑论具有理论架构和操作化的“社会现代化指标体系”。早在 2006 年，中国科学院“中国现代化研究中心”推出的《中国现代化报告》即以“社会现代化研究”为主题，提出了包括人口、家庭、家居、卫生营养等 12 项一级指标、84 项二级指标的“社会现代化的社会变量”，但由于缺乏社会研究的理论支撑，社会科学和公共政策研究领域对其研究的关注不够，政府部门也没有予以充分重视。已故的社会学泰斗陆学艺先生早在 2011 年就提出“社会建设就是建设社会现代化”的观点，并将社会现代化具体化为民生与社会事业、社会管理（治理）、社会结构、社会重建四项内容，这一见解对社会现代化指标的建立，极具启发意义。

我们认为，作为对社会发展状况的评估体系，已有的社会质量从理论架构到操作指标都已日趋成熟，在指标采集方式上也兼顾宏观（整体国家和社会）和微观（作为个体的社会成员）的不同层面。以社会质量评估体系为基础，拓展其内涵，使之成为社会现代化的评估指标体系建设的一个支点和来源，则更加具有学术增长力和现实生命力。

本书的调查数据主要来自中国社会科学院社会学研究所开展的“2019 年中国社会状况综合调查”（CSS2019），也是中国社会质量状况的第四期调查。同时书中也部分地引入了前三期调查的数据资料，以便能够进行社会质量状况的纵向对比。本书的撰稿人包括中国社会科学院社会学研究所的 7 位研究人员，中国社会科学院大学的 11 位博士硕士研究生，以及中国社会科学院之外的 8 位研究人员和学生。其中各章的撰稿人为：

第一章　社会质量理论研究综述

撰稿人：孙子涵（中国社会科学院大学）、崔岩（中国社会科学院社会学研究所）

第二章 社会经济保障报告：家庭财务

撰稿人：任莉颖（中国社会科学院社会学研究所）

第三章 社会经济保障报告：居住和社会保障

撰稿人：李炜（中国社会科学院社会学研究所）、陈艺华（华东师范大学）、王卡（中国社会科学院大学）

第四章 社会经济保障报告：就业与教育

撰稿人：田志鹏（中国社会科学院社会学研究所）

第五章 社会凝聚报告

撰稿人：邹宇春（中国社会科学院社会学研究所）、张彬（中国社会科学院－上海市人民政府上海研究院）、张丹（中国社会科学院大学）、王翰飞（中国社会科学院大学）

第六章 社会包容报告

撰稿人：高海燕（中国社会科学院社会学研究所）、申光明（中国社会科学院大学）

第七章 社会赋权报告

撰稿人：林红（中国社会科学院社会学研究所）、张宾（中国社会科学院大学）

第八章 社会质量综合评估报告

撰稿人：徐靖（中国社会科学院大学）、崔岩（中国社会科学院社会学研究所）

第九章 社会质量对居民主观幸福感的影响——基于 CSS2019 数据的分析

撰稿人：田向东（广东金融学院社会调查中心）、娄春晖（广东金融学院公共管理学院）、黄海萍（广州农村商业银行）

第十章 社会质量视域下的基本公共服务供给研究——基于 CSS2019 数据的分析

撰稿人：黄永亮（江苏省社会科学院社会政策研究所）、徐琴（江苏省社会科学院社会政策研究所）

第十一章 地方政府社会治理能力评价指标体系构建与验证——基

于 CSS2019 数据的分析

撰稿人：冯华艳（河南财经政法大学社会学院）

第十二章　城市贫困及其影响因素研究——基于 CSS2019 数据的分析

撰稿人：许默焓（中国社会科学院大学）、宋阳（中国人民银行金融研究所）、张弓（中国社会科学院大学）

第十三章　风险社会视域下流动人口的信任度研究

撰稿人：王涛（中国社会科学院大学）

本书撰写过程中崔岩副研究员为全书提供了写作大纲，田志鹏助理研究员为本书的写作提供了统一的数据版本，邹宇春副研究员、崔岩副研究员负责了全书的通校，中国社会科学院大学张雅博为本书做了大量资料核对和具体组织工作。另外，社会学所开展的历次社会质量调查数据也发布在“中国社会质量基础数据库平台”（https：//csqr. cass. cn），面向公众开放。

最后，特别向为中国社会质量研究提供支持的国家社会科学基金、中国社会科学院“登峰计划”、中国社会科学院社会发展指标综合集成实验室等机构和研究计划资助方表示衷心的感谢。

目　　录

第一章

社会质量理论研究综述

第一节　社会质量概念的起源和基本界定

随着我国进入社会发展新时期，决策者与学者的关注重点逐渐从经济发展水平转移到社会建设水平和社会发展水平上来。然而，不同于经济发展可以通过国内生产总值（GDP）等指标进行简单测量，社会发展还没有形成公认的、适于多种不同情况的测量单位和测量指标体系，如何界定与测量社会发展成为当前学者研究的重点之一。在此之前，很多学者尝试建立指标对社会发展水平进行测量，例如社会进步指标（ISP）以及人类发展指标（HDI），虽然在一定程度上体现了社会进步的一些层面，但是，没能有效地把“社会发展”与“经济发展”进行区分。

社会质量这一概念的提出，其理论核心的基础是社会结构下个体的能动性空间。换言之，社会质量理论充分体现了社会学意义中“社会”的内涵，完整表现了“社会”作为“公共领域”与“国家”“市场”的不同边界。社会质量理论中的公共领域，作为由社会人组成的集合，与政府之间不是简单的管理与被管理的关系。相反，社会质量理论中的“社会”是在国家权力保障和制约下，以公民自治为原则，公民合意为其合法性基础，以集体行动和公众舆论为形式来平衡国家权力，促进国家与社会的理性沟通。因而，在倡导建立现代社会治理模式下，社会质量理论中的公共领域（结构）与个体（能动）互动是社会建设所植根的深层社会基础，为社会发展的测量提供了基础。因此，通过对社会质量理论进行深入研究，并结合本土条件进行重新建构，可以有力地提供衡量社会发展水平的框架和指标。

一　欧洲“社会质量”的提出和理论发展

“社会质量”作为对社会发展的评价标准，首先发源于欧洲，对欧洲国家的影响力要远远大于我国，不过其理论分析架构和测量指标体系对我国学界有着广泛的影响。我国学者当前对“社会质量”的探讨，主要源于欧洲的社会质量研究。1997 年，在阿姆斯特丹欧盟会议上，欧洲学者率先提出了“社会质量”（social quality）这一概念，并通过了《欧洲社会质量阿姆斯特丹宣言》（以下简称《宣言》）。《宣言》指出：“我们希望欧洲是一个经济上获得成功的社会，同时也希望通过提升社会公正和社会参与，使欧洲成为具有较高质量的社会。”[①]《宣言》指出：“社会质量作为全新的社会发展理念，其根本动机是考虑到所有市民的基本尊严。”

《宣言》通过后，欧盟紧接着在 1997 年 6 月成立了“欧洲社会质量基金会”（EFSQ）用来推动社会质量的研究，这也是首个推动社会质量研究的机构。1997 年，欧洲社会质量基金会出版了社会质量研究的第一本著作《欧洲社会质量》[②]，书中对社会质量的理论、研究领域、政策取向等进行了探索。自 1999 年开始出版《欧洲社会质量期刊》（*The European Journal of Social Quality*）之后，学界产出了一系列有关社会质量的论文。2001 年，欧洲社会质量基金会提出了“社会质量”四个条件性因素，即社会经济保障、社会凝聚、社会包容和社会赋权，并出版了社会质量研究的第二本著作《社会质量：欧洲的视角》[③]，书中对社会质量的概念、理论和政策相关的问题进行了详细分析。2001—2005 年，欧洲社会质量基金会在社会质量指标体系研究上取得突破，建立了由 95 个指标构成的完整的指标体系。2006 年以后，欧洲社会质量基金会则致力于将

---

① Amsterdam Declaration on Social Quality, Amsterdam: The European Foundation on Social Quality, from European Foundation on Social Quality web site: http://www.socialquality.org/site/index.html, 1997.

② Beck, W., van der Maesen, L., Thomése, F., & Walker, A., *Social quality: A vision for Europe*, The Hague: Kluwer International, 1997.

③ Beck, W. A., L. J. G. van der Maesen, F. Thomése, and A. C. Walker, *Social Quality: A Vision for Europe*, The Hague, London, Boston: Kluwer Law International, 2001.

社会质量研究和以社会质量为核心的政策取向推广到亚洲和国际社会。

2006 年以后，亚洲社会对于社会质量的研究逐渐重视起来。2006—2011 年，日本、中国台湾、泰国、中国、韩国、中国香港相继召开了社会质量会议，并成立了亚洲社会质量研究联合会（ACSQ）。亚洲社会质量研究主要包括两方面内容：一是研讨欧洲社会质量指标在亚洲社会的适用性，通过改造形成亚洲社会质量标准问卷（SQSQ），并将其运用于亚洲社会研究；二是在社会质量理论的视角下探讨亚洲国家和地区的实际问题。

与此同时，欧洲的社会质量理论进一步发展，EFSQ 与荷兰国际社会科学研究所（International Institute of Social Studies）合作，研究人类安全以及可持续发展等问题，并提出了发展绿色经济的主张，创立了《国际社会质量期刊》取代了原有的《欧洲社会质量期刊》。至此，社会质量理论的研究视角逐步从欧洲转向亚洲以及全球。2011 年以后，社会质量理论从全球视野出发，重点研究全面可持续发展、城市可持续发展和社会复杂性的变化等方面。其后 EFSQ 更名为国际社会质量协会（IASQ），并出版了第三本专著《社会质量：从理论到指标》，将理论应用于最紧张的政策挑战，包括可持续发展、英国脱欧的社会影响、欧盟的未来、全球视野下的反贫困战略、发展的不平等问题等。①

欧洲学者提出社会质量有其特殊的历史背景。首先，20 世纪 90 年代，新自由主义的地位在欧洲有所上升，该理念将社会政策置于经济政策的从属地位，进一步凸显了经济政策和社会政策间的不均衡关系。新自由主义的经济价值观为“在欧洲语境下，社会政策通常被民族国家以及地区和地方当局等同于社会管理，通过收入转移以维持社会经济保障，最初是雇员的社会经济保障，后来扩大到全体公民的社会经济保障”。受这种经济价值观的影响，“经济系统中运行的问题被方便地定义为‘社会问题’并被化为‘外在性’问题”。② 而社会质量这一概念的提出，是对

① 徐延辉、龚紫钰：《社会质量：欧洲议题与中国走向》，《南京社会科学》2018 年第 7 期，第 79—86 页。

② 沃克、张海东：《社会质量取向：连接亚洲与欧洲的桥梁》，《江海学刊》2010 年第 4 期，第 22—30 页。

社会发展滞后于经济发展现象的纠正，是对单纯追求经济增长的发展，忽视社会整体福祉增长的批判。随后，在1992年，通过了《马斯特里赫特条约》，该条约表明，随着欧洲一体化进程加快，欧共体的成员国迫切需要在设立社会标准方面做出努力，以关注民众的社会福利、社会参与等。正是在这种背景下，提高社会质量这一理念逐渐成为人们的共识，其所代表的是欧洲社会福利政策改革的范式转变，其核心是摒弃以市场为导向的发展目标，重新强调“社会”取向，注重社会发展的整体品质，为建构“社会欧洲”提供了理论基础。①

综上所述，就社会质量这一概念的产生而言，正如黄新锋在对艾伦·沃克的理论评述中所谈到的，“社会质量理论形成的推动力可以概括为本体论的、方法论的、社会学的和政治/伦理的四个方面……推动社会质量诞生的一个强大动力在于，我们已经意识到‘社会’从社会科学中的消失……社会质量的提出正是对个体在社会中的主体地位重申；其次，社会质量作为一种概念工具，是为了建立一套宽泛的、具有整体性的框架来解释正在进行的全球性的大规模转型，以弥补现存框架的不足；再次，社会质量是为了改变‘经济政策’和‘社会政策’之间功能失调的不均衡关系；最后，社会质量是为了改变社会性和社会政策遭到新自由主义的排斥以及欧洲的最贫困者和最弱势者受到威胁的局面……因此可见，社会质量在某种程度上是一个纯粹的欧洲概念，它形成于欧洲社会的语境当中。”②

二 社会质量概念的界定和指标体系的建立

社会质量理论通过对经济和社会指标的测量，以个体在社会中的各个方面的保障水平、融入程度、发展机遇和能动能力等方面为视角，对整体的社会发展水平进行衡量，从而考量社会发展的质量。③ 就Beck等

---

① 黄新锋：《社会质量理论研究述评》，《厦门特区党校学报》2013年第2期，第51—55页。

② 同上。

③ Beck, W., van der Maesen, L., & Walker, A., “Social Quality: From Issue to Concept”. In W. Beck, L. van der Maesen, & A. Walker (Eds.), *The The Social Quality of Europe*, The Hague: Kluwer Law International, 1997.

学者的定义而言，社会质量被界定为“个体在参与社会、经济生活中基于来自社会社区等各种限定性条件下为提高个体生活和潜能所具有的能动空间”①。从 Beck 等学者的定义可以看出，社会质量这一概念的提出具有很强的政策导向，这一理论也对欧洲的社会政策的制定产生了一定的影响力。1997 年，欧盟委员会指出，不能仅仅依靠经济促进政策来解决各国出现的问题，只有重新审视社会政策，才能更有效地保证欧盟各国的经济、政治以及社会稳定。② 与此同时，随着欧盟国家的整合，各种社会问题频发，政策制定者与学者逐渐认识到，在新自由主义思潮主导下的经济优先的理念已经不再能适应经济社会发展，不应当一味强调经济发展的优先地位，而是更要注重社会与经济发展同步③。正如 Beck 等所述，社会质量理论正是在这一背景下提出的，目的是重新建立社会政策与经济政策的平衡。④ 在这一背景下，欧盟发布了《欧洲社会质量阿姆斯特丹宣言》（以下简称《宣言》），《宣言》指出，欧盟各国必须努力提高各自的就业水平，减少社会贫困，提升公众所能享有的医疗和社会资源。在《宣言》的指导下，提升社会质量成为欧盟政策制定的重中之重。同时，《宣言》中明确提出了社会质量的四个构成，即社会保障、社会凝聚、社会包容、社会赋权。

改革开放以来，中国的经济水平实现了跨越式发展，经济社会结构也出现了较为显著的变化，总体而言，我国的社会结构出现了迅速阶层化的倾向，社会利益分配格局既受到市场因素的影响，也受到非市场因素的影响。在这一社会背景下，诸多学者对中国的社会发展研究从之前

① Beck, W., van der Maesen, L., & Walker, A., “Social Quality: From Issue to Concept”, In W. Beck, L. van der Maesen, & A. Walker (Eds.), *The The Social Quality of Europe*, The Hague: Kluwer Law International. 1997. Beck, W. A., L. J. G. van der Maesen, F. Thomése, and A. C. Walker, *Social Quality: A Vision for Europe*. The Hague, London, Boston: Kluwer Law International, 2001.

② Flynn, P., “Modernising and Improving Social Protection in Europe”, Paper presented to the Commission proposals to the Special Jobs Summit, European Commission, Brussels, 1997.

③ Fairweather, A., Roncevic, B., Rydbjerg, M., Valentova, M., and Zajc M., *Conceptualisation of Social Quality in the Case of Marginal Groups-Disabled*, MESPA: University of Ljubljana, 2000.

④ Beck, W., van der Maesen, L., & Walker, A., “Social Quality: From Issue to Concept”, In W. Beck, L. van der Maesen, & A. Walker (Eds.), *The The Social Quality of Europe*, The Hague: Kluwer Law International, 1997, p. 3.

单一地注重经济增长速度，开始转变为聚焦于社会发展质量，对“社会质量”这一概念的内涵，如何测量社会质量，以及如何提高社会发展质量等方面进行了深入的探讨和分析。① 社会质量问题的提出，标志着社会发展的研究在我国进入了一个全新的发展阶段：从理论层面而言，社会质量问题的提出意味着学者们开始关注社会发展过程中的深层次问题；从经验层面而言，发展社会学的研究模式也从对单一的经济社会增长的量的经验性总结提升到对社会作为有机体，在增长过程中的质的变化的讨论，从而揭开了发展社会学研究的崭新的一页。

综上所述，社会质量概念的提出，提供了如何全面衡量现代社会发展的路径。自从库兹涅茨1934年发明GDP理论以来，GDP便成为衡量社会进步的重要测量标准，但是GDP理论在测量社会进步方面存在明显的局限性，即不能反映非经济性活动，其本身不能全面衡量社会发展水平状况。此后，诺贝尔经济学奖获得者阿玛蒂亚·森提出了人类发展指数(HDI)，并被联合国采纳作为国际比较的一个指标。但是，这一指标仍不足以覆盖社会发展的一些重要方面。鉴于这一理论和实践上的空白，20世纪90年代后期欧盟学者提出了社会质量理论，众多欧洲国家按照社会质量指标体系衡量各自国家的社会质量，并据此对有关社会政策进行调整。目前，这一理论范式已被全球许多国家和地区逐步采纳并受到高度重视。从社会保障、社会凝聚、社会包容、社会赋权四个方面对社会发展水平进行测量，以下将进行详细阐述。

第二节 社会质量理论体系

一 社会质量理论对个体社会属性的重视

社会质量概念的提出具有很强的政策导向，其产生和社会政策制定与评估是密不可分的。因此，社会质量的理论体系的构建全面涵盖了经济社会发展中“个体与社会”之间产生交集的各个重要领域，正如Phillips所述，社会质量理论体系力图通过全面、系统的理论建构，切实反映

---

① 张海东、石海波、毕婧千：《社会质量研究及其新进展》，《社会学研究》2012年第3期，第227—244页。

社会—个体互动的质量和水平。[①] 不同于传统的社会发展指标，比如生活质量（quality of life）、人类发展指标（Human Development Index），社会质量更为注重体现个体与社会的互动过程。换言之，社会质量理论体系始终突出个体的社会属性的发展空间，重点体现了个体的社会性层面的意义。因此，在社会质量理论体系中的各个方面，社会属性这一问题得以充分显现。其中，与“个体身份”相对应的“社会身份”，作为社会属性的操作变量，在社会质量理论中成为重要的维度之一。社会质量研究更为重视个体的国家、社区、社团身份，以及这些身份在个人实现和个体发展中的作用。具体而言，个体在社会发展中，作为经济个体，能否得到社会基本经济保障，作为社会个体，能否与社会实现有机凝聚，作为团体个体，能否得到社会接纳包容，作为政治个体，能否有效参与社会政治活动，都成为社会质量体系研究的核心。

同时，在社会质量理论中，social quality 经常与 wellbeing 作为同义词。[②] Ward 等学者指出，就定义来说，wellbeing 并不能被简单地理解为狭义的个体的身体上的健康，个体的 wellbeing 与较高的社会质量应当是同义词，指的都是在社区、社会的促进下，个体生活的幸福感和意义感。

二　社会质量理论中的建构性因素和规范性因素

社会质量理论基于个体与社会这一组概念的关系，首先可以从构建性因素（constitutional factor）来讨论，也就是从个体与社会这一组关系的构成本质来理解。个体与社会之间关系的内在构成因素可以从四个方面讨论：（1）个体（人类）安全，即社会是否能够给个体安全保障；（2）社会认知，即个体如何认识作为一个整体的社会，而同时社会又如何塑造个体的认知；（3）社会反应，即个体的各种社会属性会引发何种来自社会结构的反映，其可能是正反馈，即予以赞许、肯定，也可能是负反馈，即给予排斥、否定；（4）个体（人类）能力，即社会赋予个体何种能力，

---

① Phillips, D. , “Indicators of Social Quality and Social Exclusion at National and Community Level”, *Social Indicators Research*, Vol. 50, 2000, pp. 329 – 350.

② Ward, Paul, Samantha Meyer, “Trust, Social Quality and Wellbeing: A Sociological Exegesis”, *Development And Society*, Vol. 38, No. 2, 2009, pp. 339 – 363.

以及个体能在何种程度改变社会结构。

同时，社会质量理论讨论个体与社会这一组关系的内涵是为了实现社会发展所追求的规范性因素（normative factor），也就是社会发展所应当实现的价值理念，分别为：(1) 社会正义（平等）；(2) 团结；(3) 平等价值观；(4) 人的尊严。而建构性因素所对应和体现的就应当是规范性因素。首先，个体安全对应的是社会正义：不论在何种社会形态，高质量的社会中，任何个体都应当享有同等水平的基本安全保障，不能因为等级、种族、阶层、性别、出身等有所不同。因此，普惠性的个体安全对应的社会价值观（即规范性因素）应当是社会正义（平等）。其次，社会认知所对应的价值观是社会团结：作为有内在凝聚力的社会，其必然是在社会成员中具有普遍性的共识，具有相对一致或者近似的价值观。因此，高质量的社会中，社会成员的一致性认知所追求的规范性因素是社会团结。社会反应意指个体的某种社会属性是否会引发社会结构产生相应的反馈，而在一个高质量的社会，社会结构和社会成员应当具有一定的宽容度，而具有某些社会属性的群体不应当引发社会过多的负反馈，其所追求的规范性因素是社会普遍的平等价值观。最后，就个体来说，个体对结构能力的体现是个体在多大程度上可以对结构进行改善，也就是个体的自由度。这在规范性因素的体现就是人的尊严。一个高质量的社会不应当是压抑个体的社会，社会结构应当是具有一定可塑性的。只有这样，个体在社会中才能有更多的改造与发展空间，成为社会的主动塑造者，而不是社会中被动的顺从者。上述规范性因素分别与社会质量理论的建构性因素一一对应，从内在价值理念的层面提出了高质量社会所应当具有的内在特征（见表1—1）。

表1—1　社会质量理论建构性因素和规范性因素

建构性因素		规范性因素
个体（人类）安全 Individual Security	→	社会正义（平等）Social Justice
社会认知 Social Recognition	→	团结 Solidarity
社会反应 Social Responsiveness	→	平等价值观 Equal Value
个体（人类）能力 Individual Capacity	→	人的尊严 Human Dignity

第三节　社会质量指标体系

一　社会质量指标体系组成部分

社会质量这一概念作为评价社会发展质量的标准，不仅仅是一个理论体系，还具有一整套指标体系来对经济社会发展中的各个方面进行评价。社会质量指标已经在诸多研究中用来对欧盟国家的社会发展状况进行评价，例如，2001 年的《欧盟社会状况报告》（*The Social Situation of the European Union 2001*）就全面使用了社会质量的指标体系对 14 个欧盟成员国的社会发展水平进行了全面的描述和报告。①

社会质量若是仅仅包含建构性因素和规范性因素，尚不能形成完整的指标体系。只有对建构性因素和规范性因素进一步进行操作化，使其成为可以具体测量的指标，才能形成指标体系，成为对社会发展水平评价有实际意义的测量体系。因此，社会质量理论提出了四个条件性因素（conditional factor），即社会经济保障、社会凝聚、社会包容、社会赋权。

社会经济保障在社会质量指标体系中对应的规范性因素是社会正义（平等），其所内涵的建构性因素是个体安全。Maesen 等人指出，高质量的社会应当为公民提供最基本生活的安全保障，也是社会正义的指向。②社会经济保障指标正是测量这一维度的指标，公民在社会中，应当通过其已有的社会关系，取得物质以及非物质的资源，而社会福利的提供，能够在最低限度内为公民提供抵御贫困、无业、疾病或者其他物质上的贫困状态。在具体指标的选择上，现有的社会质量体系选取了财政资源、住房与环境、健康医疗、工作教育作为社会经济保障的主要指标。

社会凝聚指标更多地关注个体在社会中是以有机融和的方式融入社会，还是以“原子化”的形态在社会中存在。因此，社会凝聚在规范性因素层面对应的价值观是指以团结为基础的群体身份认同，其核心是社

① Maesen v. d. , L. J. G. , A. Walker, and M. Keizer. , *European Network Indicators of Social Quality*: *Social Quality*: *The Final Report*, Amsterdam: European oundation on Social Quality, 2005, pp. 32 –51.

② Maesen v. d. , L. J. G. , and A. Walker. , “Indicators of Social Quality: Outcomes of the European Scientific Network”, *European Journal of Social Quality* 5 （1/2）, pp. 8 –24.

会是否存在基于共识的价值和规范基础上的有机的个体—社会关系的本质。在建构性因素中，社会凝聚对应的是社会认知，也就是考量在公众认知层面，社会关系在何种程度上能保有整体性和维系基本价值规范。因此，社会凝聚指标的选择上，其指向的是基于社会关系形成的共同身份、价值和规范，以及如何通过社会网络的形成，促进社会团结和社会整合，从而在最大限度上促进公民从个体化的存在形式转换为社会化的社会人身份。[①] 正如有学者指出的，为了减少社会分化、对少数民族的排斥、公共服务的不均等享有，必须提升社会整合（social integration）力度，促进社会凝聚，因此，在指标选择上，社会凝聚选择的指标主要为：社会信任、社会整合规范和价值观、社会网络和身份认同。[②]

社会包容指标希望反映出社会平等价值观这一规范性因素，其意指，在社会结构的支持下，可以被降低或者消除社会上对存在的特定社会标签群体的整体性排斥，个体不会因为特定的社会属性与身份受到歧视性的待遇。从另一层面来说，社会包容对应的建构性指标是社会反应，也可以理解为社会反馈，即社会整体对个体的特定社会身份属性的反馈，因此，在指标选择上，公民权利、劳动力市场进入、公共和私人服务的可选择性、社会网络等成为测量社会包容的主要指标。

社会赋权的价值指向是人的尊严，在社会中个体应当有能力在社会生活、经济生活的参与中最大限度地发挥个体的能力和潜能。对这方面的考量主要集中在社会网络和社会机构在多大程度上给予个体自由度和空间，这一指向直接对应了建构性因素中个体能力这一方面。同时，Menachem 和 Yitzhak 提出，社会赋权有着主动赋权和被动赋权双重内涵。[③] 首先，主动赋权指的是个人通过个体自身的能动性，主动自我赋权，从而实现在个体—社会的互动中提高个体的掌控力，最大限度地实

---

① Beck, W. , van der Maesen, L. , & Walker, A. , "Social Quality: From Issue to Concept", In W. Beck, L. van der Maesen, & A. Walker (Eds.), *The The Social Quality of Europe*, The Hague: Kluwer Law International, 1997.

② Berman, Y. , & Phillips, D. , "Indicators for Social Cohesion", from European Foundation on Social Quality web site: http: //www. socialquality. org/site/ima/Indicators-June-2004. pdf, 2004.

③ Menachem M. , & Yitzhak B, "Empowerment, The Core of Social Quality", *Social Indicators Research*, Vol. 86, No. 3, 2008, pp. 525 -538.

现个体的尊严；而被动赋权则指社会是否能够通过制度设定、规则设定，对个体的能动空间予以提升。在指标设定上，社会赋权主要选择知识能动、劳动力市场赋权、社会机构的开放型、社会网络的支持、公共领域开放、个体社会关系构建等层次。[①]

综上所述，社会经济保障、社会凝聚、社会包容、社会赋权，构成了社会质量的四个构成维度。正如 Phillips 所述，社会质量的四个维度突出了个体与社会这一组概念的关系，分别为：个体能够从社会取得哪些资源；社会建构了哪些规范、价值体系、关系等，这些建构又如何影响了个体的属性；以群体身份为标签形成的社会群体具有哪些接纳/排斥的属性，又进而如何影响个体身份的归属和个体的社会资源的可取得性；社会如何给予个体能动的边界，个体又有何种权能对社会建构予以改造。[②] 因此，社会质量理论体系基本上就是围绕着个体与社会关系来进行建构的。

在对于社会质量指标体系的研究上，我国学者着重突出社会公平与社会公正。张海东、丛玉飞认为从本体论基础来说，社会质量思想本质上是一种以人为核心的发展观。[③] 在四个条件性因素中，社会经济保障领域，社会质量强调普惠共享，这是社会公正首要的基本前提；社会凝聚领域，社会质量突出了团结共存，这是社会公正的内在诉求；社会包容领域，社会质量倡导平等融合，表达了社会公正的现实关怀；社会赋权领域，社会质量强调增能赋权，这是社会公正根本的价值取向。在社会质量的视角中，社会公正的实现是以制度世界的保障为基础的，最终体现在人们在生活世界中实现个人的发展与集体认同的统一。崔岩、黄永亮认为，在社会质量指标中，社会经济保障的指标设计突出的是对个体安全和保障的关注；社会凝聚指标设计突出的是社会价值观整合对社会

---

① Herrmann, P. , "Empowerment: The Core of Social Quality, The European Journal of Social Quality", Vol. 5, No. 1/2, *Indicators of Social Quality: Applications in Fourteen European Countries*, 2006, pp. 289 –299.

② Phillips, D. , "Indicators of Social Quality and Social Exclusion at National and Community Level", *Social Indicators Research*, Vol. 50, 2000, pp. 329 –350.

③ 张海东、丛玉飞：《社会质量与社会公正——社会发展研究的重要议题》，《吉林大学社会科学学报》2011 年第 4 期，第 132—137 页。

团结的意义；社会包容的指标设计突出的是对群体间融合、减少社会矛盾与冲突的关注；社会赋权的指标设计突出的是社会成员参与社会治理和国家治理能动性。①

二 社会质量指标次级体系

具体来说，社会质量的条件性因素实际上也就可以理解为其作为指标体系的操作层面，通过社会经济保障、社会凝聚、社会包容、社会赋权四个维度，可以对社会质量的高低进行评价性研究。对每个维度，现有的西方社会质量研究提出了分项指标（二级指标），合计共95个指标，其具体结构包括：

（一）社会经济保障因素

测量指标包括财务资源、住房与环境、健康与照顾、就业和教育五个方面。财务资源领域包括收入充足性和收入保障两个子领域共3个指标，住房与环境领域包括住房保障、住房条件、环境条件三个子领域共6个指标，健康与照顾领域包括健康供给保障、健康服务和照顾服务三个子领域共5个指标，就业领域包括就业保障和工作环境两个子领域共7个指标，教育领域包括教育保障和教育质量两个子领域共3个指标。

（二）社会凝聚因素

测量指标包括信任、整合的规范与价值观、社会网络、认同四个方面。信任领域包括一般信任和特殊信任两个子领域共4个指标，整合的规范与价值观领域包括利他主义、宽容、社会契约三个子领域共9个指标，社会网络领域包括网络一个子领域共3个指标，认同领域包括国家/欧洲的认同、区域/社区/地方认同、人际关系认同三个子领域4个指标。

（三）社会包容因素

测量指标包括公民权、劳动力市场、服务和社会网络四个方面。其中公民权领域包括宪法/政治权利、社会权利、公民权利、经济政治的网络四个子领域共8个指标，劳动力市场领域包括获得有偿就业一个子领域共2个指标，服务领域包括健康服务、住房、教育、社会照顾、金融

① 崔岩、黄永亮：《中国社会质量指标指数分析》，《国家行政学院学报》2018年第4期，第1—7页。

服务、交通、公民/文化服务七个子领域共 12 个指标，社会网络领域包括邻里参与、友谊、家庭生活三个子领域共 5 个指标。

（四）社会赋权因素

测量指标包括知识基础、劳动力市场、制度的开放性和支持性、公共空间、人际关系五个方面。其中知识基础领域包括知识应用、信息的可获得性、信息的方便性三个子领域共 6 个指标，劳动力市场领域包括雇佣合同控制、工作流动前景、工作和家庭生活的协调三个子领域共 7 个指标，制度的开放性和支持性领域包括政策系统的开放性和支持性、经济系统的开放性和组织的开放性三个子领域共 3 个指标，公共空间领域包括对集体行动的支持和文化丰富性两个子领域共 5 个指标，人际关系领域包括支持个人生理的和社会自主的服务、个人服务的支持、社会互动的支持三个子领域共 3 个指标。

三　社会质量指标体系之间的关系讨论

社会质量理论体系中的各个指标不是互相独立的，其互相之间是存在着内在的有机联系的。西方学者对其中的若干指标都进行了较为深入的研究，以下对西方学者关于社会经济保障、社会信任、社会凝聚、社会支持、社会包容、社会身份认同、社会参与等概念的讨论进行简单梳理。

（一）社会经济保障以及与其他指标之间的联系

随着新自由主义的兴起，“国家和政府为其公民提供社会经济保障是理所当然的”这一观点受到质疑，社会福利这一概念随着后工业化的发展应当成为过时的概念。在现有社会质量理论中，对要求废弃社会福利的声音，有学者指出，作为社会整体，为其公民提供基本生活条件的保障，是一个社会应当实现的最基本的体现。[1]

然而，有部分研究社会质量理论的学者指出，社会经济保障的提供者可以不仅仅限定为国家/政府。例如，Van Ginneken 提出，社会福利既

---

[1] Fairweather, A., Roncevic, B., Rydbjerg, M., Valentova, M., and Zajc M, “Reconceptualisation of Social Quality”, *The European Journal of Social Quality*, Vol. 3, No. 1/2, Citizenship and Welfare Protection, 2001, pp. 118 – 143.

可以由国家、政府提供，也可以通过其他形式的集体协议形式来提供，这既可以包括市民团体、社会组织，或者是市场经济组织。[①] 然而，Beck等学者提出了一些不同意见，其指出，对社会经济保障的定义应当是由社会宏观结构提供的对公民的最基本生活条件的保障。[②]

（二）社会凝聚以及与其他指标之间的联系

首先，有学者对社会凝聚的概念与测量进行了讨论。有学者指出，社会凝聚是一个社会能否有效地在社会组成部分之间，例如个体、群体、社会组织、区域等，建立紧密的社会联系。[③] 还有一些研究机构将社会凝聚定义为：在社会中通过建立共享的价值体系、共担的社会挑战、共筑的机会平等，从而在全体公民中实现相互信任、希望和互惠的社会过程。对于社会凝聚概念的内涵，尽管学者们的视角有所不同，但是在一些核心要素上，还是达成了一致[④]：社会关系的强弱、社会网络和社会组织、社会身份认同、社会价值观认同、社会信任、机会平等性、社会差异、社会分歧和社会排斥等。当然，也有学者将上述各维度归纳为两个方面：社会资本和社会排斥。例如，Dahrendorf 等认为社会凝聚就是最大限度地防止社会排斥的发生[⑤]，还有其他学者提出社会凝聚的基础是社

---

① Van Ginneken, W. , “Social Security for the Informal Sector – a New Challenge for the Developing Countries”, *International Social Security Review*, 1999, pp. 52 – 71.

② Beck, W. , van der Maesen, L. , & Walker, A. , “Social Quality: From Issue to Concept”, In W. Beck, L. van der Maesen, & A. Walker (Eds.), *The The Social Quality of Europe*, The Hague: Kluwer Law International. 1997, p. 286.

③ McCracken, M. , “Social Cohesion and Macroeconomic Performance”, Paper presented at the Conference “The State of Living Standards and the Quality of Life”, Centre for the Study of Living Standards (CSLS), October 30 – 31, 1998, Ottawa, Ontario/Canada.

④ Jenson, J. , “Mapping Social Cohesion: The State of Canadian Research”, Canadian Policy Research Networks, CPRN Study No. FI03 1998, (Ottawa, ftp: //ftp. cprn. org/family/msc2_e. pdf); O’Connor, P. , “Mapping Social Cohesion”, Canadian Policy Research Networks, CPRN Discussion Paper No. Fl 01 1998, (Ottawa, ftp: //ftp. cprn. org/family/msc__e. pdf); Woolley, F. , “Social Cohesion and Voluntary Activity: Making Connections”, Paper presented at the Conference “The State of Living Standards and the Quality of Life”, Centre for the Study of Living Standards (CSLS), October 30 – 31, 1998, Ottawa, Ontario/Canada.

⑤ Dahrendorf, R. , *Report on Wealth Creation and Social Cohesion in a Free Society*, London Press, 1995.

会资本。[1] 在 Berger-Schmitt 的研究中，社会凝聚被界定为：（1）最大限度减少社会不平等待遇，提高机会均等性，减少社会差异，防止社会排斥；（2）全面提高个体的社会资本，增强社会关系的纽带，提高社会互动质量。[2] 该书作者进一步指出，减少社会不平等待遇，就要减少区域差异、消除种族、性别、年龄、社会地位等产生的歧视性待遇，消除社会排斥；提高个体社会资本，就要增加个体社会纽带的广度和质量，提高社会信任，改善社会机构的效率、信用、可靠性等。此外，作者还提出，社会凝聚在一定程度可以影响到经济发展、社会水平进步、教育发展、犯罪率等多个方面。同时，作者还从测量角度阐述了社会凝聚指标所应当包含的二级指标，并对部分西方国家的社会凝聚水平进行了比较性研究。Fairweather 等学者[3]指出，在以往研究中，社会凝聚这一概念经常与社会整合（social integration）相等同，然而，这种理解是有偏差的，社会凝聚应当参考 Landecker 的定义。[4] Landecker 认为，社会凝聚应当包含以下几个方面：（1）文化领域，即社会内部是否存在有差异性的文化不同选择；（2）规范领域，即个体与社会之间是否存在共识性的标准和价值；（3）沟通领域，即个体之间、群体之间是否存在一定的机制来保障社会、群体的凝聚力；（4）功能领域，即社会各个部分之间是否能形成相互依存的有机关系，从而维系社会整体的运行。

其次，在社会凝聚中，社会信任是其中的重要指标之一。有学者指出，社会信任在社会质量理论中占据至关重要的地位，信任应当与公平

---

① McCracken, M., "Social Cohesion and Macroeconomic Performance", Paper presented at the Conference "The State of Living Standards and the Quality of Life", Centre for the Study of Living Standards (CSLS), October 30 - 31, 1998, Ottawa, Ontario/Canada; Maxwell, J., " Social Dimensions of Economic Growth", Eric John Hanson Memorial Lecture Series, Vol. VIII, 1996, University of Alberta, Alberta. 2001.

② Berger-Schmitt, Regina, Considering Social Cohesion in Quality of Life Assessments: Concept and Measurement, *Social Indicators Research*, Vol. 58, No. 1/3, Assessing National Quality of Life and Living Condition, 2002, pp. 403 - 428.

③ Fairweather, A., Roncevic, B., Rydbjerg, M., Valentova, M., and Zajc M, "Reconceptualisation of Social Quality", *The European Journal of Social Quality*, Vol. 3, No. 1/2, Citizenship and Welfare Protection, 2001, pp. 118 - 143.

④ Landecker, W. S., "Types of Integration and their Measurement", *American Journal Of Sociology*, Vol. 56, 1951.

正义等同样成为社会质量理论的规范性因素之一[①]，如 Ward 等人所述，社会信任问题在社会学和政治学中都受到了广泛的关注，诸多研究表明，社会信任与个体的 wellbeing（幸福）和整体社会发展水平有着密不可分的关系。只有当社会信任达到一定水平时，个体的社会属性才能完整，社会价值才能得以实现，社会发展才能更加平稳，社会进步才能具有持续性和稳定性。然而，也有大量研究表明，随着西方文明的进步，以及现代社会的发展和市场经济的扩张，人际信任（个体的一般信任）和对组织机构的信任（机构信任）都处于一个逐渐降低的过程中[②]。同时，社会信任的降低也带来了各种社会问题。因此，Ward 等人认为，不论是社会赋权，还是社会凝聚与社会包容，其内在的正反馈能得以实现的动因都是因为社会信任的存在：如果个体没有较高的社会信任水平，则不可能参与到社会/政治活动中，社会赋权也就无从谈起；而较低的社会信任水平导致的必然是社会凝聚的降低和社会包容度的收敛。同时，在一个缺乏社会信任的环境中，各种社会福利政策会因为部分群体对权利的滥用，引发福利政策的转向，从而降低社会福利政策的覆盖面。[③]

综合上述不同学派的看法，我们可以说，社会凝聚的存在与否有赖于特定个体、群体之间的沟通机制是否存在，这些机制包含：共同规范体系（common norms），使得个体能自愿地遵从社会正式的和非正式的规则；社会信任体系（trust），保证合作性的社会行为的可持续性。

（三）社会包容以及与其他指标之间的联系

社会包容（social inclusion）这一概念在现有研究中还没有形成一个特别明确的界定。在一些研究中，研究者多以社会排斥（social exclusion）作为研究视角。[④]

---

① Ward, Paul, Samantha Meyer, "Trust, Social Quality and Wellbeing: A Sociological Exegesis", *Development And Society*, Vol. 38, N0. 2, 2009, pp. 339 – 363.

② Davies, H. "Falling Public Trust in Health Services: Implications for Accountability." Journal of Health Services Research & Policy 1999, 4 (4): pp. 193 – 194. ; Welsh, T. , and M. Pringle, "Social Capital. Trusts Need to Recreate Trust", *British Medical Journal* , 323 (7306): 2001, pp. 177 – 178.

③ Ward, Paul, Samantha Meyer, "Trust, Social Quality and Wellbeing: A Sociological Exegesis", *Development And Society*, Vol. 38, No. 2, 2009, pp. 339 – 363.

④ Berman, Y. , & Phillips, D. , "Indicators of Social Quality and Social Exclusion at National and Community Level", *Social Indicators Research*, Vol. 50, No. 3, 2000, pp. 329 – 350.

就社会排斥（social exclusion）的定义来说，Trbanc 指出，社会排斥应当被界定为将特定个体或者群体排斥出社会其他成员普遍享有的机会、福利、权利的情景和过程。[①] 同时，社会排斥研究应当立足于研究个体与社会之间的紧张关系，以及个体是因为何种机制被排斥出各种不同的社会空间。因此，在很多欧盟的研究中，社会排斥研究与社会体系的分割化、公民权利的剥夺、社会权利的缺位紧密相连。[②] 同时，社会排斥的结果是个体不能享有社会普遍的生活标准，缺乏对提供社会福利的系统和机构的影响力，从而导致社会资源、社会福利、社会机会、社会权利的极大的差异化分配格局。

就现有研究现状来看，社会排斥研究主要集中在个体与社会之间的关系问题上，例如不充分的社会参与，缺乏社会整合机制等。[③] Silver 指出[④]，社会排斥在很大程度上会影响社会共同价值观的形成，导致社会原子化，影响社会整合。并提出，源于后现代思潮的社会包容概念，重点强调公民权利的平等最重要的是实现对多元社会的尊重认可，对不同群体的包容和对有社会“污点”群体的保护。Saraceno 提出，较高的社会排斥会引发个体脱离现有的社会秩序，从而影响社会的稳定发展。[⑤] Abrahamson 提出，社会包容必须考虑到少数民族是如何被中产阶级社会中排斥出来的动态过程。[⑥] 除了学术研究外，社会排斥问题还在政策层面

---

① Trbanc, M. , “Social Exclusion: the Concept and Data Indicating Exclusion in Slovenia”, *Druzboslovne Razprave*, Vol. 2, 1996, pp. 22 – 23.

② Berghman, J. , “Social Exclusion in Europe: Policy Context and Analytical Framework”, *Beyond The Threshold: The Measurement and Analysis of Social Exclusion*, ed G. Room, Bristol: Policy Press, 1995.

③ Room, G. , “Social Quality in Europe: Perspectives on Social Exclusion”, *The Social Quality of Europe*, eds Beck et al. , The Hague: Kluwer Law International, 1997.

④ Silver, H. , “Reconceptualizing Social Disadvantage: Three Paradigms of Social Exclusion”, *Social Exclusion: Rhetoric, Reality, Responses*, eds by Rodgers, G. et al. , Geneva: International Institute Of Labour Studies, 1995.

⑤ Saraceno, C. , “The Importance of the Concept of Social Exclusion”, in W. Beck, L. van der Maesen and A. Walker (eds.), *The Social Quality of Europe* (Kluwer Law International, The Hague, Netherlands), 1997, pp. 157 – 164.

⑥ Abrahamson, P. , “Combating Poverty and Social Exclusion in Europe”, W. Beck, L. van der Maesen and A. Walker (eds.), *The Social Quality of Europe* (Kluwer Law International, The Hague, Netherlands), 1997, pp. 127 – 155.

受到了西方国家政策制定者的关注。1992 年，欧盟委员会（The European Commission）发布了欧盟关于消除社会排斥的年度报告。[①] 1995 年，欧盟委员会又发布了欧盟社会排斥报告。[②] 1996 年，欧盟委员会举办了特别会议，就公共福利政策和社会排斥进行了专题讨论，并就如何更加有效地提高社会包容水平，提高公共服务的覆盖性进行了专题讨论。[③]

但是，社会包容和社会质量的其他条件性因素有所不同：社会经济保障、社会凝聚、社会赋权在很大程度上是基于社会的宏观结构和政策制定，而社会包容则更多的源于社区、群体、个体等微观因素，不仅仅是机构、组织等宏观因素。[④] 换言之，社会包容不能从社会权利的层面来理解，而是应当从社会身份认同和社会参与的层面来讨论[⑤]，同时，还可以通过建立群体身份认知、共同兴趣、归属感、语言、组织参与、文化活动、休闲、社会交往等指标体系予以测量。

（四）社会赋权以及与其他指标之间的联系

社会赋权（empowerment）与社会服从（subordination）通常被社会质量理论研究者认为是一组相对应的概念。这组概念映射的社会层次主要是社会的微观层次，其实质是作为公民的个体是否被赋予了实现他们自身全部潜能的社会条件。例如，Beck 等人就指出，社会赋权应当被界定为社会为个体提供的为实现个体能动性，从而自主性参与日常生活的条件性因素。[⑥]

从概念的构成来看，社会赋权可以从以下几个方面来讨论：首先，社会赋权的目的是提升个体的能动能力和与群体的交互能力，从而使个

---

① Room, G. , "Poverty in Europe: Competing Paradigms of Analysis", *Policy and Politics*, Vol. 23 (2), 1995.

② Duffy, K. , *Social Exclusion and Human Dignity in Europe* (Council of Europe, Strasbourg), 1995.

③ Beck, W. , van der Maesen, L. , & Walker, A. , "Social Quality: From Issue to Concept", In W . Beck, L. van der Maesen, & A. Walker (Eds.), *The The Social Quality of Europe*, The Hague: Kluwer Law International. 1997.

④ Berman, Y. , & Phillips, D. , Indicators of Social Quality and Social Exclusion at National and Community Level, *Social Indicators Research*, Vol. 50, No. 3, 2000, p. 338.

⑤ Ibid. , p. 343.

⑥ Beck, W. , van der Maesen, L. , Thomése, F. , & Walker, A. , *Social quality: A vision for Europe*, The Hague: Kluwer International, 1997.

体能更好地掌控自己的生活空间、工作环境、生活质量。其次，社会赋权不是一个静态的概念，强调的是一个过程，体现的是个体与社区组织的互动。同时，社会赋权强调的是一个结果，其指向是个体和群体实现社会群体性参与的结果。①

Somerville 从权力依存关系的层面对社会赋权概念进行了分类，也就是，社会赋权的资源性因素是来源于社会有权者还是源于社会无权者。②如果社会赋权是来源于社会有权者（即通过政策制定、政策干预等形式），这种社会赋权只能被称为自上而下的赋权，而如果社会赋权是来源于社会无权者，这种社会赋权就可以被称为自下而上的赋权。Somerville 认为，这两种赋权过程是完全不同的，对权力的高度依赖关系只会减弱社会赋权的水平。

Fairweather 等学者对社会赋权概念的内涵进行了界定③并指出，首先，社会赋权的研究单位是个体、社会组织、社区。而赋权研究的动态关系是赋权者和被赋权者之间的张力关系，这就把研究重点放在了赋权的过程是自上而下的政策干预，还是自下而上的社会行动的过程差异。其次，社会赋权维度则包含社会权利的赋予、政治权利的赋予、心理权利的赋予。在这个过程中，个体不仅仅可以被理解为赋权的对象，还可以被理解为赋权的来源。也就是说，在自下而上的社会赋权过程中，个体，而非社会系统，才是真正社会赋权的来源。

就社会赋权在社会质量理论中的位置，Herrmann④ 认为，在社会质量理论体系中，就条件性因素来说，最核心的应当是社会赋权，因为其反映了社会发展所追求的最重要的价值，就是个体的尊严。同时，从建构

---

① Erben, R., Franxkowiak, P & Wenzel, E., "Building Social Capital in the 21st Century", *Health Promotion Journal of Australia*, Vol. 9. 1999, pp. 28 – 31.

② Somerville, P., "Empowerment Through Residence", *Housing Studies*, 1998. Vol. 13, pp. 2 – 11.

③ Fairweather, A., Roncevic, B., Rydbjerg, M., Valentova, M., and Zajc M, "Reconceptualisation of Social Quality", *The European Journal of Social Quality*, Vol. 3, No. 1/2, Citizenship and Welfare Protection, 2001, pp. 118 – 143.

④ Herrmann, P., "Empowerment: The Core of Social Quality", The European Journal of Social Quality, Vol. 5, No. 1/2, Indicators of Social Quality: Applications in Fourteen European Countries, 2006, pp. 289 – 299.

性因素来说，个体—社会关系中，社会发展的最终体现就是提升个体的能力。Herrmann 提出，谈到社会性活跃的个体，其意指在个体独立的前提下，提升有活跃的个体之间具有相互依存性，同时提升有个体建构的社会与社会个体之间的依存性。

以上社会赋权的内在含义的共同点在于：社会个体所具有的能动性以及由社会关系的提升而实现的个体能力的提升。因此，不论是社会经济保障，还是社会凝聚与社会包容，其最终指向都是提升社会的赋权水平。而赋权水平的体现，则是个体是否能通过有效的社会参与、政治参与，能动的改造社会结构，实现个体对结构的有效建构。换言之，一定水平的社会经济保障是个体社会参与、政治参与的前提；较高程度的社会凝聚是有能动能力的个体之间相互依存、形成互动的基础；同时，只有当社会包容水平较高、社会群体之间具有一定的开放性，个体才能有效利用各种资源，实现个体的社会再造的能动能力。因此，就互构关系来说，社会经济保障、社会凝聚、社会包容是因，其因果关系指向的是社会赋权。

四 对社会质量构成的讨论

不少学者对现有的社会质量理论框架提出了一定的质疑。例如，Fairweather 等学者指出，虽然现有的社会质量理论旨在讨论其构成的四个方面的不同内在结构和动因，从而全景式展示出社会质量概念的建构性因素，但是现有理论并没有更多地讨论各个因素是如何影响社会质量，其内在机制是什么？以及如何从各个因素最终整合性地讨论社会质量水平等核心问题。[①] 同时，当讨论到每个建构性因素时，其测量指标和整体社会质量测量的关系又是如何的，也没有得到充分的讨论。因此，现在大多数基于社会质量理论的研究基本上都是遵循着这样一个假设：社会质量的建构性因素和社会质量呈现出完全相关关系，每个构成因素各自作用于社会质量的整体，而子系统之间的关联关系却没有必要讨论。在

① Fairweather, A., Roncevic, B., Rydbjerg, M., Valentova, M., and Zajc M, "Reconceptualisation of Social Quality", *The European Journal of Social Quality*, Vol. 3, No. 1/2, Citizenship and Welfare Protection, 2001, pp. 118 – 143.

这种假设基础上，测量社会质量就出现了一个根本性问题：如果各个构成因素之间具有相互作用关系，那么在没有厘清这种相互关系之前，就没有办法讨论每个构成因素对社会质量的“净作用”，而这样，也就不能通过对子系统进行整合，综合性地讨论社会质量的概念，而只能简单地以一对一的形式单纯讨论各个子系统对社会质量的作用。这显然是不符合通过构建社会质量子系统来测量社会质量水平这一最初理论架构原意的。

同时，现有的社会质量讨论还有一个内在的假设，即各个子系统对整体社会质量的权重是无差异的。也就是说，每个子系统对整体社会质量测量的贡献是一样的。但是，这一隐含的假设显然是没有经过实证验证的。我们完全有理由认为，在不同发展阶段的社会，其发展水平决定了不同子系统对整体社会质量的作用权重是不同的。例如，在经济发展水平较为落后的发展中国家，社会经济保障的提升可能会更快地提高社会质量水平，也就是具有较高的边际效应；而随着经济的不断发展，其边际效应逐渐递减，相应的权重也会逐渐降低。同时，具有不同文化背景的社会，各个子系统对整体社会质量的贡献水平也是不同的。例如，在一个强调多元化的社会，社会凝聚对整体社会质量的贡献可能就与一个强调文化统一性的社会有所不同，其相应的权重也就有可能有所差异。对这些基础性问题，现有的社会质量理论都没有能够给出较好的解释。

其实，上述问题都指向了一个方法论的问题，也就是在测量社会质量时，是否应当仅仅把社会质量作为其构成各个子系统的“潜变量”来测量。换言之，在讨论社会质量时，如果社会质量概念本身是不可被观测的，那么，只有通过其可观测、可测量的子系统来整合测量社会质量。如果是这样，对子系统之间的关系问题的讨论，则似乎就不是一个首要问题了。然而，如果从一个因果关系的路径来讨论社会质量，则在方法上就有了不同的模式。假如社会经济保障、社会赋权、社会包容、社会赋权是因，社会质量是果，而因和果都是在方法上具有可测量的属性的，那么就可以更加完整、系统地讨论各个建构性因素之间的关系以及其各个因素对社会质量的作用效应。当然，这种研究路径的问题是，如果社会质量的指标不是通过其子系统构成的，那么又应当如何测量社会质量，其作为因变量的测量指标又是什么？这些问题显然不能从现有的社会质量研究中得到答案。

第四节 社会质量国际比较与本土化研究

一 社会质量国际比较研究

基于社会质量的国际比较的现有研究主要还是在欧盟成员国之间进行。近年来，随着其他国家和地区对社会质量理论的关注，越来越多的学者开始对社会质量理论更为广泛的国际比较的可行性进行了讨论。例如韩国学者 Jaeyeol Yee 和 Dukjin Chang 通过实证分析，对欧亚国家的社会质量进行了全面比较，并指出，以 GDP 为指标的经济发展不能全面反映社会发展的水平，“软发展”在衡量发展水平中应当得到更多的权重。[①] 值得注意的是，现有的社会质量理论体系中，其指标的具体设定还是具有一定西方国家色彩，使得一些指标在其他地区和国家的适用性受到了一定的质疑。而具有明显西方社会特征的指标如果用来描述、评价其他地区和国家，则可能在国际比较和政策建议中产生偏差。同时，其他地区和国家的特征没有能够在现有的社会质量指标体系中得以体现，如果进行国际比较，则需要对现有的指标体系进行修正。因此，Jaeyeol Yee 和 Dukjin Chang 的研究则对社会质量指标体系进行了比较大的调整[②]。

Walker 指出，欧洲国家与东亚国家在历史、文化、社会经济发展中有着诸多不同，因此，建立的社会质量理论模型也应有所不同。[③] 徐延辉对此进行进一步的阐述，指出亚洲和欧洲在社会福利制度及社会文化上存在重要差别，东亚社会的福利模式主要以高福利分层、高家庭福利责任、低社会保障开支、高个人福利支出和低养老金覆盖率为特征，与西

① Yee, Jaeyeol, Dukjin Chang, Social Quality as a Measure for Social Progress, presented at The 3rd OECD World Forum on “Statistics, Knowledge and Policy”: Charting Progress, Building Visions, Improving Life, Busan, Korea, 2009, pp. 27 – 30.

② Ibid.

③ Walker, A., “The Social Quality Approach: Bridging Asia and Europe”, *Development And Society*, Volume 38, Number 2, December 2009, pp. 209 – 235.

方社会的福利制度分类框架自由主义体制、保守主义体制和社会民主体制存在较大差异。[①]

综合西方社会与东亚社会的发展差异，依据亚洲国家的发展现状，我们认为研究亚洲国家的社会发展问题应该与欧洲福利制度区别开来。但是，社会质量理论并没有像其他社会理论一样受到西方价值观的限定，其更多的是通过建立统一分析框架，为国际比较提供一个跨国研究的起点。因此，社会质量理论研究给各国的研究者提供了较为宽泛的空间，可以更好地适应不同国家地区的具体情况，在统一的理论分析框架下建立不同的指标体系，以更好地反映区域的差异化特质。在此基础上的比较才能更具有科学性和实践政策的指导意义。

二　社会质量理论的本土化研究

在社会质量这一概念提出之前，学者们更多讨论的是社会发展过程中的规律性，对于如何衡量与评价社会发展的程度和状态，却一直没有形成具有系统性的理论体系和分析框架。传统发展社会学的核心是对不同的社会发展模式以及社会发展过程出现的各种社会问题的研究，而对于社会发展的质量，却少有涉及。

近年来，随着中国“社会质量”理论的不断发展，学界在社会发展研究领域中对发展质量问题也越来越重视，对发展的界定也从单一经济增长向社会全面发展转变，对“社会质量”的研究也从概念与内涵层面的研究进一步深入到实际的应用层面。

（一）中国早期对社会质量的研究

吴忠民在《论社会质量》一文中，对社会质量进行了全面的论述：“所谓社会质量，是指社会机体在运转、发展过程中满足其自身特定的内在规定要求和需求的一切特性的总和。”[②] 作者进一步分析了社会质量的三个特征：“第一，它所反映的是同一时代的条件下，社会机体的实际状况同自身内在的最佳规定要求及最适合需要之间的吻合程度；第二，社

① 徐延辉、龚紫钰：《社会质量：欧洲议题与中国走向》，《南京社会科学》2018 年第 7 期，第 79—86 页。

② 吴忠民：《论社会质量》，《社会学研究》1990 年第 4 期，第 15—24 页。

会质量虽不直接反映‘时代’状况，但毫无疑问，它是附着于‘时代’内容的；第三，它所反映的是一种社会整体性的品格。”就研究内容而言，他指出，“社会质量这一课题所包括的内容极为丰富，大致上可以分为两类内容的研究。一类是有关社会质量的理论研究，主要是侧重这样一些内容的研究：社会质量的基本特性、基本品质问题；社会质量的分类问题；影响社会质量的各种因素、变量等。另一类是有关社会质量问题的应用研究，这主要是指：关于社会质量的测量方法及指标体系（包含客观指标体系和主观指标体系）；对于社会质量理想模型的设计及其具体的技术性方法；对于社会质量进行国别性的研究；优化社会质量的具体措施等等。”① 其后，吴忠民在《中国社会发展论》一书中，提出将社会质量作为衡量社会完善与否的重要尺度。②

杨晓莉在《社会质量：社会进步的评价尺度》一文中，从社会进步评价尺度的角度，论述了对本土化社会质量理论的构想。③ 作者提出："发展不直接等同于进步，如果我们把人类生活在某一时期的主要目标或某一时期某一个方面的目标作为整个社会生活的目标，例如片面地以生产力的发展作为目标，进而作为评价社会进步的尺度，显然是缺乏普遍合理性的。”④ 而对于什么尺度是具有普遍合理性的，作者提出，“对于这个尺度，应该是一种历史尺度和道德尺度，生产力尺度和人的价值尺度的辩证统一，我们认为是社会质量”⑤。对于“社会质量”，作者的界定为：“社会质量是指社会机体在运转、发展过程中满足其自身特定的内在要求的一切特征和总和……社会质量……主要是指国家意义上的社会机体的质量，它包括生产力发展水平及这种发展对人的合目的性状况。”⑥ 而社会质量之所以能够对社会进步进行衡量，是因为社会质量具有具体性、整体性、可操作性等特征。对于上述这三个特征，作者论述道：“社会质

① 吴忠民：《论社会质量》，《社会学研究》1990 年第 4 期，第 15—24 页。

② 吴忠民：《中国社会发展论》，湖南出版社 1995 年版，第 13 页。

③ 杨晓莉：《社会质量：社会进步的评价尺度》，《扬州大学学报》（人文社会科学版）1999 年第 5 期，第 29—54 页。

④ 同上书，第 47 页。

⑤ 同上书，第 49 页。

⑥ 同上。

量的具体性和整体性特征表明从理论理性上看可以作为社会进步的评价尺度，因为社会质量作为评价社会进步的尺度，既不是纯主体的尺度，也不是纯客体的尺度，它是主体与客体的辩证统一……从实践理性看来，社会质量尺度意味着对自然资源的内涵式利用，对人类社会内部的公正、合理诉求的满足，它着眼解决人类生存和发展的两个基本的问题：人与自然的关系问题；人与人的关系问题。"[①] 由此可见，在作者看来，社会质量这一概念意在强调维持人类社会生存和发展，生产力发展和人的价值、生产力发展和自然的价值之间的平衡关系。

（二）近年来中国学者对社会质量的研究

1. 基于欧洲社会质量理论的中国社会质量理论发展

近年来，我国学界对社会质量理论的讨论基本上是沿着欧洲社会质量理论架构展开的。学者们对如何把西方社会质量理论同我国社会转型、建设和谐社会相结合进行了广泛而深入的讨论，也产生了大量的学术研究成果[②]。

林卡在《为中国社会质量把脉》一文中提出，社会质量这一理论在我国和谐社会建设的实践中具有积极的指导意义。[③] 具体而言，首先，源自欧洲的社会质量理论设立了"可持续性的福利社会"理念作为实现"社会欧洲"这一模式的价值目标，要求增进社会体系的融合，提升社会团结和社会包容的程度，其所蕴含的社会正义、社会平等、社会团结等

---

① 杨晓莉：《社会质量：社会进步的评价尺度》，《扬州大学学报》（人文社会科学版）1999 年第 5 期，第 50 页。

② 张海东：《从发展道路到社会质量：社会发展研究的范式转换》，《江海学刊》2010 年第 3 期。《社会质量：社会发展研究的新视野》，《光明日报》2010 年 2 月 16 日第 9 版。《社会质量研究：理论、方法与经验》，社会科学文献出版社 2011 年版。《2010 年世博会与上海社会质量》，上海大学文科发展研究院主编《后世博与上海发展》，上海大学出版社 2011 年版，第 6 页。《社会质量视角中的风险应对》，《江海学刊》2011 年第 3 期，第 114—118 页。《社会质量与社会公正——社会发展研究的重要议题》，《吉林大学社会科学学报》2011 年第 4 期。林卡：《社会质量理论：研究和谐社会的新视角》，《中国人民大学学报》2010 年第 2 期。《为中国社会质量把脉》，《中国社会报》2010 年 5 月 24 日第 3 版。《社会质量理论原型及其对于亚洲社会的适用性》，张海东主编《社会质量研究：理论、方法与经验》，社会科学文献出版社 2011 年版。《社会质量理论及其对于分析亚洲社会的适用性》，王卓祺主编《东亚国家和地区的福利制度：全球化、文化与政府角色》，中国社会出版社 2011 年版。《中国社会的发展战略和前景：从提升生活质量走向增进社会质量》，《探索与争鸣》2011 年第 6 期。

③ 林卡：《为中国社会质量把脉》，《中国社会报》2010 年 5 月 24 日第 3 版。

价值导向与建设和谐社会所倡导的价值和规范因素高度一致。其次，社会质量理论有助于把握中国社会目前所存在的各种焦点问题，纠正长期存在的重视经济发展、忽视社会发展的问题，把更多的注意力放到民生问题上，重新审视社会公正、社会团结、社会平等和人的尊严在社会发展中的重要性。再次，社会质量理论倡导建立“社会”与“市场”之间的平衡，从社会政策角度强调政府的社会责任，反对把“社会”置于“市场”的从属地位，反对社会政策屈从于经济政策。换言之，社会质量理论提出，重新界定了政府部门在提高社会福祉、增加社会福利方面的职能。最后，林卡在该文中还提出，社会质量的研究要考察公民对于社会政治、经济生活的积极参与程度，公民组织在增进社会团结、社会包容和社会赋权中所起到的作用，以及家庭、社区和市民组织之间的相互联系。其所倡导的公民组织的社会能够为改善社会生活环境发挥积极作用，把政府通过自上而下的社会政策制定的努力与自下而上的社会建设的努力结合起来，使人们通过参与社会生活来实现他们的价值、愿望和发展潜能。

韩克庆在《社会质量理论：一个研究综述》一文中对欧洲社会质量理论的历史渊源和发展进行了介绍，并进一步指出，社会质量理论提供了一个社会科学研究的新视角，使理论界重新检视人类社会发展的未来图景，并且，社会质量理论既对中国的福利改革提供了更多的选择和参照，也为进行国别和地区间比较研究提供了新的理论支撑与分析工具。作者还提出，“对于中国正在进行的福利改革来说，社会质量理论及其倡导的社会发展模式，提供了福利世界的另一个普世价值，使我们可以高屋建瓴地思考中国社会福利体制与社会发展的目标走向”。同时，作者也提出了作为本土化社会质量理论中存在的不足之处。例如，社会质量中的“社会”是否包含了整体社会系统中的经济、政治、市民社会，甚至文化子系统，社会质量标准及其指标体系的操作性程度仍然有待提高等。[①]

张海东等针对我国社会质量研究的现状指出，“当前社会质量研究还

① 韩克庆：《社会质量理论：一个研究综述》，《东吴学术》2010 年第 1 期，第 99—105 页。

处于起步阶段，研究的整体水平还不够高。而且从现有研究成果来看，大部分研究成果的主题聚焦在对欧洲社会质量的概念、理论、方法和指标等的翻译介绍；从研究的内容上看，突出体现在对社会质量的四个条件性因素的依赖上，还没有完全从欧洲社会质量框架中跳出来”。作者还指出，基于我国本土化的社会质量理论研究还没有取得实质性的进展，能真正结合我国社会的特质出发解读社会质量理论的研究尚不多见。同时，对欧洲社会质量指标的适用性问题也没有进行充分的研究。基于欧洲特质的社会质量指标体系在很多方面不适合我国的实际国情。如何将中国社会特质体现在社会质量的指标体系中应当是国内社会质量研究的重点。①

王星指出国家与社会互动关系是欧洲社会质量建设的动力源。在西方国家，规定国家与社会互动原则的基本制度框架已经成熟。但是在社会质量建设的行动过程中，依然内嵌着国家与社会之间的矛盾：一是社会质量增强与国家能力削弱之间的矛盾；二是欧洲社会与主权国家之间的内在张力。这种矛盾对于反思欧洲社会质量理论本土化具有重要价值。社会质量理论本土化的要义或许不在于通过指标体系的调整对中国或区域的社会质量状态进行评测，而在于其对“社会性”的追求给予中国社会建设的启示，这才是欧洲社会质量理论对于我们最大的意义。②

徐延辉在《社会质量：欧洲议题与中国走向》中提出，为了进一步提升社会质量理论的效力，在学术研究层面可以将生长于中国的本土社会质量理论与发端于欧洲的社会质量理论对接；在实践层面，可以将社会质量纳入政府考核指标和统计年鉴，并在政府工作报告中加入社会质量内容。③

2. 学者对当前我国社会质量问题的认识

张海东在《中国社会质量研究的反思与研究进路》中指出，社会质

---

① 张海东、石海波、毕婧千：《社会质量研究及其新进展》，《社会学研究》2012 年第 3 期，第 227—244 页。

② 王星：《社会质量建设过程中的国家与社会——对欧洲社会质量理论的本土省思》，《江海学刊》2015 年第 1 期，第 104—111 页。

③ 徐延辉、龚紫钰：《社会质量：欧洲议题与中国走向》，《南京社会科学》2018 年第 7 期，第 79—86 页。

量研究所要解决的核心问题是衡量社会进步的评价尺度问题。社会质量研究包含了理论研究、实证研究和政策研究多个层面，但归根结底，理论研究和实证研究的价值最终要体现在形成可转化的社会政策上。因为社会质量理论取向的初衷是通过有效的社会政策全面提高社会质量，这是社会质量研究的落脚点和归宿所在。①

林卡从"生活质量—社会质量"视角来分析政策实施效果及社会发展水平。生活质量理论和社会质量理论具有不同的意识形态导向、社会发展理念和分析工具的使用意图。前者支持现代化的理念并促使人们去追求高水平的生活，后者则支持社会和谐的意识形态，倡导增进社会体系的包容性和社会和谐，以改善所有社会群体的总体福祉状况。倡导社会质量理论对于我们提升社会和谐程度、建设"和谐社会"、增进人们福祉，具有积极意义。基于"生活质量—社会质量"的视野，社会政策新的发展导向应当包括：强调以人为本的价值，摒弃各种"物化"标准，克服"异化"现象；充分肯定人们主观幸福感的需要；包容生活方式和观念的多元化；形成一定的社会开放空间，使人们能够具有进行社会参与的机会。②

崔岩在《中国社会质量指标指数分析》③ 中指出，由于我国与欧洲国情不同，我们不应当完全照搬欧洲社会质量的研究范式，需要对社会质量理论指标体系进行本土化研究。社会质量研究不是纯粹以理论问题研究为导向的，而是结合我国具体国情，以理论建构为出发点，建构可操作的政策评价工具，建构中国本土社会质量指标体系，采集经验数据，实现对社会发展质量的科学评价。

3. 中国学者对社会质量的经验研究

尽管社会质量理论在我国的发展还处于初级阶段，学界还没有对社

① 张海东：《中国社会质量研究的反思与研究进路》，《社会科学辑刊》2016 年第 3 期，第 124—128 页。

② 林卡：《社会政策、社会质量和中国大陆社会发展导向》，《社会科学》2013 年第 12 期，第 63—71 页。林卡：《生活质量与社会质量：一项有关理论和方法论的比较研究》，《江苏行政学院学报》2015 年第 2 期，第 61—68 页。

③ 崔岩、黄永亮：《中国社会质量指标指数分析》，《国家行政学院学报》2018 年第 4 期，第 1—7 页。

会质量的理论架构和具体研究操作达成一致意见，但是在经验研究方面，很多学者已经做出了有益的探索。例如，2009 年林卡主持了浙江省的社会质量问卷调查。[①] 2010 年张海东主持了上海社会质量研究，基于上海数据开展对社会质量的实证研究。[②] 杨建华、深圳社会科学院课题组分别基于浙江和深圳的经验开展社会质量研究。[③] 徐延辉主持了国家社会科学基金重点项目“社会质量视角下的社会建设研究”，在厦门市和深圳市组织大规模社会质量问卷调查。[④]

“中国社会状况综合调查”（Chinese Social Survey，CSS）是中国社会科学院社会学研究所于2005 年发起的一项全国范围内的大型连续性抽样调查项目，目的是通过对全国公众的劳动就业、家庭及社会生活、社会态度等方面的长期纵贯调查，来获取转型时期中国社会变迁的数据资料，从而为社会科学研究和政府决策提供翔实而科学的基础信息。从 2015 年第五次“中国社会状况综合调查”起以“社会质量”为研究主题，从社会质量的四个方面全面了解当前我国社会质量现状和发展水平，对我国社会质量的研究有重要的推动作用。

4. 中国学者对社会质量研究应用的发展

社会质量研究的落脚点是社会建设与社会进步，对于政策的制定起到引导作用。姚云云从社会质量的价值导向上对社会政策制定提出建议，社会质量理论以倡导社会和谐和社会建设为其基本的价值导向，而这一

---

① 林卡、柳晓青、茅慧：《社会信任和社会质量：浙江社会质量调查的数据分析和评估》，《江苏行政学院学报》2010 年第 4 期，第 63—69 页。

② 张海东：2011b，《2010 年世博会与上海社会质量》，上海大学文科发展研究院主编《后世博与上海发展》，上海大学出版社 2011 年版，第 6 页。

③ 杨建华：《“十二五”浙江：推进社会转型，提升社会质量》，《观察与思考》2011 年第 2 期，第 32—35 页。深圳社会科学院课题组：《社会发展质量内涵与社会建设路径》，《深圳特区报》2011 年 8 月 2 日第 8 版。

④ 武艳华、黄云凌、徐延辉：《城市社会凝聚的测量：深圳社会质量调查数据与分析》，《广东社会科学》2013 年第 2 期，第 210—219 页。徐延辉、陈磊：《中国特色的社会质量指标体系研究》，《社会主义研究》2014 年第 2 期，第 78—87 页。李勇、徐延辉、兰林火：《社会质量测量维度与城市社区创新——基于深圳市的实证分析》，《中国社会科学》2014 年第 3 期，第 142—164、207 页。

导向正是我国在推进和谐社会这一目标建设中所需要的。[①] 社会质量理论为我们提供了一个社会科学研究的新视角，重新检视我国社会发展的目标走向和社会政策价值导向。基于此，应该把发展的核心问题聚焦于我国社会发展的质量和民生建设上，在实践中通过各种社会政策手段增进社会团结、维护社会融合，建立以社会经济保障、社会包容、社会赋权、社会凝聚等维度为核心价值的可持续的福利社会。

林卡在《中国的生活质量和生活满意度》中运用了侧重于社会经济保障、社会凝聚、社会包容和社会赋权的社会质量模型进行分析，利用2012—2013 年世界价值观调查报告，分析了中国居民生活满意度的影响因素，发现在社会质量的四个领域中，社会赋权是最为重要的影响因素。作者进一步指出，中国发生的经济变化可能有助于推动社会规范向个性化和个人代理意识的方向发展，这提高了那些做出这种调整的人的生活满意度。这也意味着，中国推行的渐进式转型政策使人们能够更好地应对社会变化。[②]

张海东指出在政策研究方面，国内社会质量研究的一个重要特点是关注点较多地停留在理念层面，缺乏可操作性的政策设计。究其原因大致受这样几个方面因素的制约：一是社会质量涉及的领域如此广泛，对一般研究者而言，很难通晓涉及社会质量各个具体领域的社会政策，这方面的社会政策专家凤毛麟角；二是我国正处于总体性改革的过程当中，原来碎片化的各项政策正在进行调整，改革的总体思路有了，但很多具体政策正陆续出台，这对社会质量研究者而言既是机遇更是挑战。解决问题的思路在于要把社会质量研究具体化到相应的社会领域，并分门别类地开展相应领域的社会政策研究。[③]

詹国辉基于社会质量理论视角对我国社会治理创新提出建议。以社会质量为核心的社会治理模式内在本质要求建构出“社会经济保障、社

---

① 姚云云、张文喜：《社会发展质量诉求与我国社会政策价值导向——基于社会质量理论的回应》，《北京工业大学学报》（社会科学版）2013 年第 1 期，第 12—17 页。

② Pamela Abbott, Claire Wallace, Ka Lin, Christian Haerpfer, “The Quality of Society and Life Satisfaction in China”, *Social Indicators Research*, 2016, 127 (2).

③ 张海东：《中国社会质量研究的反思与研究进路》，《社会科学辑刊》2016 年第 3 期，第 124—128 页。

会凝聚、社会包容和社会赋权”的内容体系，更为重要的是坚持基层党建引领社会治理的核心原则，凸显社会组织在社会治理转型中的作用，意在构建出一种可持续的社会治理长效图景，力图实现社会整体性福祉的提升，旨在进一步提升转型期的社会治理质量，进一步推动社会治理现代化目标的实现。①

黄永亮基于2017年“中国社会状况综合调查”的数据，从社会质量的四个维度即社会经济保障、社会凝聚、社会包容和社会赋权出发，对当代“90后”青年群体的社会质量评价状况进行了分析，并深入探讨了“90后”群体与非“90后”群体在社会质量不同维度上对社会整体发展质量评价影响效应的差异。② 作者指出，“90后”群体评价当前社会发展质量好坏的标准更多是基于社会凝聚、社会包容和社会赋权这三个社会质量维度，而社会经济保障对其评价社会整体发展质量的影响效应则并不十分明显。同时，社会凝聚中的社会信任评价和社会赋权中的外部效能感两个指标对“90后”群体评价社会发展质量的影响效应要强于非“90后”群体

徐延辉基于“社会质量视角下的农民工市民化研究”问卷数据，从社会质量视角审视我国的农民工市民化问题，发现包含社会经济保障、社会凝聚、社会包容、社会增能四个维度的社会质量是农民工市民化进程的重要影响因素。在具体影响方式上，四个维度的发展水平越高，农民工市民化水平就越高，并进一步提出了推动农民工有序实现市民化的路径构想。③

（三）社会质量研究的发展方向

要满足新时代新的社会需求，就需要加强对当前我国社会质量的研究，通过实施有效的社会政策促进社会质量的提升。崔岩基于对不同阶层社会质量评价分析，提出只有全面提升社会公众社会政治参与效能感、

---

① 詹国辉、张国磊：《政府质量走向社会质量：社会治理的转型逻辑》，《哈尔滨工业大学学报》（社会科学版）2019年第5期，第53—62页。

② 黄永亮：《中国“90后”青年的社会质量评价研究——一项基于2017年“中国社会状况综合调查”的分析》，《青年研究》2019年第3期，第13—25页。

③ 徐延辉、龚紫钰：《社会质量与农民工的市民化》，《经济学家》2019年第7期，第90—100页。

提升社会保障水平、减少社会隔离与排斥，才能提高社会各个阶层对社会发展的总体评价，才能实现各个阶层利益诉求最大程度的平衡，进而实现社会的福祉均衡和可持续发展，建设高质量的小康社会。①

莫思凡在《丝绸之路经济带沿线区域社会质量基本认知及评价指标体系》中建议在分析维度上对社会质量理论进行扩充。在借助成长于西方的社会质量理论解释和分析中国本土的社会发展质量问题的同时，应以新发现理念为价值牵引和规范性因素，构建以社会活力、社会融合、社会认同、社会生态、开放发展、共享发展为内容的本土化社会质量评价指标体系，从而满足现阶段我国社会发展的新要求，为衡量社会发展状况提供新的视角和维度。②

林卡在《中国社会发展的新时代与包容性发展》中提出，在新时代，我们的发展目标的定位是超越底线保障和提高经济生活的安全性。③ 在此前提下，在对于社会现时代的基本问题的考察中，社会经济保障因素不应该再是我们改革开放的核心任务，因为这些任务已经通过改革开放40年的努力而逐步得到解决。我们需要把更多的关注放到社会质量考察的其他三个方面，即社会融合、社会包容和社会赋权。社会融合方面的指标反映社会各群体之间的共享意识和社会团结精神，它是社会价值观念的折射，能够作为社会心态晴雨表有效地反映社会的价值基础。

（四）社会理论研究综述小结

综上所述，社会质量理论发展的渊源大抵有两条脉络。其一是西方国家，主要是欧洲国家对社会质量问题的讨论。欧洲学者们对社会质量理论的分析主要是如何防止过度私有化，如何加强社会福祉和社会福利，换言之，欧洲学者的社会质量理论更多地关注社会发展过程中出现的“市场”和“社会”之间的矛盾。面对新自由主义在西方国家的盛行，“市场”在政策制定过程中占据了主导地位，而“社会”则成为“市场”

---

① 崔岩、黄永亮：《中国社会质量指标指数分析》，《国家行政学院学报》2018年，第1—7页。

② 莫思凡、XUE Zheng：《丝绸之路经济带沿线区域社会质量基本认知及评价指标体系》，《赤峰学院学报》（汉文哲学社会科学版）2018年第8期，第62—65页。

③ 林卡：《中国社会发展的新时代与包容性发展》，《中国社会科学评价》2019年第1期，第32—34页。

的补充和从属。基于这一问题，西方学者的社会质量理论的出发点在于“社会”，提倡需要通过一种新的办法，建立经济增长和社会发展之间的平衡关系，从而重树“市场”和“社会”在社会发展中的地位，并对社会是否随着经济的增长而更加文明和开放，人们能否随着经济的增长而更加自主和幸福的问题进行讨论。[①]

其二是我国学界基于如何建立和维护经济改革背景下的社会新秩序而开展的社会质量理论的讨论，其关注重点在于，如何使我国社会从自上而下的高度的政治规范化社会转型为自下而上的高度的自治型社会；换言之，我国本土产生的社会质量理论更多地关注社会发展过程中出现的“国家”和“社会”之间的关系。

就这两个不同的理论发展脉络而言，实际上是有共通之处的，并且都可以促进我国当前的社会质量理论发展。我国当前正处经济体制改革的瓶颈期和社会结构转型的波动期。从经济发展角度，我国的经济发展模式转型困难重重，难以在短期内取得突破。同时，社会建设与经济发展的不协调导致各类社会矛盾凸显。在这一背景下，如何寻找社会治理的突破口，转变政府职能、完善管理制度；如何整合社会管理资源、扶持社会组织、促进公众参与，如何加强社会民生工作、强化政府和非政府组织的社会服务功能，从而有效化解社会矛盾、降低社会风险、保障社会稳定，都是需要从理论上进行深入探讨的问题。而这些问题，既涉及“国家”和“社会”之间的紧张关系，又涉及“市场”和“社会”之间的不协调发展。因此，我国的社会质量研究应当致力于探索符合中国国情的理论方向，在总结现实中的社会建设和社会管理经验基础上，在力求学术创新的同时，完善既有理论价值，又有政策意义的社会质量理论。然而，正如有些学者指出的，我国学者对于社会质量的研究还处于起步阶段，研究的整体水平还不够高；与此同时，社会质量的理论研究尚未充分结合我国的实际国情，在研究上尚待取得实质性的进展。[②] 社会

---

① 赵怀娟：《“社会质量”的多维解读及政策启示》，《江淮论坛》2011 年第 1 期，第 99—121 页。

② 张海东、石海波、毕婧千：《社会质量研究及其新进展》，《社会学研究》2012 年第 3 期，第 227—244 页。

质量研究成果能在多大程度上为政策制定和政策实施服务，则是一个困扰研究者的大问题。

第五节 小结

人们能够在多大程度上参与其共同体的社会与经济生活是欧洲语境下的社会质量所关注的核心，并且这种生活能够提升其福利和潜能。[①] 换言之，社会质量主要的内涵是以社会关系为核心的社会互动和个体发展，这其中既包括宏观与微观的互动，也包括结构与个体之间的限制、构建关系，也正是通过对社会关系的质量的测量，才能够反映出社会成员在社会发展中的融合、参与程度，以及通过某种社会关系所得到的个人的福祉。

欧洲学者认为，社会本身存在着两组紧张关系的互动。这两组紧张关系是：正式的系统世界和由家庭、群体和社区构成的非正式的生活世界两者之间的水平方向的紧张关系，以及社会发展和个人发展两者之间纵向的紧张关系。[②] 正是这两组紧张关系反映了结构与社会成员个体之间的限制与构建关系，从而体现出一个社会是否具有开放性、包容性等特质。一个“高质量”的社会，应当有充分的空间容许社会成员在自我实现的同时形成集体认同。换言之，“高质量”社会中，自我实现和集体认同的关系应当是相互依赖，而非相互排斥的。一方面，集体认同促进而非限制自我实现；另一方面，社会成员自我实现的过程又进一步构建了集体认同。正如张海东所言：社会质量出发点是消解社会发展与个体发展的矛盾，解决组织世界（即体系和制度世界）与生活世界（即共同体、群体和家庭）的冲突，从而改善社会状况，继而提升个人的福利和潜力。[③]

社会质量包含了三组因素：建构性因素（亦称制度性因素）、条件性

① Beck, W., van der Maesen, L., Thomése, F., & Walker, A., *Social quality: A vision for Europe*, The Hague: Kluwer International, 1997, pp. 6 - 7.

② 沃克、张海东：《社会质量取向：连接亚洲与欧洲的桥梁》，《江海学刊》2010 年第 4 期，第 22—30 页。

③ 张海东：《社会质量：社会发展研究的新视野》，《光明日报》2010 年 2 月 16 日第 9 版。

因素、规范性因素（见表1—2）。

表1—2 社会质量的理论结构

建构性因素	条件性因素	规范因素
个人（人类）安全	社会经济保障	社会正义（平等）
社会认可	社会凝聚	团结
社会响应	社会包容	平等权利和价值观
个人（人类）能力	社会赋权	人的尊严

第一，建构性因素重点强调高质量社会所应当具备的制度架构。正如沃克指出的：“（建构性因素）是在横跨两种重要紧张关系中，自我实现过程与各种集体认同的形成过程互动的结果。由此带来合格的社会行动者的构成：个人（人的）安全，关乎法律规则的制度化；社会认可，关乎社区成员个人之间的尊重；社会响应，关乎群体、社区和系统的开放性；个人（人的）能力，关乎个人的生理和精神方面的能力。”①

第二，条件性因素所强调的是社会质量赖以形成的外部条件。如沃克所言，条件性因素首先强调的是社会经济保障的重要作用。其次，对于社会发展和非正式世界的互动中，如何通过非正式世界层面的聚合机制，有效地将非正式世界和社会聚合在一起，对社会发展和非正式世界的维护都是至关重要的。这就对社会质量的界定提供了社会凝聚这一维度。再次，条件性因素的一个重要维度是社会包容。在社会多元化背景下，高质量的社会应当具备充分的社会包容，从而在通过系统世界的制度性因素对个体的多元发展的作用中，保障个体发展不受来自系统世界可能存在的群体性排斥机制的影响，即实现社会包容，这也就成为条件性因素的重要组成。高质量社会应当有效提供社会成员在社会和经济领域中的融入机制，避免社会成员受到社会排斥。最后，在条件性因素中，连接非正式世界和个体发展的重要纽带是社会赋权。在社会发展中，社会成员只有通过社会参与，才有可能得到生活和发展所需要的机会与资

① 沃克、张海东：《社会质量取向：连接亚洲与欧洲的桥梁》，《江海学刊》2010年第4期，第22—30页。

源，因此，参与本身具有重要的维系“社会关系”的内涵。

第三，规范性因素从社会价值角度对建构性因素和条件性因素所蕴含的内在理念性因素进行分析，从而评估社会质量的适当性和必要性程度。具体而言，规范性因素包括：首先，条件性因素中的社会经济保障着重强调社会成员取得资源的可能性，只有得到充分的社会经济保障，社会成员才具备社会互动的物质能力，因此，社会经济保障对应的规范性因素是社会正义；其次，条件性因素中的社会凝聚强调的是基于社会共同价值和规范体系而产生的社会关系特质，从而分析社会秩序的维护机制和社会价值规范体系的整体性的构建机制。因此，社会凝聚反映的是社会团结和整合问题；再次，条件性因素中的社会包容指向的是多元化世界存在的可能性和社会发展对多元化世界的兼容性。因此，社会包容对应的规范性因素是平等的权利和价值，和对社会排斥的否定；最后，条件性因素中的社会赋权关注社会对公民行动能力的保障与支持，其所蕴含的是社会对个体行动能力的尊重和行动机会的平等给付。因此，社会赋权的指向是人的尊严。①

整体而言，欧洲社会质量的理论架构的核心是对正式的系统世界/社会和非正式的生活世界/社会成员之间的关系进行“理想型”的描述与研究（见表1—1）。只有在系统世界/社会对生活世界/社会成员的发展起到正向的促进作用时，生活世界/社会成员才能进而对系统世界/社会进行积极的构建，从而促进社会质量的提高，保障社会自发的有序发展。

---

① 沃克、张海东：《社会质量取向：连接亚洲与欧洲的桥梁》，《江海学刊》2010 年第 4 期，第 22—30 页。张海东：《社会质量视角中的风险应对》，《江海学刊》2011 年第 3 期，第 114—118 页。

第二章

社会经济保障报告：家庭财务

在社会质量理论中，社会经济保障包括所有用于保障基本日常生活安全并提高生活机会的一切福利供应，其目标在于保护人们避免因贫穷或物质剥夺而造成无法或不能充分参与各种社会关系。如第一章所述，社会经济保障的测量指标包括财务资源、住房与环境、健康与照顾、就业和教育五个方面，本章基于微观抽样调查数据对我国当前居民的家庭财务状况进行分析。

第一节 家庭财务指标体系

欧洲社会质量指标体系中，社会经济保障方面的财务资源包括两个子域，一是收入充足性，二是收入保障。亚洲学者在此基础上进行了适应性改进，增加了收入不平等子域。① 国内学者也尝试将指标体系本土化，如将社会经济保障的子域修订为"收入保障"和"收入质量"②，提出了包括"家庭收支平衡情况""教育费用""照顾费用""日常开销""医疗费用""住房费用""人情费用""旅游费用""图书费用""总支出"等变量的"金融资源因子"③ 等。

---

① Wang, Lihrong. "Asian Social Quality Indicators: What is Unique?", *Development and Society*, 38.2 (2009), pp. 297 - 337.

② 王磊、袁家菊、关洁：《中国社会质量指标体系构建研究》，《上海行政学院学报》2015年第2期，第77—87页。

③ 孙秀林、梁海祥：《社会质量测量指标的信度与效度分析——以社会经济保障维度为例》，《江海学刊》2014年第6期，第105—109、239页。

基于已有的研究，本报告中家庭财务的指标体系遵照亚洲社会质量指标体系三个子域的划分，分为收入充足性、收入保障和收入不平等，并且也采用主客观指标相结合的方法，然而在具体指标选取上有所不同。具体地说，收入充足性围绕着收支平衡进行测量，包括居民家庭收入和消费性支出的总量、构成，及收支比较等客观指标，也包括居民对家庭收支情况的主观感知。收入保障侧重的是家庭收入抵御家庭经济风险的能力，本子域包括三个指标：一是贫困线以上的家庭比例；二是家庭主要收入来源；三是居民对家庭经济困难的感知。我国收入不平等主要体现在城乡之间和不同收入层次群体之间，在此子域选取人均收入和家庭消费支出两个因素，建构为城乡居民家庭人均收入之比和消费支出差异、最高收入组和最低收入组家庭人均收入之比和消费支出差异四个客观指标。具体指标体系如表2—1所示。

表2—1　　社会经济保障因素中家庭财务指标体系

域	子域	具体指标
家庭财务	收入充足性	家庭收入与支出总体情况； 家庭支出构成及占家庭收入的比例； 家庭收支平衡情况； 居民家庭收支情况的主观感知
	收入保障	贫困线以上家庭占比； 家庭主要收入来源； 家庭经济困难的主观感知
	收入不平等	城乡居民：家庭人均收入之比、消费支出差异； 最高收入组和最低收入组：家庭人均收入之比、消费支出差异

第二节　收入充足性

一　收入充足性指标测量

收入充足性指标涉及的变量有家庭总收入、家庭人均收入、家庭消费性总支出、家庭消费性人均支出、家庭总收入的构成、家庭消费性支出的构成，及居民对家庭收支情况的感知。

在中国社会综合状况调查（CSS）2019 年度调查中，受访者不仅要回答家庭总收入，也要报告家庭收入的构成情况。数据清理时综合考虑了分项收入的合理性以及分项汇总与报告总收入的差异，形成供分析使用的家庭总收入。家庭收入来源分为工资性收入、农业经营收入、经商办厂收入、财产性收入、转移性收入以及其他收入。具体包含内容如表 2—2 所示。

表 2—2　家庭收入测量及构成

变量	子变量	具体描述
家庭收入	工资性收入	含工资、奖金、津贴、节假日福利等
	农业经营收入	农林牧渔业生产经营净收入
	经商办厂收入	扣除各项成本和税费之后的净收入
	财产性收入	出售/出租房屋、土地收入； 家庭金融投资理财收入（债券、存款、放贷等的利息收入，股票投资收入及股息、红利收入等）
	转移性收入	家庭成员退休金、养老保险金、失业保险金、工伤保险金、生育保险金等社保收入； 家庭成员医疗费报销收入； 政府、工作单位和其他社会机构提供的社会救助收入（如最低生活保障、困难补助、疾病救助、灾害救助、学校奖学金/助学金、贫困学生救助等）； 政府提供的生产经营补贴、政策扶持收入（如农业补助、税费减免等）； 居委会、村委会提供的福利收入（如集体生产经营分红、非救助性补贴等）
	其他收入	

同样，CSS 在 2019 年度的调查中也询问了受访者生活消费总支出和

各分项支出。本报告中选取了消费性支出的项目[①]，分为饮食支出、衣着支出、居住支出、家庭设备及用品支出、交通通信支出、医疗保健支出、文教娱乐支出和其他支出。而后将其汇总为家庭消费性总支出。具体测量结构如表2—3所示。

表2—3　　家庭生活消费性支出测量及构成

变量	子变量	具体描述
家庭生活消费性支出	饮食支出	包括外出饮食支出；自产食品估算其价格，并计算在内
	衣着支出	衣服、鞋帽等
	居住支出	缴纳房租、电费、水费、燃气煤炭费、物业费、取暖费等
	家庭设备及用品支出	家用电器、家具、家用车辆等购置支出
	交通通信支出	如固定电话/手机/小灵通的话费、电脑上网费等，上下班等交通费及家用车辆汽油费、保养费、养路费、路桥费等
	医疗保健支出	看病、住院、买药等的费用，不扣除报销部分
	文教娱乐支出	如学杂费、文具费、课外辅导费、在校住宿费、文化、娱乐、旅游等，但在校的饮食支出计入家庭饮食支出
	其他支出	

调查中询问了受访者自认为的家庭人口数、家庭共同支出的人数和家庭中有收入的人数，理论上前者都会包含后者，数据清理时也对这一逻辑关系进行了检验。考虑到本研究侧重于家庭成员的经济联系，故采用家庭共同支出的人数来计算家庭人均收入和人均消费性支出。

家庭收支情况的客观指标采用微观的测量方法，即分别计算每个家庭的消费支出金额占家庭收入金额的比例，如果比例大于1，则说明该家庭财务状况入不敷出；如果小于1，则有收入盈余。然后计算所有家庭这一比例的平均值。该指标可以反映出我国家庭层面收入充足情况的平均水平，但容易受到极值的影响，于是也报告了所有家庭这一比例的中位值作为第二个指标。第三个指标是根据收支数据计算得出所有家庭中收

① 不包含调查问卷中列出的购房首付和分期偿还房贷的支出、赡养或者照料不在一起生活的亲属支出，以及红白喜事、人情往来等支出。

支相抵或收入有盈余的家庭比例。居民家庭收支情况的主观感知是基于受访者自评的收支相抵或收入盈余的家庭比例。①

二　家庭收支概况

基于对受访者自报的2018年收入和支出情况，数据分析发现全国居民家庭总收入的均值为91286元，消费性总支出均值是62098元，前者是后者的1.47倍，显示了从全国整体来看，我国居民的家庭收入大约有三分之一的盈余（见表2—4）。地区发展不平衡是我国经济发展的一个特征，这也反映在六大区域的收支比较上。如华东地区的总收入均值超过10万元，收支均值比在1.65，居各地区之首；东北地区和西南地区的收支均值比都低于1.3，但两个地区情况不同，东北地区收入和支出的均值都比较低，西南地区则都相对较高；相比之下，西北地区虽然收入均值不太高，但收支差距大，收支均值比超过1.4。总的来看，在收入支出的均值上，全国水平受到华东地区影响较高，整体被拉高，收支均值比除华东地区外，其他地区均低于全国水平。因此，表2—4中也报告了全国和六大区域家庭总收入和总支出的中位值及中位比值。从中位值来看，华东地区的比值甚至提高到1.7，而西南地区的比值降到1.15，收支更为接近了。

表2—4　家庭收入支出分布总体情况　（单位：元）

地区	总收入均值	总支出均值	收支均值比	总收入中位值	总支出中位值	收支中位值比
华北	86203	64313	1.34	60000	42000	1.43
东北	56349	44239	1.27	40000	29100	1.37
华东	115578	69930	1.65	80000	47000	1.70
中南	87563	59891	1.46	60000	43200	1.39
西南	81087	62928	1.29	50000	43460	1.15
西北	73848	51333	1.44	50000	34518	1.45
全国	91286	62098	1.47	60000	42408	1.41

① 问卷中的原题为：C4a. 去年（2016年），您的家庭总体的收支情况是：1 收大于支；2 收支相抵；3 收小于支。

由于各个家庭人数的不同，家庭总收入和总支出不能反映出家庭的生活水平状况，因此有必要对家庭人均收入和支出[①]进行分析，分析结果汇总在表 2—5 中。从全国来看，虽然家庭人均收入为 34026 元，但中位值是 18333 元，意味着全国约有一半的家庭里人均月收入在 1500 元以下，而少数人的高收入将收入均值拉高。这也造成了从收支均值比来看，盈余较多（收支均值比为 1.55），而从收支中位值比来看，盈余相对较少（收支中位值比为 1.40）。引人注意的是，西南地区虽然家庭总收入在六大区中位于中游，然而由于家庭抚养人数较多，人均收入和支出均值与东北地区接近，中位值则低于东北地区，致使收支中位值比仅为 1.18，位居六大区域之末。

表 2—5　　各地家庭人均收入支出分布总体情况　　（单位：元）

地区	人均收入均值	人均支出均值	收支均值比	人均收入中位值	人均支出中位值	收支中位值比
华北	35334	26445	1.34	20000	15133	1.32
东北	25055	18574	1.35	16933	12463	1.36
华东	42943	24092	1.78	23550	14625	1.61
中南	32369	20884	1.55	16667	12600	1.32
西南	25442	18306	1.39	13300	11233	1.18
西北	30083	21509	1.40	16933	12060	1.40
全国	34026	21956	1.55	18333	13127	1.40

以上收支概况的分析反映出全国和六大区域居民家庭总体上收入充足，同时也反映出家庭间收入的不平等（均值远大于中位值）和地区间的差异。相比之下，华东地区居民的收入最为充足，而西南地区的收入情况存有隐忧。

---

① 需要提醒读者注意的是，本报告中采用的是家庭人均收入，与《中国统计年鉴》中的居民人均收入统计口径不同［后者的计算方法为：收入总额/(年初人数 + 年末人数）/2］。家庭人均支出也是如此。

三　家庭支出构成与占比

考察收入充足性一个重要的指标就是家庭支出的构成情况，以及占家庭收入的比例。19 世纪德国统计学家恩格尔发现：一个家庭收入越少，用于购买生存性的食物的支出在家庭收入或总支出中所占的比重就越大。因此，饮食支出金额占总支出金额的百分比被定义为恩格尔系数。恩格尔系数是国际上通用的衡量居民生活水平高低的一项重要指标，一般认为，恩格尔系数达 59% 以上为贫困，50%—59% 为温饱，40%—50% 为小康，30%—40% 为富裕，低于 30% 为最富裕。

和饮食支出相比，衣着、住房、家庭设备和用品、交通通信，和文教娱乐支出相对弹性较大，并符合恩格尔定律。即对于低收入家庭，这方面的支出占比会比较低，随着家庭收入的增长，其占比会呈现上升趋势，然而上升一段时期后，就会呈现递减趋势。

医疗保健支出是另一个关注的焦点。在我国，看病贵被居民认为是最重要的社会问题①，同时因病致贫也是医疗保障和反贫困的重点。我国医疗保险大多采用事后报销的政策，医疗费用需要由患者事先支付，而且还有一些价格高昂的药品未能被医保覆盖，所以对于低收入家庭，医疗支出会成为他们重要的负担。

表 2—6 报告的是家庭各项消费性支出占总支出的比例。数据显示，家庭各项消费支出中占比最高的是食品类支出，占三成左右。全国总体的饮食支出占比是 30. 5%。中南、西南和华东地区都高于这个比例，华北和西北地区的比例最低。如果用这一比例作为恩格尔系数来衡量富裕程度会让人费解：收入水平最高的华东、中南地区家庭恩格尔系数也最高。这可能和我国的饮食文化有关，食品不仅仅用于果腹，也是生活享受或者高品质生活的追求之一，而各地的食品多样性和成本差异较大，可能会造成饮食支出占比存在地域性差异，并没有如实反映出家庭的富裕程度。

在表 2—7 中，当以家庭总收入为基数来计算饮食支出比例时，华东

---

① 任莉颖：《中国居民对当前主要社会问题关注度的研究报告》，李培林等编《2020 年中国社会形势分析与预测》，社会科学文献出版社 2019 年版。

地区的家庭因为收入水平最高，饮食支出占比最低，仅有19.1%；西南地区的家庭的饮食支出占比最高，为24.7%。

表2—6　　家庭消费支出构成情况　　(单位:%)

地区	食品	衣着	居住	家庭设备及用品	交通通信	医疗保健	文教娱乐	其他
华北	26.0	10.0	9.7	15.8	9.3	16.3	16.6	2.6
东北	28.1	15.5	8.6	8.0	8.4	19.2	16.4	2.0
华东	30.7	10.2	10.2	15.7	9.8	11.3	16.1	6.0
中南	33.3	8.0	9.5	13.6	9.9	14.5	14.7	3.2
西南	30.8	8.3	8.5	14.7	13.0	15.2	13.2	2.3
西北	27.0	9.8	10.1	10.8	12.8	19.5	14.1	1.5
全国	30.5	9.5	9.6	14.3	10.4	14.3	15.2	0.4

表2—7　　各地家庭消费各项支出占家庭总收入比例　　(单位:%)

地区	食品	衣着	居住	家庭设备及用品	交通通信	医疗保健	文教娱乐	其他
华北	20.6	7.5	7.2	12.1	7.0	12.6	12.3	0.2
东北	23.6	6.6	6.8	6.4	6.7	15.2	12.4	0.2
华东	19.1	6.3	6.1	9.5	5.9	7.0	9.6	0.4
中南	23.2	5.5	6.5	9.1	6.8	10.1	10.0	0.2
西南	24.7	6.5	6.6	11.2	9.3	11.6	10.3	0.2
西北	19.8	7.3	7.0	7.6	8.9	13.6	10.0	0.1
全国	21.5	6.3	6.5	9.7	7.0	10.0	10.2	0.3

比较其他类型支出所占比例可以发现，医疗保健和文教娱乐支出的比例最为接近。如以总支出为基数时，全国医疗保健支出占比是14.3%，文教娱乐支出是15.2%；而以家庭总收入为基数时，他们的占比更为接近，分别为10.0%和10.2%。这两类支出占据了我国居民消费的第二主要地位。

地区之间也存在着支出结构上的差异。如东北地区的家庭，由于老龄化严重，总收入中用于医疗保健的支出比例高居各地区之首，而用于家庭设备和用品的支出比例最低。华东地区的医疗保健支出无论是以总支出为基数，还是以总收入为基数，其占比在六大区域中都是最低的。在文教娱乐方面的支出占比各地区差异不大，华北和东北地区略高。

四 家庭收支平衡情况

前面两部分是从宏观层面上对收支情况进行比较，本部分则定位在家庭层面，通过计算每个家庭内部收入和支出的比值来了解收入充足性。

表2—8 的第二列展示了全国和各地区所有家庭内部支出金额占收入金额的百分比的均值，第三列是这些百分比的中位值。可以看到，受到百分比极值的影响，也就是说有一些家庭的支出远远超过收入，支出/收入百分比的均值都超过了100%，因此在此情况下查看中位值更能了解到收支的情况。从全国范围看，家庭支出占收入百分比的中位值是72.1%，即有一半的家庭支出所占百分比在72.1%以下。各地区中，华东家庭收支状况最佳，中位值为64.1%；华北、中南、西北地区中位值比较接近；东北地区略高，为76.7%；而西南地区收支状况最差，有一半的家庭支出占比超过了80%。

表2—8 的第四列报告的是2018 年收支相抵或收大于支家庭所占的比例，这是基于受访者报告的收入、支出数据计算得出的客观指标。第五列数据则是受访者自评的结果，属于主观指标。最后一列报告了二者之间的差异。数据显示，全国范围内，约有67.4%的家庭收支状态良好，收支达到平衡，或者有所盈余。各地区中仍是华东地区家庭收入最为充足，有将近四分之三的家庭不存在过度支出的情形。相比之下，西南地区情况最差，能实现满足支出的家庭仅为六成。

受访者对于家庭收支平衡状态的主观评价略为悲观。全国范围内，认为家庭收入能满足支出的家庭比例仅为六成，比客观估算低了7 个百分点。计算结果和自评结果最为接近的是华东、中南和华北地区，均小于6 个百分点；而差异最大的是西南、西北地区，差异超过了10 个百分点。

表 2—8　　家庭收支比较　　（单位:%）

地区	支出/收入的均值	支出/收入的中位值	支出≤收入的家庭比例		
			计算结果	自评结果	二者差异
华北	122.0	74.9	67.5	61.7	5.8
东北	118.8	76.7	65.0	55.8	9.2
华东	105.2	64.1	73.6	68.5	5.1
中南	126.9	73.3	66.7	61.3	5.4
西南	144.7	81.6	59.5	48.3	11.2
西北	132.2	73.9	64.4	51.5	12.9
全国	122.6	72.1	67.4	60.4	7.0

本节从家庭收支总体情况、消费性支出结构及占比，以及家庭收支平衡情况三个维度来反映家庭的收入充足性。从总体上看，我国家庭收入充足，2018 年家庭收支比在 1.5 倍左右，而且饮食支出占总支出或总收入的比例较低，恩格尔系数在 30% 左右，处于富裕区间。然而具体到家庭层面，全国范围内有大约三分之一的家庭 2018 年处于入不敷出的状态，而居民对于家庭财务状况的主观评价更为悲观，约有四成的居民认为家庭支出大于收入。

第三节　收入保障

一　收入保障指标测量

收入保障的第一个指标是贫困线以上的家庭比例，基于中国国情，本报告采用最低生活保障线为贫困标准。由于各地区经济发展水平不同，社会人均生活水平，以及维持最低生活水平所必需的费用也存在差异，因此各地区的最低收入保障标准并不相同。本报告中采用各省/市/自治区 2018 年第 4 季度发布的城镇和农村的最低生活保障标准为参照，定义家庭人均收入高于对应省/市/自治区城镇或农村此低保标准的为最低生活水平以上的家庭。

收入保障的第二个指标是家庭收入主要来源。本报告中家庭收入来源包括工资性收入、农业生产收入、经营性收入、财产性收入和转移性收入。并不是每个家庭都有这五类收入，于是第一个子指标是拥有某项收入的家庭比例，第二个子指标是某项收入占家庭总收入80%及以上比例的家庭比例。两个子指标用来指出主要依靠各项收入来源的家庭比例。

收入保障的第三个指标是主观指标，即居民对家庭经济困难的感知。CSS调查中受访者报告了2018年其家庭遇到的经济上的困难，具体包括（1）住房条件差，建/买不起房；（2）子女教育费用高，难以承受；（3）医疗支出大，难以承受；（4）物价上涨，影响生活水平；（5）家庭收入低，日常生活困难；（6）家人无业、失业或工作不稳定；（7）赡养老人负担过重；（8）家庭人情支出大，难以承受。报告中测量了感知到各项困难的居民比例。

二 最低生活水平以上家庭比例

本章所使用家庭人均收入已包括转移性收入，如最低生活保障金等。因此理论上，如果实现了应保尽保，所有家庭都应该在最低生活水平以上。然而，我国各地在低保家庭认定上并非遵循家庭人均收入单一标准，而是因地制宜采用多种瞄准手段，而且补贴标准在省内也有差异性。显示在调查数据上，发现有部分家庭2018年的人均收入低于本省的最低生活保障线（简称低保线）。

如表2—9所示，全国范围内，家庭人均收入高于本省低保线的家庭比例为85.4%，城镇居民家庭收入保障较好，这一比例为88.4%，比农村居民家庭高出7.4个百分点。地区间比较，西南地区收入保障状况最差，有80.6%的家庭人均收入在低保线以上，与最高的东北、华东地区相差6.7个百分点。尤其是农村居民家庭中人均收入高于低保线的比例仅为76.1%，也就是说大概有四分之一的家庭生活在本省低保线之下。相比之下西北地区家庭的收入保障较好，城镇居民家庭中高于低保线的比例达到90.6%，位居各地区之首；东北地区虽然家庭人均收入接近西南地区，高于低保线的家庭比例都比西南地区高，尤其农村家庭中这一比例为85.5%，高于其他地区。

表2—9 最低生活水平以上家庭比例 (单位:%)

	总体	城镇	农村
华北	85.5	88.2	80.0
东北	87.3	88.5	85.5
华东	87.3	89.3	83.0
中南	85.2	88.1	81.9
西南	80.6	85.7	76.1
西北	86.2	90.6	81.7
全国	85.4	88.4	81.0

三 家庭收入主要来源

查看我国居民家庭的主要收入来源，表2—10报告了两个比例：占比1是指家庭收入中包含此来源的家庭比例；占比2是指该来源收入占家庭总收入80%及以上家庭的比例。

首先从全国范围看，有大约四分之三的家庭拥有工资性收入，大约三分之一的家庭拥有农业生产收入，拥有经营性收入的家庭占比为7.8%，所有家庭都有财产性收入和转移性收入。进一步考察家庭主要收入来源，发现全国接近一半的家庭主要依靠工资性收入，仅有不足6%的家庭主要依靠农业生产收入。由于拥有经营性收入的家庭比例较低，依靠这一收入的家庭占比也较低，仅为3.1%。主要依靠财产性收入的家庭比例不足1%，而依靠转移性收入的家庭达到7.7%，甚至高于依靠农业生产收入的家庭比例。基于这些数据也可以计算出在拥有工资性收入的家庭中，超过六成的家庭主要依靠该收入；拥有经营性收入的家庭中，主要依靠这一收入来源的有大约四成；而在拥有农业生产收入的家庭中，以此为主要收入来源的家庭不足二成。

分地区来看，拥有工资性收入家庭比例最高的是华东地区，接近80%，最低的是东北地区，仅有56.3%。而且在华东地区有大约一半的家庭主要收入来源是工资，而在东北地区主要依靠工资收入的家庭比例不足三分之一。其他地区以工资为主要收入来源的家庭比例都在四成到五成之间。

对于农业生产收入，东北作为我国主要农业地区，有超过四成的家庭有农业生产收入，其次是西南、西北地区，也在四成左右。而华东地区，有农业生产收入的家庭仅占四分之一。同时，与其他地区相比，东北地区的家庭对农业生产收入依赖性最高，占 15.9%，而在其他地区则依赖性较低，家庭比例均在 8% 以下。

值得关注的是转移性收入对于家庭收入的影响。华北和东北地区依赖转移性收入的家庭比例最高，超过了 10%，西南和中南地区最低，大约为 6%。结合表 2—9 的数据，西南地区的收入保障情况有待提升。

表 2—10　　**家庭主要收入来源**　　（单位:%）

地区		工资性收入	农业生产收入	经营性收入	财产性收入	转移性收入
华北	占比 1	71.1	30.9	5.1	100.0	100.0
	占比 2	47.2	7.2	2.1	0.6	11.0
东北	占比 1	56.3	42.9	2.6	100.0	100.0
	占比 2	31.8	15.9	0.9	0.4	11.9
华东	占比 1	79.2	24.4	9.0	100.0	100.0
	占比 2	50.9	3.4	3.8	0.8	7.5
中南	占比 1	75.6	33.6	8.7	100.0	100.0
	占比 2	49.0	5.4	3.2	0.5	6.1
西南	占比 1	73.0	40.2	8.6	100.0	100.0
	占比 2	42.5	6.6	3.2	0.5	6.2
西北	占比 1	73.0	39.7	6.8	100.0	100.0
	占比 2	48.0	5.1	2.8	0.5	8.5
全国	占比 1	74.1	32.8	7.8	100.0	100.0
	占比 2	47.0	5.9	3.1	0.6	7.7

注：占比 1 为拥有该项收入的家户比例；占比 2 为该项收入占家庭总收入 80% 及以上的家户比例。

四　家庭经济困难感知

以上两部分基于受访者报告的收入数据来分析收入保障情况，本部分则从受访者的主观感知来了解居民家庭遇到的经济困难。

如表 2—11 所示，列举的 8 个问题中居首位的是“物价上涨，影响生活水平”，全国范围内有46.6%的居民认为遇到这个问题，这个问题尤其在中南地区的家庭中最为严重，比例超过了一半，西南、西北地区也较为严重。可能是物价的原因造成中南和西南地区饮食支出占比过高(参见表2—6)。

排在第二位的是“家庭收入低，日常生活困难”，全国范围内认为遇到这个问题的居民占了42.5%。西北和西南地区家庭中这个问题的比例最高，分别为54.3%和为50.8%。

“住房条件差，建/买不起房”问题排在第三位，全国范围内有大约35.3%的居民认为这方面有困难，其中以西南、西北地区的居民占比最多，分别为40.9%和38.4%，东北地区居民在这方面问题不太严重，仅为27.2%。

然而，医疗支出问题在东北地区的家庭中最为突出，有43.2%的居民认为“医疗支出大，难以承受”，而全国的平均比例是32.4%。这显然与东北地区人口老龄化严重，医疗负担偏重有关。

表2—11　　家庭遇到经济困难问题的比例　　(单位:%)

	全国	华北	东北	华东	中南	西南	西北
住房条件差，建/买不起房	35.3	33.1	27.2	33.1	36.9	40.9	38.4
子女教育费用高，难以承受	24.4	22.5	25.4	21.7	27.7	25.0	23.0
医疗支出大，难以承受	32.4	31.7	43.2	25.6	34.3	35.4	35.4
物价上涨，影响生活水平	46.6	43.2	44.4	43.8	50.8	47.6	46.4
家庭收入低，日常生活困难.	42.5	40.5	45.8	33.2	44.9	50.8	54.3
家人无业、失业或工作不稳定	29.8	26.6	25.5	21.7	23.8	33.0	34.9
赡养老人负担过重	12.5	12.2	11.9	11.0	13.6	13.1	14.0
家庭人情支出大，难以承受	28.1	23.9	31.5	22.9	28.8	34.4	37.2

本节讨论了我国和各地区收入保障情况。首先，以各省制定的最低生活保障标准为参照，计算了全国、城乡，以及各地区生活在低保线以上的家庭比例，发现我国总体上大约有15%的家庭生活水平较差，尤以西南地区最为严重，大概有20%的家庭人均收入在低保线以下。其次，通过分解家庭收入来源，来判断家庭对单一收入来源的依赖程度，发现

我国有 7.7% 的家庭高度依赖转移性收入，有 5.9% 的家庭高度依赖农业生产收入，这些家庭的收入保障性较差。最后，基于居民的主观认知，研究发现物价、收入、房价、医疗是给家庭带来经济困难的主要问题，这样问题在西南、西北地区最为突出。

第四节 收入不平等

一 收入不平等指标测量

我国收入不平等主要体现在城乡之间、地区之间，以及不同收入阶层的家庭之间。基于 CSS 的调查设计，即六大区域的调查数据具有自代表性，前面三节的报告中都对地区间的差异进行了分析，本节将主要侧重城乡之间和不同收入阶层之间的不平等现象。

城乡家庭的区分是基于 2018 年调查家户所在社区的城乡属性。收入阶层采用收入五等分的方法，即将收入从低到高排序分为五组，每组人数相同。

本报告反映收入不平等的指标主要包括城乡居民之间的人均收入之比和支出结构差异，最高收入组和最低收入组之间的人均收入之比，和支出结构差异。在计算人均收入之比时有两个选择，一是采用均值比，二是采用中位值比。由于收入均值容易受到极高收入的影响，特别是最高收入组的均值会被提升，因此均值比的稳定性较差，而中位值比则可以避免受到极值的影响，适用于历时的比较。本节将同时报告这两种比值结果。

二 城乡间不平等

如表 2—12 所示，我国居民家庭人均收入在城乡之间差异显著。全国范围内，城镇居民家庭的人均收入均值为 42539 元，农村居民家庭的人均收入为 22356 元，前者是后者的 1.9 倍。城乡之间的不平等在西南地区最为突出，城乡均值比为 2.7，也就是说城镇居民家庭的人均收入均值是农村居民家庭的 2.7 倍。其次是华北和东北地区，城乡均值比分别为 2.4 和 2.1。中南地区城乡之间的差异最小，均值比为 1.6。

全国城镇居民家庭人均收入的中位值是 25000 元，农村居民家庭人均收入的中位值是 12000 元，前者是后者的 2.1 倍，高出了城乡均值比。具体到各地区，城乡中位值比与均值比也有一些差异，如依据中位值比，华北、西南地区城乡差异减小，而东北、中南和西北地区城乡差异增大，华东地区差异不大。

表 2—12　　城乡家庭人均收入比较　　（单位：元）

地区	城镇		农村		城乡均值比	城乡中位值比
	均值	中位值	均值	中位值		
华北	43890	26250	18667	12500	2.4	2.1
东北	32028	25000	15317	10000	2.1	2.5
华东	49378	28000	29794	16000	1.7	1.8
中南	38877	23333	25058	12065	1.6	1.9
西南	38120	20023	14372	9000	2.7	2.2
西北	39147	24000	21119	10400	1.9	2.3
全国	42539	25000	22356	12000	1.9	2.1

比较城乡家庭消费支出项目占总支出的比例时（见表 2—13），研究发现饮食支出占比在城乡家庭之间差异很小，而且不具有常规的统计显著性，也就是说用来衡量富裕程度的恩格尔系数没有反映出我国城乡之间的不平等。

从全国范围看，城乡之间差异最大且统计显著的支出项目是医疗保健支出的占比，城镇居民家庭中的占比为 12.4%，农村家庭中为 18.1%，前者比后者低了 5.7 个百分点。东北地区城乡家庭医疗保健支出占比的估计值差异最大，农村高出约 10 个百分点，然而由于城镇或农村家庭内部这一支出占比的差异较大，致使城乡之间的估计值不具有常规的统计显著性。西北地区也属于这种情形，城乡估计值的差异为 7 个百分点，但统计上不显著。在华东、中南和西南地区的城乡家庭之间则存在统计意义的显著差异，农村家庭这一支出的占比比城市家庭高出 4—6 个百分点。

在文教娱乐、居住和衣着方面的支出上，全国范围内城镇家庭的占比显著高于农村家庭，城乡估计值的差异分别为 3.0 个、2.5 个和 2.3 个百分点。具体到地区，数据显示华北和西北地区城镇家庭在文教娱乐方面的支出比例显著高出农村地区，差异分别为分别为6.4个和4.8个百分点，然而在衣着和居住方面差异较小且不显著。中南和西南地区的城镇家庭在衣着和居住方面的支持比例都显著高于农村地区，然而在文教娱乐方面没有显著差异。东北地区城镇家庭在衣着方面的支出占比高出农村家庭约10个百分点，但也是由于内部差异过大，城乡之间差异统计上不显著。华东地区除了上述的医疗保健支出外，其他所有支出项城乡之间差异都较小且不具有统计显著性。由此可见，城乡家庭之间在消费性支出上的差异是多维的，一方面与所在地区的经济发展水平有关，另一方面受到当地的人口结构及政策文化的影响。

表2—13　城乡家庭的消费支出比较　（单位:%）

地区	城乡	食品	衣着	居住	家庭设备及用品	交通通信	医疗保健	文教娱乐	其他
华北	城镇	25.9	10.4	10.0	15.3	8.8	15.1	18.1	0.3
	农村	26.4	8.6	8.5	17.4	10.6	20.3	11.7	0.1
	城乡差	-0.5	1.8	1.5	-2.1	-1.8	-5.2	6.4*	0.2
东北	城镇	28.3	18.6.	9.6	6.7	8.2	15.9	16.9	0.2
	农村	27.6	7.8	6.6	11.2	8.7	26.1	15.3	0.1
	城乡差	0.7	10.8	3.0	-4.5	-0.5	-10.2	-1.6	0.1
华东	城镇	30.8	10.4	10.6	15.9	9.5	10.3	16.7	0.8
	农村	30.3	9.9	9.0	15.2	10.9	14.2	14.3	0.1
	城乡差	0.5	0.5	1.6	0.7	-1.4	-3.9*	2.4	0.7*
中南	城镇	32.6	8.8	10.4	13.6	10.1	12.4	15.5	0.3
	农村	34.5	6.8	7.9	13.6	9.7	17.9	13.4	0.3
	城乡差	1.9	1.5*	3.1*	0	-1.7	-4.9*	0.8	0.0
西南	城镇	31.6	9.2	10.0	14.2	11.8	12.6	13.7	0.4
	农村	29.9	7.1	6.5	15.2	14.5	18.4	12.5	0
	城乡差	-2.7	2.1*	3.5*	-1.0	-2.7	-5.8*	1.2	0.4*
西北	城镇	27.0	10.7	11.3	9.4	14.0	16.4	16.1	0.3
	农村	27.0	8.6	8.6	12.7	11.3	23.4	11.3	0
	城乡差	0	2.1	2.7	-3.3	2.7	-7.0	4.8*	0.3

续表

地区	城乡	食品	衣着	居住	家庭设备及用品	交通通信	医疗保健	文教娱乐	其他
全国	城镇	30.4	10.3	10.4	14.2	10.0	12.4	16.2	4.8
	农村	30.8	8.0	7.9	14.5	11.2	18.1	13.2	1.5
	城乡差	-0.4	2.3*	2.5*	-0.3	-1.2	-5.7*	3.0*	3.3*

注：* 在95%的置信区间上显著。

三　收入阶层间不平等

表2—14报告了家庭人均收入五等分分组人均收入均值、中位值，以及最高收入组和最低收入组均值、中位值的比值。可以发现，最低收入组的均值和中位值比较接近，而高收入组的均值远大于中位值，这使得均值比会远高于中位值比。全国范围内最低收入组的人均收入均值为3519元，最高收入组的均值为105549元，后者是前者的30倍。① 全国低收入组中位值为3600，高收入组中位值为70000，中位值比为19.4。各地区高/低收入组均值的比值大多在30左右，只有东北地区比值最低，为18.8；中位值比最高的是华北地区，为23.3，最低的仍然是东北地区，为14.1。

表2—14　　家庭人均收入五等分比较　　（单位：元）

地区	低收入组均值	高收入组均值	高/低收入组均值比	低收入组中位值	高收入组中位值	高/低收入组中位值比
华北	3273	95128	28.2	3010	70000	23.3
东北	4093	77102	18.8	4250	60000	14.1
华东	3484	114484	32.9	3571	71250	20.0
中南	3506	107831	30.8	3750	70000	18.7

① 依据《中国统计年鉴2019》，2018年全国居民按收入五等分分组的人均可支配收入高收入户和低收入户的比值为11.0。本报告中采用的是家庭人均收入五等分分组，二者统计口径不同，不具有可比性。此外，本报告的数据来源于抽样调查，最低和最高收入组的均值极易受到组内极值的影响，因此中位值比具有更稳定的参考性。

续表

地区	低收入组均值	高收入组均值	高/低收入组均值比	低收入组中位值	高收入组中位值	高/低收入组中位值比
西南	3407	99874	29.3	3333	66667	20.0
西北	3702	98977	26.7	3993	70000	17.5
全国	3519	105549	30.0	3600	70000	19.4

表2—15是按照家庭总收入五等分进行分组，报告各组家庭各项支出金额占总消费支出金额的占比。数据显示，高收入组和低收入组在消费支出上最大的差异体现在医疗保健、家庭设备及用品和食品上。

首先低收入组家庭中医疗保健支出占比为24.7%，而高收入组这方面支出的占比仅为10.2%，前者比后者高出14.5个百分点。这表明医疗保健支出是低收入组家庭的重大负担。

家庭设备及用品支出包括家用电器、家具、家用车辆等购置支出，高收入家庭这方面的支出占比显著高于低收入组，前者为18.8%，后者仅为8.6%，相差大约10个百分点。也就是说高收入家庭在生活享受方面的支出比例相对较高。

饮食支出占比（恩格尔系数）在不同收入组之间有一定差异，高收入组的恩格尔系数为25.8%，低收入组为34.7%，这证实了恩格尔定律，即越是富裕的家庭，花费在食品上的支出比例越低。

此外，高收入组在衣着、交通通信和文教娱乐方面的支出比例也显著高于低收入组，但差异不大，而在居住支出比例上没有显著差异。

表2—15　　家庭总收入五等分家庭消费支出比较　　（单位：%）

	食品	衣着	居住	家庭设备及用品	交通通信	医疗保健	文教娱乐	其他
低收入组	34.7	6.3	10.1	8.6	9.1	24.7	13.3	0.2
中低收入组	34.4	7.5	9.9	10.1	9.6	18.0	14.9	0.1
中等收入组	34.8	8.9	9.4	10.6	9.8	15.3	14.8	0.1
中高收入组	32.5	9.3	9.2	13.8	10.3	14.5	13.9	0.3

续表

	食品	衣着	居住	家庭设备及用品	交通通信	医疗保健	文教娱乐	其他
高收入组	25.8	10.4	9. 7	18.8	11.0	10.2	16.4	0.7
高/低收入户差异	-8.9*	4.1*	-0.4	10.2*	1.9*	-14.5*	3.1*	0.5*

注：* 在95%的置信区间上显著。

本节在城乡和收入阶层分析了家庭人均收入和消费支出上的差异。研究发现城乡之间人均收入不平等情况较为严重，城镇居民家庭的人均收入约是农村居民家庭人均收入的2倍。农村居民家庭医疗保健方面的负担也要高于城市居民家庭。最高和最低收入组家庭人均收入的差异也较大：按照均值比，前者大概是后者的30倍；按照中位值比，前者大概是后者的20倍。最低收入组医疗保健负担也显著高于最高收入组，最高收入组的饮食支出比例显著低于最低收入组，而在家用电器、家具、家用车辆等方面的支出上，比例显著高于最低收入组。

第五节 小结

本章的研究对象是社会质量理论中社会经济保障领域的家庭财务状况。研究首先围绕收入充足性、收入保障和收入不平等三个子域建构了指标体系，然后依据2019年CSS调查数据对这些指标进行测量和分析，研究发现概括如下：

一 收入充足性

1. 整体而言我国居民家庭收入充足，华东地区状况最佳，而东北、西南地区的收入情况存有隐忧

根据调查数据，2018年我国居民家庭总收入的均值为91286元，消费性总支出均值是62098元，前者是后者的1.47倍。华东地区的总收入均值超过一万，收支均值比为1.65，居各地区之首；东北地区和西南地区的收支均值比都低于1.3，中位值比分别为1.37和1.15。

2. 我国居民家庭恩格尔系数在30%左右，生活较为富裕；医疗保健和文教娱乐支出总计占比与饮食支出占比相当

以家庭总支出为基数时，我国居民家庭饮食支出占比为30.5%，医疗保健支出占比是14.3%，文教娱乐支出是15.2%；而以家庭总收入为基数时，饮食支出占比为21.5%，医疗保健和文教娱乐支出占比分别为10.0%和10.2%。

3. 我国大约有三分之一的家庭财务入不敷出，而且人们对收支充足程度的感知较为悲观

我国居民家庭中约有67.4%的家庭收支状态良好，收支达到平衡，或者有所盈余。各地区中华东地区有将近四分之三的家庭不存在过度支出的情形，而西南地区能实现满足支出的家庭仅为六成。

我国居民中认为家庭收入能满足支出的家庭比例约为六成，比客观估算低了7个百分点。西南、西北地区自评和计算结果差异超过了10个百分点。

二　收入保障

1. 我国有85%以上的家庭人均收入水平在省低保线以上，西南地区情况最差

我国居民家庭人均收入高于本省低保线的比例为85.4%，城市居民家庭这一比例为88.4%，比农村居民家庭高出7.4个百分点。西南地区有80.6%的家庭人均收入在低保线以上，与最高的东北、华东地区相差6.7个百分点。

2. 我国有7.7%的家庭高度依赖转移性收入，有5.9%的家庭高度依赖农业生产收入

我国有大约四分之三的家庭拥有工资性收入，大约三分之一的家庭拥有农业生产收入，拥有经营性收入的家庭占比为7.8%，所有家庭都有财产性收入和转移性收入。全国接近一半的家庭主要依靠工资性收入，有5.9%的家庭主要依靠农业生产收入，依靠转移性收入的家庭达到7.7%。

3. 物价、收入、房价、医疗是我国居民认为带来家庭经济困难问题的主要因素，这些问题在西南地区居民的感知中最为严重

2018年我国居民认为家庭遇到“物价上涨，影响生活水平”“家庭收入低，日常生活困难”“住房条件差，建/买不起房”，和“医疗支出大，难以承受”方面的困难比例分别为46.6%、42.5%、35.3%和32.4%。西南地区的比例均高于全国水平。

三　收入不平等

1. 我国城乡家庭人均收入之比约为2，农村居民家庭医疗保健方面的负担较重

我国城镇居民家庭的人均收入均值比为1.9，中位值比为2.1。城乡均值比在西南地区最高，为2.7；城乡中位值比在东北地区最高，为2.5。

城乡之间差异最大且统计显著的支出项目是医疗保健，城镇居民家庭中这方面支出的占比为12.4%，农村家庭中为18.1%，前者比后者低了5.7个百分点。在文教娱乐、居住和衣着方面的支出上，我国城镇居民家庭的占比显著高于农村家庭，城乡估计值的差异分别为3.0、2.5和2.3个百分点。

2. 最高和最低收入组家庭人均收入的差异较大，最低收入组医疗保健负担也显著高于最高收入组

我国最高和最低收入组家庭人均收入均值比为30.0，中位值比为19.4。各地区高/低收入组均值的比值大多在30左右，只有东北地区比值最低，为18.8。中位值比最高的是华北地区，为23.3，最低的仍然是东北地区，为14.1。

最低收入组家庭中医疗保健支出占比为24.7%，而最高收入组这方面支出的占比为10.2%，前者比后者高出14.5个百分点。最高收入组的饮食支出比例显著低于最低收入组，而在家用电器、家具、家用车辆等方面的支出上，比例显著高于最低收入组。

总而言之，2018年我国居民家庭的财务状况普遍良好，同时也存在着可改善可提高的空间。我国近年来加强医疗保障体系和实现精准扶贫的举措，一方面会有效降低我国居民家庭中医疗方面的支出比例，提升收入的充足性，同时减少城乡之间和收入组之间在医疗负担上的差异；另一方面会切实定位到生活贫困家庭，最终实现全民脱贫的战略目标。

同时建议政府关注西南地区的发展和居民的社会经济状况，缓解地区发展不均衡，满足人们对美好生活的共同需要。

第三章

社会经济保障报告：居住和社会保障

社会质量的高低主要由社会经济保障、社会凝聚、社会包容和社会赋权四个维度来测量，这四个维度是衡量社会质量水准的条件性因素。其中社会经济保障，是关于社会物质条件和生活状况的指标，反映了公民获取必要的、促成其互动的物质资源和非物质资源等基本需求保障的机会和途径，涉及收入保障、教育、医疗保健、社会服务、环境、公共卫生和个人安全等资源。

衣、食、住、行作为人们赖以生存和发展的物质基础，其中居住是人们生存和生活的基本条件，在人们日常生活中占据极其重要的地位。改革开放以来，我国城镇居民住房在延续1949年后再分配住房体制基础上，经过再分配与市场化并轨住房体制，最终走向了市场化住房体制。随着我国城镇居民市场化住房体制的确立，住房由原来的“福利品”性质转变为“商品”，并在住房价格短期内急剧攀升的作用下，成为城镇居民财富积累的重要形式，而具有了“投资品”的性质。据相关调查，在目前我国家庭财产的构成中，房产占绝对主导地位，房产在全国家庭平均财产中占了74.4%。[①] 反映了它不仅仅是民生问题同时也是经济问题、社会问题，因而住房状况已成为衡量人们生活质量的一项非常重要的内容。

社会保障是以国家或政府为主体，依据法律，通过国民收入的再分配，对公民在暂时或永久丧失劳动能力以及由于各种原因而导致生活困

---

① 北京大学中国社会科学调查中心：《当前中国财产不平等程度已经很高》，http://opinion.caixin.com/2014-07-31/100711170.html。

难时给予物质帮助，以保障其基本生活的制度。由社会保险、社会救济、社会福利、优抚安置等组成。其中，社会保险是社会保障的核心内容，在维护社会稳定、保障国计民生方面发挥了重要作用。它内在的风险保障功能可以极大地降低生活中的风险与不确定性，缓解居民生活压力，增强居民“安全感”。相反，居民在社会保险方面的缺失会导致整体福利的下降，生活难以得到保障，生活质量的提升也无从谈起。因此，我们想要判断我国社会质量状况，必须了解我国目前社会保障情况尤其是社会保险享有率，以及城乡居民对社会保障状况的评价。

本章主要根据 CSS2019 调查数据，对我国城乡居民的房屋居住与财产状况（包括住房拥有情况、人均住房面积、住房性质、住房价值、现居住状况等）与社会保障状况（社会保障享有率、居民满意度、公众认知等）进行了初步分析。

第一节　城乡居民房屋情况

一　住房套数

根据 CSS2019 数据显示，我国城乡居民家庭自有住房率为 94.06%，与 2017 年基本持平；但拥有多套自有住房的比例明显上升，拥有两套自有住房的占比为 17.07%，上升 2.3 个百分点；拥有三套及以上自有住房的占比为 3.50%，上升了 1.5 个百分点；拥有两套及以上自有住房的比例已超过 20.00%。

表 3—1　家庭拥有自有住房数量情况表　（单位:%）

自有住房套数	频率	百分比
0	609	5.94
1	7534	73.50
2	1750	17.07
3	278	2.71
4	58	0.57
5	16	0.16

续表

自有住房套数	频率	百分比
6	5	0. 05
8	1	0. 01
合计	10251	100. 0

分城乡来看，农村居民的住房自有率高于城镇居民。前者为95. 44%，后者为91. 13%，高出4. 31个百分点。这主要是农村居民可在自己分配的宅基地上建房，而城市居民购买商品房的成本更高，一些居民选择租住的居住形式。同时也要看到，城镇居民拥有多套住房的比例明显高于农村家庭（23. 62% ：19. 11%），说明城镇居民的房产除满足自住的需求外，还有一定投资增值比例。

表3—2　　城乡居民家庭自有住房数量比较　　（单位：套、%）

	自有住房数量（套）						合计
	0	1	2	3	4	5 +	（N）
城镇	8. 87	67. 51	18. 78	3. 65	0. 81	0. 39	100. 0 （3099）
农村	4. 56	76. 33	16. 25	2. 30	0. 43	0. 13	100. 0 （7014）
合计	5. 88	73. 63	17. 03	2. 71	0. 54	0. 21	100. 0 （10113）

注：统计检验 $P = 0.00 < 0.01$。

按照CSS全国六大区域的划分，我国住房自有率存在一定的区域差异，从高到低为：西南地区96. 28%，中南地区95. 08%，华东地区94. 94%，西北地区94. 6%，东北地区90. 35%，华北地区89. 71%。从大的趋势上呈现出南部高于北部的特点。在各区域的城乡差异中，中南地区的城镇住房自有率在全国最高94. 13%，西南地区的农村住房自有率为最高97. 07%，华北地区的城乡住房自有率均为全国最低，分别为86. 36%和91. 99%。

多套住房（2 套及以上）的自有率在区域之间也存在明显差异。从区域间看，多套住房自有率从高到低为：华东地区 27.52%，中南地区和西南地区为 19.74% 和 19.72%，华北地区 15.59%、西北地区 13.57%，东北地区 12.51%。城镇多套房自有率最高的是华东地区，为 29.75%，其次是西南地区为 27.17%，西北 23.03%，中南地区 22.80%，华北和东北地区较低，分别为 16.67% 和 15.26%。农村多套房自有率也以华东地区最高，为 26.46%，其次为中南地区 18.71%，西南地区 17.22%，华北地区 14.86%，东北和西北地区较低，分别为 10.49% 和 10.26%。说明华东地区有相对较多的居民家庭拥有多套房产，东北地区的居民家庭拥有多套房产的比例在全国最低（如表 3—3 所示）。

表 3—3　　六大区域间城乡居民家庭自有住房数量比较

（N = 10251　单位：套、%）

六大区	城乡	自有住房数量						合计
		0	1	2	3	4	5 +	
东北	城镇	13.49	71.25	14.08	0.59	0.59	0	100.0
	乡村	6.85	82.66	9.42	1.07	0	0	100.0
	合计	9.65	77.84	11.39	0.87	0.25	0	8.12
	n = 808　P = 0.001 < 0.01							
华北	城镇	13.64	69.69	14.02	2.08	0.19	0.38	100.0
	乡村	8.01	77.13	12.79	1.42	0.26	0.39	100.0
	合计	10.29	74.12	13.29	1.69	0.23	0.38	12.74
	n = 1302　P = 0.021 < 0.05							
华东	城镇	7.62	62.63	23.70	4.80	1.04	0.21	100.0
	乡村	3.84	69.70	22.22	3.34	0.75	0.15	100.0
	合计	5.06	67.42	22.70	3.81	0.84	0.17	29.60
	n = 2965　P = 0.000 < 0.01							
中南	城镇	5.87	71.33	16.64	4.76	0.70	0.70	100.0
	乡村	4.60	76.69	15.85	2.30	0.42	0.14	100.0
	合计	4.92	75.34	16.05	2.92	0.49	0.28	28.04
	n = 2874　P = 0.001 < 0.01							

续表

六大区	城乡	自有住房数量						合计
		0	1	2	3	4	5 +	
西南	城镇	6.07	66.76	20.84	4.22	1.32	0.79	100.0
	乡村	2.93	79.85	15.26	1.69	0.27	0	100.0
	合计	3.72	76.56	16.67	2.32	0.53	0.20	14.80
	n = 1506　　P = 0.000 < 0.01							
西北	城镇	10.67	66.30	19.66	2.25	1.12	0	100.0
	乡村	3.55	86.19	8.09	1.97	0.20	0	100.0
	合计	5.40	81.03	11.09	2.04	0.44	0	6.71
	n = 685　　P = 0.000 < 0.01							

注：统计检验 P = 0.000 < 0.01。

从住房所在地区类型看，CSS2019 数据显示两个发现：第一，大多数购置第二套住房（简称新房）的居民，会选择与第一套住房（简称旧房）相同的地区类型。比如，旧房在直辖市城区的家庭，其新房有 88.90% 同样购置在直辖市城区；旧房在省会城区的家庭，购置的新房有 76.60% 也在省会城市；旧房在地县级市城区的家庭，其新房有 75.20% 也在地县级市城区。对于省会城区和地县级市城区新旧房的位置选择，在同类型地区的比例相比 2017 年的 90.10% 和 88.30% 都有较大幅度的下降，伴随的是旧房在省会或地县级市城区，而新房在县城、乡镇与农村的比例明显上升，说明首套房在省会城区和地县级市城区的居民开始更多地在城市外围环境舒适房价更低的地方购买新房改善居住环境。第二，农村和乡镇的居民，呈现出在更高层级地区类型购置新房的趋势。旧房在农村而购置新房的家庭中，除在农村购置新房的比例最高外，还有 16.20% 的家庭选择在县城购置，有 10.60% 选择在地级市或县级市城区。同样，旧房在乡镇的居民家庭，也有 25.40% 选择在地级市县级市城区或县城购新房。这种购置新房的“向上流动”趋向，体现了城市化对乡村居民的吸引力。居住在农村和乡镇的居民更愿意通过购置新房进入县城或市区，改善居住环境，分享城市资源（如表 3—4 所示）。

表 3—4　　旧房所在地与新房所在地的分布情况　（N = 1736　单位：%）

		新房所在地						
		直辖市城区	省会城区	地县级市城区	县城	乡镇	农村	总计
旧房所在地	直辖市城区	88.90	0	0	1.20	0	9.90	100.0
	省会城区	2.60	76.60	9.10	1.30	1.30	9.10	100.0
	地县级市城区	2.50	4.20	75.20	3.40	3.40	11.30	100.0
	县城	2.20	4.90	5.30	56.00	6.70	24.90	100.0
	乡镇	0	1.80	17.50	7.90	47.40	25.40	100.0
	农村	1.00	3.00	10.60	16.20	5.50	63.80	100.0
	总计	5.60	6.50	23.10	16.80	7.50	41.50	100.0

注：旧房、新房按购房时间划分；统计检验 P = 0.000 < 0.01。

二　人均住房面积

住房面积是实现家庭住宅适用性，满足家庭成员日常居住需求的基本要求，能体现一个家庭的整体生活质量。住房面积越大，生活起居功能体现得越全面，住房舒适性、适用性体现得越丰富。国家统计局报告显示，2018 年我国城镇居民人均住房建筑面积为 39 平方米。① CSS2019 数据显示，2019 年居民家庭人均建筑面积为 45.38 平方米，农村略高于城市。区域之间存在着一定的差距（如表 3—5 所示）。

表 3—5　　城乡属性与人均住房面积情况　（单位：平方米）

城乡属性	均值	标准差	N
城镇	44.65	40.50	5016
乡村	46.31	42.93	3915
总计	45.38	41.59	8931

从区域来看，华北地区人均住房面积最大，为 51.22 平方米，高出全

① 国家统计局：《建筑业持续快速发展 城乡面貌显著改善——新中国成立 70 周年经济社会发展成就系列报告之十》。

国人均住房面积 6.03 平方米，其次是华东、西北、西南、中南、东北地区，分别为 50.12 平方米、47.16 平方米、42.71 平方米、40.84 平方米、36.54 平方米（如表 3—6 所示）。

表 3—6　　六大区域间城乡家庭人均拥有自有住房情况　（单位：平方米）

六大区	城乡	均值	N	标准差
东北	城镇	39.49	290	50.21
	乡村	34.91	418	32.56
	总计	36.54	708	40.67
华北	城镇	42.07	444	40.51
	乡村	57.67	631	57.03
	总计	51.22	1075	51.42
华东	城镇	44.22	858	35.44
	乡村	53.07	1719	45.81
	总计	50.12	2577	47.02
中南	城镇	40.16	1864	31.27
	乡村	41.08	656	32.05
	总计	40.84	2520	30.87
西南	城镇	43.00	342	34.50
	乡村	42.61	990	41.71
	总计	42.71	1332	39.97
西北	城镇	46.03	155	35.47
	乡村	47.55	442	41.96
	总计	47.16	597	40.35
总计	城镇	42.35	2745	37.10
	乡村	46.47	6064	42.56
	总计	45.19	8809	40.98

三　住房性质

CSS2019 数据显示，由于农业户籍人口在我国占比仍然居高，因此对全国而言自有住房的性质依然以自建住房为主，在所有住房中占 64.26%。农村地区自有住房中自建住房占比高达 93.33%，城镇地区（直辖市、省会城市、县级市、县城）自有住房性质主要以商品房为主，占比均在

50.00%以上，尤其省会城市城区和直辖市城区自有住房中商品房占比均超过60.00%。说明商品房已成为城镇地区居民自有住房的最主要来源（如表3—7所示)。

表3—7　　住房所在区自有住房性质　　(N=9601　单位:%)

地区	自建住房	购买商品房	购买保障房	购买原公房	购买小产权房	购买农村私有住房	其他	合计
直辖市城区	7.61	61.23	6.88	17.03	1.45	0.36	5.43	100.0
省会城市城区	5.19	64.62	8.25	9.20	4.95	0.94	6.84	100.0
地/县级市城区	15.90	60.16	6.81	8.37	2.79	0.39	5.58	100.0
县城	22.11	57.67	4.58	5.58	4.48	0.90	4.68	100.0
市/县城城区以外的镇	45.42	32.39	5.46	2.9	4.58	2.64	6.51	100.0
农村	93.33	1.31	1.35	0.24	0.67	2.45	0.64	100.0
合计	64.26	23.01	3.27	3.15	1.85	1.84	2.61	100.0

注：统计检验 P=0.000<0.01。

随着我国城镇化进程加快，居民自有住房性质中，自建住房的比例在持续下降，已经从1980年以前的91.25%下降到近10年的50.46%。与此同时，购买商品房的比例在持续上升，由1980年以前的1.35%上升到近10年的35.00%。此外，自有住房中保障房的比例在近30年也呈上升趋势，目前占比5.50%。值得注意的还有，虽然占比不高，但购买小产权房的比例在持续上升，已经从1980年以前的0.34%上升到目前的2.89%（如表3—8所示)。

表3—8　　购房时间分组与自有住房性质情况表　　(N=8520　单位:%)

年份	自建住房	购买商品房	购买保障房	购买原公房	购买小产权房	购买农村私有住房	其他	总计
1980年以前	91.25	1.35	2.36	1.68	0.34	2.36	0.67	100.0
1981—1990年	89.94	3.82	0.92	3.24	0.35	1.16	0.58	100.0
1991—2000年	72.04	13.69	2.33	6.74	0.80	1.80	2.60	100.0

续表

年份	自建住房	购买商品房	购买保障房	购买原公房	购买小产权房	购买农村私有住房	其他	总计
2001—2010 年	59.03	28.21	2.89	2.75	2.25	2.08	2.78	100.0
2011—2019 年	50.46	35.00	5.50	0.87	2.89	1.67	3.61	100.0
合计	63.52	23.69	3.36	3.06	1.87	1.81	2.70	100.0

注：统计检验 $P = 0.000 < 0.01$。

从家庭收入水平与住房性质来看，随着收入上升，自建住房的比例明显下降，购买商品房的比例明显上升。低收入组购买商品房的比例仅为5.73%，而高收入组则为42.47%，差距显著。

此外，我国城镇保障性住房分配存在明显不平等。保障性住房是指政府为中低收入、住房困难家庭所提供的限定标准、限定价格或租金的住房。CSS2019 数据显示，购买保障性住房中，各收入组占比差异不大，但中等偏上收入组的占比高于低收入组，则说明保障性住房的保障范围存在一定的偏差（如表 3—9 所示）。

表 3—9　　家庭总收入与住房性质情况　　（单位：%）

收入	自建住房	购买商品房	购买保障房	购买原公房	购买小产权房	购买农村私有住房	其他	合计
低收入 20%	85.15	5.73	2.92	1.23	0.99	2.34	1.64	100.0
中低收入 20%	77.63	10.71	2.87	2.33	1.32	2.51	2.63	100.0
中等收入 20%	67.12	19.37	3.78	3.10	1.94	2.13	2.57	100.0
中高收入 20%	53.44	31.20	3.22	4.86	2.79	1.53	2.95	100.0
高收入 20%	43.67	42.47	3.54	4.17	1.82	0.83	3.49	100.0
N	5956	2063	303	293	165	170	246	9196

四　住房价值情况

CSS2019 数据显示，我国居民家庭住房的名义增值平均在 8.87 倍。分城乡看，城市居民住房增值情况是农村居民的 2 倍多。其中城市居民的住房现价值平均是购房（或建房）时价值的 13.73 倍，农村居民的住房现价值平均是购房（或建房）时价值的6.59倍。城镇居民的住房增值要远远高于农村居民的住房（如表3—10、表3—11所示）。

表3—10 总体居民住房增值情况 （单位：倍）

	均值	标准差	N
总体	8.87	54.14	6721

表3—11 城乡居民住房增值情况 （单位：倍）

城乡	均值	标准差	N
城镇	13.73	77.54	2068
乡村	6.59	39.49	4558

CSS2019数据显示，各区域间住房增值情况存在明显差异化。其中华北地区住房增值最为明显，平均为购房（或自建）价值的17.83倍；其次是华东地区，平均为购房（或自建）价值的10.77倍；西南地区，平均为购房（或自建）价值的8.43倍；中南地区，平均为购房（或自建）价值的5.86倍；东北地区，平均为购房（或自建）价值的4.88倍；住房增值最低的地区是西北地区，平均为购房（或自建）价值的4.60倍。从房屋增值差异的地区属性来看，与该地区的经济增速存在一定的关系（如表3—12所示）。

表3—12 六大区域住房增值情况 （单位：倍）

六大区	均值	标准差	N
东北	4.88	12.06	575
华北	17.83	91.30	809
华东	10.77	39.83	1872
中南	5.86	16.04	1992
西南	8.43	96.70	989
西北	4.60	10.49	484

房屋价值增速与房屋所在位置有较大的差异，但不管房屋在什么位

置，增值5倍以上的都占到了30.00%以上，其中，直辖市城区的增值比例最高，增值5倍以上的占到了71.38%（如表3—13所示）。

表3—13　　　　居住所在地与住房增值情况　　　　（单位:%）

	自有住房增值情况						
	增值≤1	1<增值≤2	2<增值≤3	3<增值≤4	4<增值≤5	增值>5	合计（N）
直辖市城区	3.62	12.32	6.52	2.90	3.26	71.38	100.0（276）
省会城市城区	3.27	27.80	10.28	8.18	2.57	47.90	100.0（428）
地/县级市城区	6.74	25.99	10.21	6.10	4.17	46.79	100.0（1558）
县城	6.73	32.64	12.17	6.03	4.85	37.59	100.0（1011）
市/县城城区以外的镇	12.11	24.91	7.72	5.09	3.16	47.02	100.0（570）
农村	10.85	21.85	9.36	5.57	4.69	47.68	100.0（5799）
合计	9.28	23.82	9.66	5.71	4.40	47.13	9642

从不同自有住房性质的增值幅度来看，CSS2019数据显示，原公房中有69.21%增幅为5倍以上，自建房中这一比例为49.72%；而增值幅度较低的主要是商品房和小产权房，商品房和小产权房中有将近一半的增值幅度在2倍及以下。造成这一现象可能有多重原因，原公房和自建房相对年代较早且享受单位或政府补贴，经过年代的增值和远低于市场价格的成本进入交易市场，获利空间大；而商品房很多因为年代较近，且近年来国家对房屋“只住不炒”的政策限制等，增值空间有限；对于小产权房来说，因为没有法律认可的产权，交易存在风险，因此增值空间十分有限（如表3—14所示）。

表3—14　　不同性质住房增值情况　　(单位:%)

自由住房性质	住房增值情况						合计(N)
	增值≤1	1<增值≤2	2<增值≤3	3<增值≤4	4<增值≤5	增值>5	
自建住房	9.95	21.20	8.96	5.51	4.65	49.72	100.0 (6170)
购买商品房	9.51	36.12	12.54	6.02	3.49	33.32	100.0 (2209)
购买各类政策性保障房	6.05	14.01	8.60	7.32	7.01	57.01	100.0 (314)
购买原公房	3.31	10.26	4.97	6.95	5.30	69.21	100.0 (302)
购买小产权房	10.67	32.58	14.04	8.43	3.93	30.34	100.0 (178)
购买农村私有住房	16.38	18.08	11.30	6.78	5.65	41.81	100.0 (177)
其他	7.32	2.44	4.88	2.44	0.00	82.93	100.0 (41)
合计(N)	9.39 (882)	24.19 (2272)	9.79 (919)	5.80 (545)	4.46 (419)	46.36 (4354)	100.0 (9391)

注：统计检验 $P=0.000<0.01$。

五　现居住住房状况

现居住住房，在CSS中指的是调查时受访者实际居住的房屋。有的受访者虽然有自有住房，但调查时不一定居住在自有住房中，尤其对外出务工人员来说，现居住住房很可能并不是自有住房。从城乡来看，CSS2019数据显示，农村居民93.85%都居住在自有住房中，而城镇居民只有76.85%居住在自有住房中，超过20%是以租住、借住或集体宿舍等形式居住（如表3—15所示）。

表 3—15　　城乡属性与目前居民住房状况　　（单位：%）

城乡	目前居住住房性质						合计 (N)
	自有住房	廉租房	亲友房	私人房	集体宿舍	其他	
城镇	76.85	5.28	4.53	8.72	1.04	3.58	100.0 (5779)
农村	93.85	0.63	2.42	1.97	0.25	0.90	100.0 (4469)
合计 (N)	84.26 (8635)	3.25 (333)	3.61 (370)	5.78 (592)	0.69 (71)	2.41 (247)	100.0 (10248)

注：统计检验 $P = 0.000 < 0.01$。

第二节　城乡社会保障状况

一　社会保障享有率

社会保障是社会的安全网和稳定器，也是事关群众切身利益的重大民生问题。CSS2019 调查了我国社会保障享有情况，其中主要包括养老保险、医疗保险、失业保险、工伤保险、生育保险和城乡最低生活保障。调查数据显示，2019 年我国养老保险、医疗保险、失业保险、工伤保险、生育保险和城乡最低生活保障的享有率分别是58.06%、84.94%、13.24%、15.08%、11.80%和4.79%。

由此可见，2019 年我国医疗保险享有率最高，超过八成的居民都享有医疗保险，其次是养老保险，其享有比例超过一半。而失业保险、工伤保险和生育保险的享有率较低，均不到两成。由此可见，我国社会保障水平还有待提升，需要进一步扩大社会保障的覆盖范围，提升享有率。值得关注的是，2019 年我国城乡居民最低生活保障享有率为 4.79%，数据从侧面反映出近几年我国脱贫攻坚取得了一定的成效，但仍存在一定的贫困人口，脱贫工作任重道远（如表 3—16 所示）。

表3—16　　2019年我国社会保障享有情况

	人数（人）	享有率（%）
养老保险	5944	58.06
医疗保险	8711	84.94
失业保险	1347	13.24
工伤保险	1534	15.08
生育保险	1199	11.80
城乡最低生活保障	489	4.79

分城乡来看，根据CSS2019数据显示，我国城镇居民养老保险、医疗保险、失业保险、工伤保险、生育保险和城乡最低生活保障的享有率分别是73.69%、88.44%、28.60%、29.07%、23.45%和3.24%；而我国农村居民养老保险、医疗保险、失业保险、工伤保险、生育保险和城乡最低生活保障的享有率分别是51.04%、83.40%、6.23%、8.74%、6.47%和5.41%。由此可见，我国城乡社会保障水平存在明显差异，城镇居民的社会保障水平要普遍优于农村，我国社会保障资源应适度向农村居民倾斜（如表3—17所示）。

表3—17　　2019年我国城乡居民社会保障享有情况

	2019年城乡社会保障享有率			
	城镇		农村	
	人数（人）	享有率（%）	人数（人）	享有率（%）
养老保险	2286	73.69	3573	51.04
医疗保险	2747	88.44	5850	83.40
失业保险	880	28.60	434	6.23
工伤保险	894	29.07	609	8.74
生育保险	720	23.45	450	6.47
城乡最低生活保障	100	3.24	378	5.41

注：统计检验 $P = 0.000 < 0.01$。

分区域来看，根据CSS2019数据显示，养老保险的享有率，西北地区最高，为 70.70%，东北地区最低，为 50.00%；医疗保险的享有率，西南地区最高，为 89.83%，华北地区最低，为 80.57%；失业保险的享有率，华东地区最高，为 18.48%，东北地区最低，为 9.32%；工伤保险的享有率，华东地区最高，为 20.18%，东北地区最低，为 7.97%；生育保险的享有率，华东地区最高，为 16.10%，东北地区最低，为 7.27%；城乡最低生活保障的享有率，华北地区最高，为 6.21%，中南地区最低，为 2.90%。

由此可见，我国社会保障水平存在一定的地区差异，其中养老保险方面，西北地区居民的享有率最高，大约七成的居民享受养老保险，东北地区最低，仍有一半的居民未能享受养老保险；在医疗保险方面，西南地区居民的享有率最高，将近九成居民都能享受医疗保险，而华北地区居民医疗保险享有率相对最低，大约有八成居民可以享受医疗保险，医疗保险的区域差异不是很明显；在失业保险、工伤保险和生育保险方面，华东地区居民的享有率均处于领先地位，考虑和华东地区经济发展水平较高有关；而在城乡最低生活保障方面，除华东、中南经济较发达地区外，其他地区在城乡最低生活保障方面享有率差异不大，华北地区的享有率最高（如表 3—18 所示）。

表 3—18　　2019 年我国社会保障享有情况

	东北		华北		华东		中南		西南		西北	
	人数（人）	享有率（%）	人数（人）	享有率（%）	人数（人）	享有率（%）	人数（人）	享有率（%）	人数（人）	享有率（%）	人数（人）	享有率（%）
养老保险	413	50.00	817	62.61	1876	61.79	1465	51.03	888	58.65	485	70.70
医疗保险	679	81.91	1053	80.57	2602	85.54	2429	84.46	1360	89.83	588	85.47
失业保险	77	9.32	184	14.23	558	18.48	306	10.71	150	10.04	72	10.54
工伤保险	66	7.97	202	15.61	609	20.18	383	13.39	181	12.15	93	13.60
生育保险	60	7.27	162	12.57	486	16.10	282	9.88	157	10.55	52	7.62
城乡最低生活保障	49	5.95	81	6.21	116	3.84	120	2.9	87	5.77	36	5.27

注：统计检验 P = 0.000 < 0.01。

分性别来看，根据 CSS2019 数据显示，我国男性居民的养老保险、医疗保险、失业保险、工伤保险、生育保险和城乡最低生活保障的享有率分别是 60.66%、85.92%、15.96%、19.66%、12.00% 和 5.84%；而我国女性居民的养老保险、医疗保险、失业保险、工伤保险、生育保险和城乡最低生活保障的享有率分别是 56.10%、84.20%、11.19%、11.63%、11.66% 和 3.99%。由此可见，我国社会保障水平存在一定的性别差异，男性的社会保障水平普遍优于女性，尤其在失业保险和工伤保险方面差距明显，考虑与性别之间的就业差异有关（如表 3—19 所示）。

表 3—19　　不同性别社会保险享有情况

	男性		女性		P
	人数（人）	享有率（%）	人数（人）	享有率（%）	
养老保险	2668	60.66	3276	56.10	0.000
医疗保险	3783	85.92	4928	84.20	0.016
失业保险	698	15.96	649	11.19	0.000
工伤保险	859	19.66	675	11.63	0.000
生育保险	523	12.00	3676	11.66	0.600
城乡最低生活保障	256	5.84	233	3.99	0.000

注：统计检验 $P = 0.000 < 0.01$。

分个人收入看，根据 CSS2019 数据显示，我国社会保障水平存在一定的个人收入差异。其中养老保险和医疗保险方面，享有率和居民个人收入呈明显正向相关关系，具体表现为低收入居民的享有率均为最低，高收入居民在养老保险和医疗保险方面的享有率均为最高，两个收入组享有率分别相差 32.48% 和 10.81%；在失业保险、工伤保险和生育保险方面，各个收入组内部在上述三个保险方面的享有率差别不大，分收入组来看，也呈现出享有率和个人收入的明显正向相关关系；在城乡最低生活保障方面，中低收入居民的享有率最高，达到 10.97%，其次是中等收入居民，其享有率为 5.33%，低收入组居民的城乡最低生活保障的享有率仅为 3.39%，这也从侧面反映出低收入组的社会保障水平需要给予更多关注。（如表 3—20 所示）

表 3—20　　不同个人收入社会保险享有情况

	低收入		中低收入		中等收入		中高收入		高收入		P
	人数（人）	享有率（%）	人数（人）	享有率（%）	人数（人）	享有率（%）	人数（人）	享有率（%）	人数（人）	享有率（%）	
养老保险	786	38.61	1120	54.96	1162	57.30	1408	68.02	1468	71.09	0.000
医疗保险	1607	78.62	1721	84.53	1739	85.53	1790	86.47	1853	89.43	0.000
失业保险	95	4.69	24	1.19	112	5.55	359	17.45	757	36.94	0.000
工伤保险	88	4.35	37	1.83	121	5.98	422	20.52	866	42.37	0.000
生育保险	100	4.95	40	1.98	112	5.55	308	14.96	639	31.40	0.000
城乡最低生活保障	69	3.39	223	10.97	108	5.33	47	2.28	42	2.04	0.000

注：统计检验 P = 0.000 < 0.01。

二　养老保险享有情况

在老龄化日益严峻的当今社会，养老保障的重要性不言而喻。CSS2019 具体调查了我国居民的养老保险享有情况，其中主要包括城镇职工基本养老保险、城乡基本养老保险、离退休金和农村社会养老保险四种养老保险类型。调查数据显示，2019 年我国城镇职工基本养老保险、城乡基本养老保险、离退休金和农村社会养老保险的享有率分别是 20.51%、8.08%、5.62%和 25.74%。由上可见，2019 年我国居民的城镇职工基本养老保险和农村社会养老保险几乎占据了我国养老保险的半壁江山，也是当前我国两大主流的养老保险，但我国养老保险水平仍需要进一步提升（如表 3—21 所示）。

表 3—21　　2019 年我国养老保险享有情况

	人数（人）	享有率（%）
城镇职工基本养老保险	2109	20.51
城乡基本养老保险	831	8.08
离退休金	578	5.62
农村社会养老保险	2647	25.74

分城乡来看，根据 CSS2019 数据显示，我国城镇居民的城镇职工基本养老保险、城乡基本养老保险、离退休金和农村社会养老保险享有率分别是 50.55%、11.21%、14.93% 和 3.50%；我国农村居民的城镇职工基本养老保险、城乡基本养老保险、离退休金和农村社会养老保险享有率分别是 7.00%、6.53%、1.37% 和 36.00%。受养老保险的政策影响，城镇居民享有的养老保险类型多为城镇职工基本养老保险，大约有一半的城镇居民都享有该保险；而农村居民享有的养老保险类型多为农村社会养老保险，不过仅有不到四成的农村居民享有该保险。整体来看，不论是城镇职工基本养老保险还是农村社会养老保险，其覆盖范围和享有率仍需进一步提升（如表 3—22 所示）。

表 3—22　　城乡养老保险享有情况

	2019 年养老保险享有率				
	城镇		农村		P
	人数（人）	享有率（%）	人数（人）	享有率（%）	
城镇职工基本养老保险	1574	50.55	492	7.00	0.000
城乡基本养老保险	349	11.21	495	6.53	0.000
离退休金	465	14.93	96	1.37	0.000
农村社会养老保险	109	3.50	2531	36.00	0.000

分性别来看，根据 CSS2019 数据显示，在城镇职工基本养老保险、农村社会养老保险和离退休金方面，男性享有率均高于女性；而在城乡基本养老保险方面，女性享有率高出男性约 1.3 个百分点。整体来看，在养老保险方面，我国男性居民养老保障水平优于女性（如表 3—23 所示）。

表 3—23　　不同性别社会养老保险享有情况

	2019 年养老保险享有率				
	男性		女性		P
	人数（人）	享有率（%）	人数（人）	享有率（%）	
城镇职工基本养老保险	1024	23.20	1085	18.48	0.000
城乡基本养老保险	325	7.36	506	8.62	0.021

续表

	2019 年养老保险享有率				
	男性		女性		P
	人数（%）	享有率（%）	人数（%）	享有率（%）	
离退休金	261	5.91	317	5.40	0.026
农村社会养老保险	1193	27.03	1454	24.77	0.009

分个人收入来看，CSS2019 数据显示，城镇职工基本养老保险和个人收入呈明显的正向相关关系，具体表现为高收入组居民城镇职工基本养老保险享有率最高，为 46.48%，而低收入组城镇职工基本养老保险享有率最低，为 6.23%，可能与农村居民收入较低，且占据低收入组大多数有关。在城乡基本养老保险方面，中等收入居民享有率最高，占比为 10.31%，而中低收入组居民享有率最低，占比为 5.63%；在离退休金方面，中高收入居民享有率最高，占比为 12.89%，而低收入组享有率占比最低，不足一个百分点，可见拥有离退休金的低收入居民非常少；而在农村社会养老保险方面，中低收入居民享有率最高，占比为 44.67%，而高收入居民享有率最低，占比为 11.96%，考虑和农村社会养老保险受益人主要是农村居民，而农村居民收入普遍较低有关（如表 3—24 所示）。

表 3—24　　不同个人收入社会养老保险享有情况

	低收入		中低收入		中等收入		中高收入		高收入		P
	人数（人）	享有率（%）	人数（人）	享有率（%）	人数（人）	享有率（%）	人数（人）	享有率（%）	人数（人）	享有率（%）	
城镇职工基本养老保险	128	6.23	57	2.79	240	11.79	720	34.75	964	46.48	0.000
城乡基本养老保险	142	6.91	115	5.63	210	10.31	187	9.03	177	8.53	0.000
离退休金	13	0.63	28	1.37	91	4.47	267	12.89	179	8.63	0.000
农村社会养老保险	500	24.32	913	44.67	634	31.14	352	16.99	248	11.96	0.000

分区域来看，CSS2019 数据显示，在城镇职工基本养老保险方面，华北地区居民的享有率最高，为 25. 84%，而西南地区居民享有率最低，为 13. 96%；在城乡基本养老保险方面，华东地区居民享有率最高，为 9. 26%，而西南地区居民享有率最低，占比为 7. 24%；在离退休金方面，东北地区居民享有率最高，为 10. 94%，而西南地区居民享有率最低，为 3. 23%；而在农村社会养老保险方面，西北地区居民享有率最高，为 41. 16%，东北地区居民享有率最低，占比最高为 13. 46%. 整体来看，西南地区养老保障水平偏低一些，养老保障资源需要适度向西南地区倾斜（如表 3—25 所示）。

表 3—25　　6 大区域社会养老保险享有情况

	东北		华北		华东		中南		西南		西北		P
	人数（人）	享有率（%）	人数（人）	享有率（%）	人数（人）	享有率（%）	人数（人）	享有率（%）	人数（人）	享有率（%）	人数（人）	享有率（%）	
城镇职工基本养老保险	195	23. 44	338	25. 84	785	25. 76	474	16. 42	212	13. 96	105	15. 22	0. 000
城乡基本养老保险	62	7. 45	97	7. 42	282	9. 26	223	7. 72	110	7. 24	57	8. 26	0. 116
离退休金	91	10. 94	103	7. 87	169	5. 55	122	4. 23	49	3. 23	44	6. 38	0. 000
农村社会养老保险	112	13. 46	321	24. 54	701	23. 01	705	24. 42	524	34. 50	284	41. 16	0. 000

三　医疗保险或公费医疗享有情况

随着我国老龄化程度的加深以及现代社会不确定因素的增多，健康问题也得到了人们的广泛关注，社会对医疗保险的需求与日俱增。CSS2019 具体调查了我国医疗保险的享有情况，其中主要包括城镇职工基本医疗保险、城镇居民基本医疗保险、公费医疗、新型农村合作医疗和城乡居民大病保险五种养老保险类型。调查数据显示，2019 年我国城镇职工基本医疗保险、城镇居民基本医疗保险、公费医疗、新型农村合作医疗和城乡居民大病保险的享有率分别是 20. 25%、11. 65%、2. 20%、50. 26% 和 2. 99%。由上可见，2019 年我国居民的新型农村合作医疗几乎占据了我国养老保险的半壁江山，主要考虑与当前我国农村人口基数庞大有关，其次是城镇职工基本医疗保险，其享有率为20.25%，而享有率最低的为公费医疗，仅为2.20%，侧面反映出我国医疗保险改革取得了重大成效（如表3—26所示）。

表3—26　　2019年我国医疗保险享有情况

	人数（人）	享有率（%）
城镇职工基本医疗保险	2082	20.25
城镇居民基本医疗保险	1198	11.65
公费医疗	226	2.20
新型农村合作医疗保险	5168	50.26
城乡居民大病保险	307	2.99

分城乡来看，CSS2019数据显示，我国城镇居民的城镇职工基本医疗保险、城镇居民基本医疗保险、公费医疗、新型农村合作医疗和城乡居民大病保险享有率分别是50.80%、24.69%、4.85%、9.70%和3.95%；而我国农村居民的城镇职工基本医疗保险、城镇居民基本医疗保险、公费医疗、新型农村合作医疗和城乡居民大病保险享有率分别是6.53%、5.55%、0.92%、68.80%和2.56%。受医疗保险的政策影响，城镇居民享有的医疗保险类型多为城镇职工基本医疗保险和城镇居民基本医疗保险，将近八成的城镇居民享有上述保险；而农村居民享有的医疗保险类型多为新型农村合作医疗，有将近七成的农村居民享有该保险。值得注意的是，不管是城镇居民还是农村居民，城乡居民大病保险的享有率均处于较低水平，且不足5%，城乡居民大病保险水平需进一步提升，以惠及更多居民（如表3—27所示）。

表3—27　　城乡医疗保险享有情况

	2019年养老保险享有率				
	城镇		农村		P
	人数（人）	享有率（%）	人数（人）	享有率（%）	
城镇职工基本医疗保险	1582	50.80	459	6.53	0.000

续表

	2019 年养老保险享有率				
	城镇		农村		P
	人数（人）	享有率（%）	人数（人）	享有率（%）	
城镇居民基本医疗保险	769	24. 69	390	5. 55	0. 000
公费医疗	151	4. 85	65	0. 92	0. 000
新型农村合作医疗保险	302	9. 70	4837	68. 80	0. 000
城乡居民大病保险	123	3. 95	180	2. 56	0. 000

分性别来看，CSS2019 数据显示，我国男性居民的城镇职工基本医疗保险、城镇居民基本医疗保险、公费医疗、新型农村合作医疗和城乡居民大病保险享有率分别是 22. 98%、11. 53%、2. 74%、49. 88% 和 3. 69%；而我国女性居民的城镇职工基本医疗保险、城镇居民基本医疗保险、公费医疗、新型农村合作医疗和城乡居民大病保险享有率分别是 18. 19%、11. 74%、1. 79%、50. 55% 和 2. 45%。

由上可见，在城镇职工基本医疗保险、公费医疗和城乡居民大病保险方面，有一定的性别差异，男性的享有率要比女性分别高 4. 79%、0. 95% 和 1. 24%；而在城镇居民基本医疗保险和新型农村合作医疗保险方面则无明显的性别差异（如表 3—28 所示）。

表 3—28　　不同性别医疗保险享有情况

	2019 年养老保险享有率				
	男性		女性		P
	人数（人）	享有率（%）	人数（人）	享有率（%）	
城镇职工基本医疗保险	1014	22. 98	1068	18. 19	0. 000
城镇居民基本医疗保险	509	11. 53	689	11. 74	0. 750
公费医疗	121	2. 74	105	1. 79	0. 001
新型农村合作医疗保险	2201	49. 88	2967	50. 55	0. 501
城乡居民大病保险	163	3. 69	144	2. 45	0. 000

分个人收入来看，CSS2019 数据显示，在城镇职工基本养老保险方

面，高收入组居民享有率最高，为47.40%，而中低收入组享有率最低，为2.10%，可能与城镇职工基本医疗保险受益对象主要为城镇居民，而农村居民收入较低，且占据低收入组大多数有关；在城乡居民基本医疗保险方面，低收入居民享有率最高，为13.13%，而中低收入组居民享有率最低，占比为8.12%；在公费医疗方面，高收入居民享有率最高，为5.50%，而低收入组享有率占比最低，不足一个百分点，主要考虑和高收入群体社会地位较高，且多身居要职有关，所以享受公费医疗的比例相对较高；在新型农村合作医疗方面，中低收入居民享有率最高，占比为70.50%，而高收入居民享有率最低，为28.25%，考虑和新型农村合作医疗保险受益人主要是农村居民，而农村居民收入普遍较低有关；在城乡居民大病保险方面，高收入居民享受率最高，为4.39%，而低收入居民享有率最低，为2.04%，考虑与高收入居民经济社会地位较高，且能享受到的医疗保障资源更多有关（如表3—29所示）。

表3—29　　不同个人收入医疗保险享有情况

	低收入		中低收入		中等收入		中高收入		高收入		P
	人数（人）	享有率（%）	人数（人）	享有率（%）	人数（人）	享有率（%）	人数（人）	享有率（%）	人数（人）	享有率（%）	
城镇职工基本医疗保险	108	5.25	43	2.10	210	10.31	738	35.62	983	47.40	0.000
城镇居民基本医疗保险	270	13.13	166	8.12	247	12.13	260	12.55	255	12.30	0.000
公费医疗	16	0.78	23	1.13	23	1.13	50	2.41	114	5.50	0.000
新型农村合作医疗保险	1172	57.00	1441	70.50	1223	60.07	746	36.00	586	28.25	0.000
城乡居民大病保险	42	2.04	51	2.50	59	2.90	64	3.09	91	4.39	0.000

分区域来看，CSS2019数据显示，在城镇职工基本养老保险方面，华北地区居民享有率最高，为26.38%，而西南地区居民享有率最低，为13.82%；在城乡居民基本医疗保险方面，东北地区居民享有率最高，为

15.75%，而西北地区居民享有率最低，占比为8.99%；在公费医疗方面，华北地区居民享有率最高，为2.91%，而东北地区居民享有率最低，为1.20%，可能与北京地处华北地区，公费医疗资源更易获得有关；在新型农村合作医疗方面，西南地区居民享有率最高，占比为64.19%，而华北地区居民享有率最低，为41.13%；在城乡居民大病保险方面，华东地区居民享有率最高，为4.23%，而东北地区居民享有率最低，为1.92%（如表3—30所示）。

表3—30　　6大区域医疗保险享有情况

	东北		华北		华东		中南		西南		西北		P
	人数（人）	享有率（%）	人数（人）	享有率（%）	人数（人）	享有率（%）	人数（人）	享有率（%）	人数（人）	享有率（%）	人数（人）	享有率（%）	
城镇职工基本医疗保险	187	22.48	345	26.38	793	26.03	429	14.86	210	13.82	118	17.10	0.000
城镇居民基本医疗保险	131	15.75	140	10.70	373	12.24	347	12.02	145	9.55	62	8.99	0.000
公费医疗	10	1.20	38	2.91	71	2.33	64	2.22	27	1.78	16	2.32	0.000
新型农村合作医疗保险	348	41.83	538	41.13	1314	43.12	1607	55.66	975	64.19	386	55.94	0.000
城乡居民大病保险	16	1.92	36	2.75	129	4.23	69	2.39	31	2.04	26	3.77	0.000

四　公众对社会保障状况的总体评价

公众对社会保障状况的主观评价，可以在一定程度上反映出当前我国社会保障水平。CSS2019询问了公众对于当前我国社会保障状况的总体评价，并用1—10分来表示满意程度，得分越高表示满意度越高。

分年龄来看，CSS2019数据显示，处于60岁及以上年龄组的受访者对我国社会保障状况的满意度最高，平均得分为7.21分；其次是29岁及以下、50—59岁以及40—49岁年龄组、平均分分别为6.78分、6.53分、6.52分；而满意度最低的是30—39岁年龄组，平均分为6.38分。60岁开始逐渐达到我国法定退休年龄，公众逐渐开始享受社会保障带来的福利，而 30—59 岁正处于中年，是社会保障的贡献者，所以该年龄组的公众对我国社会保障的评价稍微低一些（如表 3—31 所示）。

表 3—31　　不同年龄群体对我国社会保障状况的评价　　（单位：分）

年龄分组	均值	标准差	N
≤29 岁	6. 78	1. 97	1568
30—39 岁	6. 38	2. 18	1648
40—49 岁	6. 52	2. 35	1943
50—59 岁	6. 53	2. 50	1794
60 岁 +	7. 21	2. 35	2058
总计	6. 69	2. 32	9637

分城乡来看，CSS2019 数据显示，城镇居民对我国社会保障状况的满意度最高，平均得分为 6. 79 分，而乡村居民对我国社会保障状况的满意度最低，为 6. 64 分。城镇居民所能享受到的社会保障资源普遍高于乡村居民，所以对我国社会保障水平的满意度相对高一些（如表 3—32 所示）。

表 3—32　　城乡居民对我国社会保障状况的评价　　（单位：分）

城乡	均值	标准差	N
城镇	6. 79	2. 09	6514
乡村	6. 64	2. 09	2994
总计	6. 69	2. 33	9508

分收入来看，CSS2019 数据显示，低收入组、中低收入组、中等收入组、中高收入组和高收入组对我国社会保障状况评价的平均分依次为 6. 44 分、6. 86 分、6. 60 分、6. 72 分和 6. 82 分。由此可见，中低收入居民对我国社会保障状况的满意程度最高，其次是高收入居民，而低收入居民对我国社会保障状况的满意度最低。因此，我国社会保障资源应适度向低收入群体倾斜，以提高其对社会保障的满意度（如表 3—33 所示）。

表 3—33　　个人收入对我国社会保障状况的评价　　（单位：分）

收入分组	均值	标准差	N
低收入	6.44	2.48	1870
中低收入	6.86	2.46	1867
中等收入	6.60	2.45	1909
中高收入	6.72	2.22	1976
高收入	6.82	1.97	2014
总计	6.69	2.32	9636

分区域来看，CSS2019 数据显示，各区域对我国社会保障状况的评价从高到低分别是西北地区、华东地区、西南地区、华北地区、中南地区、东北地区，居民对我国社会保障状况评价的平均分依次为 6.99 分、6.86 分、6.78 分、6.71 分、6.50 分和 6.27 分。由此可见，西北地区居民对我国社会保障状况的满意程度最高，其次是西南地区居民，而东北地区居民对我国社会保障状况的满意度最低。因此，我国社会保障资源应适度向东北地区倾斜，以提高其对社会保障的满意度（如表 3—34 所示）。

表 3—34　　六大区域我国社会保障状况的评价　　（单位：分）

六大区域	均值	标准差	N
东北	6.27	2.53	779
华北	6.71	2.19	1247
华东	6.86	2.25	2833
中南	6.50	2.30	2709
西南	6.78	2.40	1427
西北	6.99	2.40	642
总计	6.69	2.32	9637

五　公众对社会经济保障的认知

为进一步了解我国公众对社会经济保障的认知倾向，CSS2019 向受访者询问了三个说法，并邀请公众对该说法的同意程度进行评价，具体如下：

CSS2019 询问了公众关于“提供社会保障是政府的基本责任，不应当由普通百姓负担”这一说法的意见，数据显示表示非常不同意、不太同意、比较同意、非常同意和不好说的受访者占比分别为 5.65%、26.01%、35.61%、27.91%和 4.81%。由此可见，同意该说法的公众占据绝大多数，超过六成，大多数公众认为政府应该承担起提供社会保障的主要责任。

CSS2019 询问了公众关于“现在的社会保障水平太低，起不到保障的作用”这一说法的意见，数据显示表示非常不同意、不太同意、比较同意、非常同意和不好说的受访者占比分别为 6.12%、30.69%、38.02%、19.26%和 5.90%。由此可见，同意该说法的公众占据绝大多数，超过六成，大多数公众认为当前的社会保障水平偏低，因此需要进一步提升我国公众的社会保障水平，让民众感受到真正的受益。

CSS2019 询问了公众关于“现在政府提供的社会保障太差了，所以我对政府不满”这一说法的意见，数据显示表示非常不同意、不太同意、比较同意、非常同意和不好说的受访者占比分别为 12.70%、37.50%、30.80%、16.40%和 2.60%。由此可见，同意与反对该说法的公众几乎各占一半，但相比而言，不同意该说法的公众稍多一些，尽管如此，也从侧面提醒我们，今后政府需在社会保障方面加大投入，以更多惠及民生（如表 3—35 所示）。

表 3—35　　公众对社会经济保障的认知倾向　（N = 10283　单位:%）

	非常不同意	不太同意	比较同意	非常同意	不好说	合计
提供社会保障是政府的基本责任，不应当由普通百姓负担	5.65	26.01	35.61	27.91	4.81	100.0
现在的社会保障水平太低，起不到保障的作用	6.12	30.69	38.02	19.26	5.90	100.0
现在政府提供的社会保障太差了，所以我对政府不满	12.70	37.50	30.80	16.40	2.60	100.0

第三节 小结

居住状况主要从住房拥有量、居住面积、住房性质、住房价值、目前居住状况等方面进行描述，具体包括：

1. 住房套数

目前我国城乡居民家庭绝大多数都拥有自有住房，自有住房率高达94.06%，拥有两套以上住房的比例已超过20.0%。分城乡来看，农村居民的住房自有率高于城镇居民，前者比后者高出4.31个百分点。分区域来看，西南地区住房自有率最高，为96.28%，华北地区最低，为89.71%；多套房的自有率，华东地区最高，为27.52%，东北地区最低，为12.51%。基本上呈现南方高于北方、东部高于西部的特点，与各区域经济发展状况密切相关。从住房所在地区来看，大多数购置第二套住房的居民，会选择与第一套住房相同的地区类型；农村和乡镇的居民，呈现出在更高层级地区购置新房的趋势。

2. 人均住房面积

2019年居民家庭人均建筑面积为45.38平方米。从城乡看，城市居民人均住房面积低于农村居民人均住房面积，平均低约1.6平方米。分区域看，华北地区的人均住房面积最大，为51.22平方米，高出全国平均面积约6.0平方米，低于全国平均水平的地区是西南地区为42.7平方米，中南地区为40.84平方米，东北地区人均住房面积最少，为36.54平方米。

3. 住房性质

2019年我国自有住房性质依然以自建住房为主，在所有住房中占64.26%。城乡差异显著，农村地区自有住房中自建住房占比高达93.3%以上，而城镇地区（直辖市、省会城市、县级市、县城）自有住房性质主要以商品房为主，占比为50%以上，尤其省会城市城区和直辖市城区自有住房中商品房占比均超过60%。说明商品房已成为城镇地区居民自有住房的最主要来源。

4. 住房增值情况

CSS2019数据显示我国居民家庭住房平均增值8.87倍。分城乡看，城市居民住房增值情况是农村居民的2倍多。分区域看，华北地区住房增值最为明显，平均为购房（或自建）价值的 17.83 倍；住房增值最低的地区是西北地区，平均为购房（或自建）价值的 4.6 倍。从自有住房性质看，增值幅度较大的是原公房和自建房，而增值幅度较低的是商品房和小产权房，这与房屋年代、成本、房屋交易政策等有一定关系。

5. **现居住住房状况**

城乡居民住房均以自有住房为主，但存在明显差异，农村地区 93.85% 的居民居住在自有住房中，而城镇居民为 76.85%，超过 20.0% 的城镇居民以租住、借住或集体宿舍等形式居住。

6. **城乡社会保障状况**

总体情况：CSS2019 数据显示，目前我国各类社会保险中，医疗保险的享有率最高，在 18—69 周岁的人口中，享有率接近 85.0%。其次为养老保险，享有率接近 60%。再次为工伤险和失业险，分别为约 15.1% 和约 13.2%。生育险享有率最低，仅为 11.8%。还有约 4.8% 的居民家庭享有城乡最低生活保障。具体从以下几个方面描述我国社会保障状况：

1. **我国养老保险享有情况**

（1）我国各类养老保险在城乡居民间的差异甚为明显；（2）男性居民的养老保障水平整体优于女性；（3）城镇职工基本养老保险和个人收入呈明显的正向相关关系；（4）我国社会养老保险享有情况呈现出区域不平衡。

2. **我国医疗保险享有情况**

（1）在各类医疗保险中，全国新型农村合作医疗保险享有率最高，为 50.26%，其中城镇 9.7%，农村 68.8%；全国城镇职工基本医疗保险享有率位居第二为 20.25%，其中城镇 50.8%，农村 6.53%；（2）收入方面，收入越高，城镇职工基本医疗保险、公费医疗、大病保险的享有率也越高；而低收入组的新型农村合作医疗保险的享有率高于其他类型的医疗保险；（3）我国医疗保险享有情况呈现出区域不平衡，不同保障类型的区域差异特征不同。

3. **居民对我国总体社会保障状况的评价**

主要表现在：（1）不同年龄段的居民对我国总体社会保障状况的满意度都较高（6 分以上）；而 60 岁以上的居民表现得更为满意（7.21 分）；（2）城乡之间、不同收入组之间对我国社会总体保障状况的满意度并无太大差异；（3）区域方面，各地区对我国社会总体保障状况的满意度均在6—7分，并无太大差异，其中，东北地区相对较低（6.27分），西北地区相对较高（6.99分）。

4. 公众对社会经济保障的认知

（1）大多数公众认为政府应该承担起提供社会保障的主要责任；（2）大多数公众认为当前的社会保障水平偏低，因此需要进一步提升我国公众的社会保障水平，让民众感受到真正受益。

第四章

社会经济保障报告:就业与教育

本章重点分析社会经济保障维度中的就业与教育方面。党的十九大报告强调“就业是最大的民生”，并且提出“要坚持就业优先战略和积极就业政策，实现更高质量和更充分就业”。就业是家庭收入的主要来源，保就业就是保民生，可以说就业是社会经济保障的核心维度。就业不仅关系着个体的经济安全，还关系着整个家庭的经济安全，应当说，较稳定、较充分、较高质量的就业是衡量社会质量的重要指标。

基于2019年中国社会状况综合调查数据，本章以职业分布、工作收入、工作时间、劳动技能四项指标衡量就业的基本状况；以劳动合同和失业预期两项指标衡量工作的稳定性；以工作满意度、工作机会评价和对政府就业保障的评价三项指标衡量劳动者对就业状况的评价。综合考察以上三个维度，可以更加全面地反映我国当前的就业质量和就业保障状况。

在现代社会，学历已经成为个体人力资本的决定因素，劳动技能与受教育程度紧密相关，同时，接受更高水平的教育也是实现高质量就业的前提。教育保障和教育质量不仅关系着个体是否有平等受教育的机会，更关系着个体能否获得一份稳定的工作。在教育质量方面，本章以人均受教育年数和地方政府教育工作评价两项指标加以测量。

第一节 当前中国的就业保障水平

一 当前就业的基本形势

在10283个调查样本中，男性占比50.86%，女性占比49.14%；城镇地区样本占比58.52%，农村地区样本占比41.48%。在劳动就业方面，根据2019年中国社会状况综合调查（CSS2019）对“工作”的界定①，在调查时有工作（包括休假、学习或临时停工的有工作人员）的占比为67.25%。在有工作的人中，只从事非农工作的占比为56.62%；目前以非农工作为主，但同时也务农的占比9.62%；目前以务农为主，但同时也从事非农工作的占比5.78%；目前只务农的占比27.98%。可见，在目前有工作的受访者中，近七成只从事或从事一定的非农工作，只务农的劳动者不到三成。

目前有工作者的职业分布和所属单位/公司构成见表4—1和表4—2。从职业构成来看，排在前三位的职业类型是“农、林、牧、渔、水利业生产人员”“生产工人、运输工人和有关人员”以及“服务性工作人员”，三类合计占比达到62.10%。由于“农、林、牧、渔、水利业生产人员”既包括只务农的劳动者，也包括与上述生产相关但从事非农劳动的农业工人，因此，相较于只务农劳动者所占比例，这类劳动者在职业分布中所占比例要更高，为31.26%。从单位构成来看，超过半数（54.72%）的劳动者通过私营企业或个体工商户实现就业，非公有制经济提供了大量就业岗位，是目前满足就业需求的主要形式。

表4—1　　职业的分布　　（单位:%）

农、林、牧、渔、水利业生产人员	31.26
生产工人、运输工人和有关人员	15.91
服务性工作人员	14.93
商业工作人员	12.35
专业技术人员	10.72
办事人员和有关人员	8.71
国家机关、党群组织、企业、事业单位负责人	4.74
不便分类人员	1.08
警察及军人	0.31

① 中国社会状况综合调查项目对“工作”的定义如下：（1）从事过1小时以上有收入的工作；（2）在自己/自己家庭或家族拥有的企业/机构中工作，虽然没报酬，但每周工作在15小时以上或每天工作3小时以上；（3）参加农业生产劳动。符合上述3个条件之一，即属于“有工作”。

表 4—2　　非农工作单位/公司的分布　　（单位:%）

党政机关、人民团体、军队	3.11
国有企业及国有控股企业	7.88
国有/集体事业单位	10.92
集体企业	1.70
私营企业	30.39
三资企业	1.13
个体工商户	24.33
民办事业单位（民办非企业单位）	1.35
社区居委会、村委会等自治组织	4.33
没有单位	10.69
其他	4.17

根据 CSS2019 对“工作”的定义，在 18—69 周岁人口中，在调查时点有近三分之一（32.75%）的人口没有在工作。在目前没有工作的人中，有近五分之一（19.77%）是因为上学而未工作，除此之外，其他各类不工作的主要原因见表 4—3。从表 4—3 的结果看，人们没有工作的最主要原因是“料理家务”，占比达到 34.30%，而且，因为料理家务而没有工作的群体中，女性占比达到了 93.20%。更为重要的是，该群体中只有 25.36% 的人在找工作，这其中半数以上（53.08%）的人无法在两周内去工作；另外，那些目前没有在找工作的人（74.64%），半数以上（57.71%）的人也不打算工作了。可见，照顾未成年子女和料理家务是女性离开劳动力市场返回家庭的主要原因。

另一类值得关注的是“毕业后未工作”的群体，回顾 2011 年以来历次中国社会状况综合调查，毕业后未工作的比例从 2011 年的 25.9%，下降到 2013 年的 13.2%，再到 2015 年的 10.9%，再到 2017 年的 4.03%，2019 年，这一比例进一步降至 3.78%。而且，在毕业后未工作的人群当中，有 75.42% 的人打算找工作，这其中有 89.92% 的人可以在有工作后的两周之内赴职。

表 4—3　　调查时点没有工作的原因　　（单位:%）

失业原因	百分比
料理家务	34. 30
已离/退休	20. 42
因本人原因（如家务、健康、辞职等）离开原工作	16. 50
丧失劳动能力	10. 97
其他原因	9. 39
毕业后未工作	3. 78
因单位原因（如破产、改制、下岗/内退/买断工龄、辞退等）失去原工作	3. 20
承包土地被征用	1. 45
合计	100. 00

（一）非农工作的收入

从事非农工作的平均每月总收入由“工资与薪金”“奖金”“提成”“经商办厂和投资所得利润和分红”以及“其他收入”五部分加总而成。从整体数据来看，非农工作每月总收入的均值为 6107. 59 元，中位值为 3000 元。其中，城镇的均值为 6755. 90 元，农村地区的均值为 4633. 68 元，前者比后者高 2122. 22 元，城乡收入差距较大。从工作类型看，目前只从事非农工作的平均每月总收入为 6695. 98 元；目前以从事非农工作为主，但同时也务农的平均每月总收入为 4868. 01 元；目前以务农为主，但同时也从事非农工作的平均每月总收入为 2433. 99 元。

各类职业的月总收入平均值和中位值见表 4—4。从结果看，国家机关、党群组织、企业、事业单位负责人的月均收入最高，其次是专业技术人员，再次是警察及军人，而农、林、牧、渔、水利业生产人员的收入最低。值得注意的是，平均值容易受到极端高收入的影响，分职业类型统计时，由于部分职业类别样本量较小，如单位负责人和不便分类人员，因此，在评估各职业类型收入时，还应参考中位值。

表 4—4　　不同职业的平均每月总收入　　（单位：元）

职业类型	平均值	中位值
国家机关、党群组织、企业、事业单位负责人	14995. 44	6300

续表

职业类型	平均值	中位值
专业技术人员	7588.24	4830
办事人员和有关人员	4840.14	3000
商业工作人员	5893.33	3000
服务性工作人员	5080.27	2900
农、林、牧、渔、水利业生产人员	2540.19	1500
生产工人、运输工人和有关人员	4524.40	3275
警察及军人	6832.49	7000
不便分类人员	22938.36	2000
总平均值	6107.59	3000

（二）非农工作的时长

按照我国《劳动法》规定，劳动者每日工作时间不超过八小时、平均每周工作时间不超过四十四小时的工时。不过，CSS2019 所定义的从事非农工作的劳动者与《劳动法》适用的劳动者概念并不完全一致，从调查结果看，有非农工作的劳动者平均每天工作 8.66 小时，中位值是 8 小时。在劳动天数方面，从事非农工作的劳动者平均每月工作 23.19 天。如果按照一个月 30 日计，劳动者平均每周工作约 46.86 小时，略高于 44 小时。

不同职业从事非农工作的平均工作时长见表 4—5，可以看到，由于农、林、牧、渔、水利业生产人员中部分劳动者的工作内容具有季节性，例如驾驶农用机械等，反映在劳动时间上就是平均每天工作小时较长，但每月工作天数较少，因此，该群体总体上每月劳动时间最少。其他职业方面，“专业技术人员”“办事人员和有关人员”的工作时间相对较短，而“商业工作人员”和“服务性工作人员”的劳动时间较长。

表 4—5　不同职业从事非农工作的平均工作时长　（单位：小时、天）

职业类型	平均每天工作小时数	平均每月工作天数	平均每周工作小时数
商业工作人员	9.41	26.32	57.79

续表

职业类型	平均每天工作小时数	平均每月工作天数	平均每周工作小时数
服务性工作人员	8.97	24.87	52.05
警察及军人	8.76	24.27	49.62
国家机关、党群组织、企业、事业单位负责人	8.27	23.83	45.96
生产工人、运输工人和有关人员	8.78	22.30	45.70
专业技术人员	8.18	22.09	42.18
办事人员和有关人员	7.96	22.69	42.17
农、林、牧、渔、水利业生产人员	8.54	17.86	35.58
总平均值	8.66	23.19	46.86

综合表4—4所列各类职业平均月收入可以发现，国家机关、党群组织、企业、事业单位负责人的平均时薪最高，达到了76.13元；其次是专业技术人员，41.98元；第三位是警察及军人，32.13元；第四位是办事人员和有关人员，26.78元；第五位是商业工作人员，23.79元；第六位是生产工人、运输工人和有关人员，23.10元；第七位是服务性工作人员，22.78元；时薪最低的是劳动时间最短的农、林、牧、渔、水利业生产人员，为16.66元。从各类职业的平均时薪看，商业工作人员、生产工人和服务性工作人员的平均时薪非常接近，介于22元—24元，这可能是因为这三类职业的门槛相对较低，不同职业之间的流动也相对容易，因而在平均时薪上也非常接近。

（三）非农工作的专业技能

劳动者专业技能方面分为客观资质与主观认定，前者以劳动者获得的专业职称和技术认证为准，后者则以劳动者的主观判断为准。在客观专业技能认定方面，从事非农工作的劳动者中，有14.40%的人拥有“专业职称”，8.92%的人拥有“技术等级”，23.09%的人则表示调查时点没有，但是以后可能会评定专业职称或技术等级，还有53.59%的人属于“不适用/不清楚/不回答”。分专业职称和技术等级看，在获得专业职称的劳动者中，高级职称占比14.96%，中级职称占比41.86%，初级职称占比43.19%；而在拥有技术等级的劳动者中，高级技师、技师、高级工、中级工、初级工五个技术等级的占比分别为 7.40%、14.21%、19.71%、34.24%、24.45%。

尽管只有 23.32% 的劳动者拥有经过认证的专业职称或技术等级，但 66.61% 的劳动者认为自己的工作至少需要一些专业技能。具体而言，认为需要很高专业技能的占比 7.95%；认为需要较高专业技能的占比 19.42%；认为需要一些专业技能的占比 39.24%；认为不需要专业技能的占比 33.03%。分职业群体看，专业技术人员对自身职业所需专业技能的评价较高，认为自己的工作不需要专业技能的只有 2.29%，符合该职业群体从事专业活动的特征；其次是"警察及军人"和"国家机关、党群组织、企业、事业单位负责人"这两类群体，其工作所需技能也较高。另外，农、林、牧、渔、水利业生产人员对现在从事的非农工作表示不需要专业技能的占比最高，达到了 53.15%。

表 4—6　　不同职业对劳动技能的主观评价　　（单位:%）

职业类型	专业技能评价				
	很高	较高	一些	不需要	其他
国家机关、党群组织、企业、事业单位负责人	12.37	38.87	36.59	12.16	0.00
专业技术人员	21.57	48.17	27.70	2.29	0.27
办事人员和有关人员	4.46	19.99	50.77	24.15	0.62
商业工作人员	4.81	8.67	38.44	47.33	0.74
服务性工作人员	6.45	14.77	37.14	41.45	0.20
农、林、牧、渔、水利业生产人员	2.31	9.25	35.30	53.15	0.00
生产工人、运输工人和有关人员	5.33	11.43	46.02	37.04	0.19
警察及军人	23.91	19.63	39.08	10.80	6.59

二　就业稳定性

就业的稳定性可以从客观与主观两个层面加以衡量：客观层面考察劳动者与工作单位或雇主签订的合同类型和期限，主观层面以劳动者预期未来失业的可能性来衡量。

（一）非农工作的劳动合同签订

在询问受访者与工作单位或雇主签订了哪种书面劳动合同时，有

39.88%的劳动者表示没有签订劳动合同。城乡比较来看，农村地区劳动者的权益保障需要加以关注，数据显示，农村地区就业人口没有签订劳动合同的比例比城镇地区高26.21个百分点。之所以存在如此大的城乡差别，一个潜在的原因是在农村地区有一部分劳动者从事的非农工作属于零工、兼职或季节性就业等非正规的就业。在签订了劳动/劳务合同的群体中，66.42%属于固定期限合同，28.08%属于无固定期限合同。从年龄结构来看，总体而言，劳动者的年龄越小，签订劳动合同的比例越高，18—29岁群体的签订率最高，60岁及以上群体签订劳动合同的比例最低。

表4—7　　不同年龄段的劳动合同签订率　　（单位：%）

年龄	签订了劳动合同	签订了劳务合同	签订了人事合同	签订了其他合同	没有签订劳动合同	不需要签劳动/劳务合同
18—29岁	47.10	8.62	7.66	0.64	32.52	3.47
30—39岁	45.03	6.26	7.01	0.68	34.96	6.07
40—49岁	34.88	6.25	8.30	1.55	42.45	6.57
50—59岁	27.83	6.23	8.21	0.64	47.85	9.25
60—69岁	8.47	9.31	1.14	1.81	73.83	5.44
合计	38.68	6.96	7.51	0.96	39.88	6.00

东、中、西部三大地区比较来看，东部地区的劳动合同签订率要高于中、西部地区。分六大区域比较看，西南地区未签订合同的比例最高，达到49.77%，其次是中南地区，为45.14%，再次是西北地区，为42.11%。华北和华东地区未签订劳动合同的比例较低，分别为31.23%和34.83%（见表4—8）。应当说，劳动合同签订率与地区经济发展水平呈正相关关系。

表4—8　　不同区域的劳动合同签订率　　（单位：%）

地区	签订了劳动合同	签订了劳务合同	签订了人事合同	签订了其他合同	没有签订劳动合同	不需要签劳动/劳务合同
华北	38.76	5.87	15.76	0.75	31.23	7.63
东北	37.80	9.15	6.81	0.44	40.48	5.32

续表

地区	签订了劳动合同	签订了劳务合同	签订了人事合同	签订了其他合同	没有签订劳动合同	不需要签劳动/劳务合同
华东	47.21	5.60	6.13	1.18	34.83	5.05
中南	33.95	8.22	4.90	1.08	45.14	6.72
西南	29.78	7.77	7.94	0.88	49.77	3.86
西北	30.91	7.80	8.90	0.39	42.11	9.89

职业比较来看，农、林、牧、渔、水利业生产人员中有81.47%没有签订劳动合同，远高于其他职业类型的工作人员，这与农业生产活动季节性、临时性用工较多有关。其次是“生产工人、运输工人和有关人员”“服务性工作人员”和“商业工作人员”，分别有57.93%、51.82%、46.91%的人员未签订劳动合同。这四类职业未签订劳动合同的比例高于全部职业未签订劳动合同的平均比例，可见不同职业类型劳动/劳务合同签订状况差距较大，部分职业群体的劳动保障状况需要关注。

表4—9　　各类职业的劳动合同签订状况　　（单位：%）

职业类型	签订了劳动合同	签订了劳务合同	签订了人事合同	签订了其他合同	没有签订劳动合同	不需要签劳动/劳务合同
国家机关、党群组织、企业、事业单位负责人	55.24	7.70	9.10	1.11	15.36	11.48
专业技术人员	50.30	5.97	26.68	0.75	9.53	6.78
办事人员和有关人员	52.45	5.12	9.73	0.97	19.57	12.16
商业工作人员	37.86	9.32	0.89	1.34	46.91	3.67
服务性工作人员	31.62	10.27	1.36	1.30	51.82	3.64
农、林、牧、渔、水利业生产人员	10.61	4.26	0.37	1.06	81.47	2.23
生产工人、运输工人和有关人员	32.30	6.44	0.43	0.58	57.93	2.32
警察及军人	0.00	10.75	15.92	7.80	10.75	54.77

表4—10是分单位/公司类型的劳动合同签订率，从表中明显可以看

到，个体工商户未签订劳动合同的比例很高，达到了77.86%。一般而言，个体工商户或者属于个体自雇佣性质，要么由于其自身经营规模较小，雇工也具有临时的性质，因而签订劳动合同的比例最低，其劳动权益保障程度较低。同样的，社区居委会、村委会等自治组织也会雇佣较多临时工作人员或兼业人员，近半数在该类型单位工作的劳动者未签订劳动合同。除此之外，在吸收大量劳动力就业的私营企业中，未签订劳动/劳务合同的比例也较高，为39.58%，这意味着近四成私营企业员工未受到正式劳动合同的保障。除上述三类组织外，其他各类组织未签订劳动合同的比例均在30%以下，特别是三资企业，其雇员没有签订劳动合同的比例仅为4.03%。

表4—10　　不同单位/公司类型与劳动合同签订率　　（单位：%）

单位/公司类型	签订了劳动合同	签订了劳务合同	签订了人事合同	签订了其他合同	没有签订劳动合同	不需要签劳动/劳务合同
党政机关、人民团体、军队	16.61	5.71	21.22	0.00	18.46	38.00
国有企业及国有控股企业	69.94	12.78	3.49	1.11	11.41	1.27
国有/集体事业单位	37.90	3.40	35.80	0.73	12.14	10.03
集体企业	57.51	7.55	5.31	0.00	27.81	1.82
私营企业	47.73	9.35	1.07	0.87	39.58	1.40
三资企业	91.06	4.91	0.00	0.00	4.03	0.00
个体工商户	11.29	3.97	0.00	1.18	77.86	5.70
民办事业单位（民办非企业单位）	50.63	8.38	11.15	1.40	24.37	4.06
社区居委会、村委会等自治组织	26.59	2.88	4.49	0.39	49.00	16.65

（二）失业的可能性

近5年非农就业劳动者的失业预期较为稳定。在询问未来6个月失业的可能性时，有23.95%的非农就业人员表示完全有可能或有可能失业，而在2015年和2017年调查时，这一比例分别为23.3%和25.0%。可见，近几年劳动者的失业预期较为稳定，但总体上也不乐观，有近四分之一的非农劳动者至少在主观层面处在不稳定的就业状态。

分职业类型来看，主观失业预期较高的职业类型有“农、林、牧、渔、水利业生产人员”“生产工人、运输工人和有关人员”“服务性工作人员”以及“商业工作人员”，这四类职业表示“完全有可能”或“有可能”失业的占比依次为40.08%、32.05%、28.18%、25.63%。其他几类职业的稳定性较强，警察及军人的主观失业预期最低。

表4—11　不同职业预计未来6个月内失业的可能性　（单位:%）

职业类别	完全有可能	有可能	一般	不太可能	完全不可能
国家机关、党群组织、企业、事业单位负责人	2.31	8.42	6.34	30.18	52.76
专业技术人员	2.65	9.36	5.34	30.50	52.14
办事人员和有关人员	3.39	8.85	10.27	33.39	44.09
商业工作人员	9.02	16.61	10.96	27.07	36.34
服务性工作人员	10.83	17.35	8.99	28.76	34.07
农、林、牧、渔、水利业生产人员	16.54	23.54	11.87	16.10	31.95
生产工人、运输工人和有关人员	11.83	20.22	9.77	25.81	32.38
警察及军人	0.00	0.00	9.38	18.17	72.45

分单位/公司性质看，总体而言，与非国有部门相比，国有部门的预期失业风险更小。劳动者表示“完全有可能”或“有可能”失业占比前三位的是私营企业、个体工商户和集体企业，占比分别为27.82%、27.23%和24.86%。

表4—12　不同单位/公司类型预计未来6个月内失业的可能性　（单位:%）

单位/公司类型	完全有可能	有可能	一般	不太可能	完全不可能
党政机关、人民团体、军队	5.37	4.19	4.94	27.38	58.12
国有企业及国有控股企业	4.98	10.79	6.45	31.97	45.81
国有/集体事业单位	1.84	5.95	4.77	30.05	57.38

续表

单位/公司类型	完全有可能	有可能	一般	不太可能	完全不可能
集体企业	8.96	15.90	11.53	20.67	42.93
私营企业	9.43	18.39	10.05	31.57	30.56
三资企业	2.93	9.83	4.00	21.67	61.57
个体工商户	9.35	17.88	9.62	22.91	40.24
民办事业单位（民办非企业单位）	7.47	7.86	6.05	35.41	43.20
社区居委会、村委会等自治组织	5.00	9.89	9.40	29.91	45.81

三 就业评价

就业评价分为个体与社会两个层面，个体层面为劳动者对其非农工作满意度的总体评价，而社会层面主要是指受访者对就业机会是否公平以及对当地政府促进就业工作的评价。

（一）非农工作的总体满意度

中国社会状况综合调查请受访者用1—10分来表达对目前这份非农工作的总体满意程度，1分表示非常不满意，10分表示非常满意，从结果看，平均得分为7.09分，相较2017年的7.37分略有下降。分城乡看，城镇地区劳动者的总体工作满意度为7.22分，而农村地区则为6.81分，呈现出一定的城乡差距，城镇地区非农劳动者的工作满意度更高。分六大区域看，总体工作满意度由低到高依次为东北、华东、华北、中南、西北、西南，平均分依次为7.33分、7.27分、7.25分、7.08分、6.83分、6.57分，整体来看，东部地区的工作满意度高于中、西部地区，地区差距较为明显。

分职业类型看，八大类职业呈现出明显的分层，从表4—13的结果看，四类职业的平均总体工作满意度低于7分，而另外四类职业则高于7分。前一组最高的是“服务性工作人员”，为6.93分，而后一组最低的是“专业技术人员”，为7.65分，二者仍有不小的差距，简言之，组间差异大于组内差异。从单位/公司类型来看，平均总体工作满意度较低的类型是个体工商户和私营企业，分别为6.76分和6.98分，而其他各类单位的满意度均高于7分，满意度最高的是“社区居委会、村委会等自治组织”和“党政机关、人民团体、军队”，分别为8.33分和8.32分。

表 4—13　不同职业对工作满意度的评价　（单位：分）

职业类别	总体工作满意度
国家机关、党群组织、企业、事业单位负责人	7.99
专业技术人员	7.65
办事人员和有关人员	7.88
商业工作人员	6.77
服务性工作人员	6.93
农、林、牧、渔、水利业生产人员	6.65
生产工人、运输工人和有关人员	6.56
警察及军人	7.88

表 4—14　不同单位/公司类型对工作满意度的评价　（单位：分）

单位/公司类型	总体工作满意度
党政机关、人民团体、军队	8.32
国有企业及国有控股企业	7.37
国有/集体事业单位	7.85
集体企业	7.25
私营企业	6.98
三资企业	7.66
个体工商户	6.76
民办事业单位（民办非企业单位）	7.24
社区居委会、村委会等自治组织	8.33

（二）对工作与就业机会公平的评价

在调查中，全部受访者均对当前社会的就业机会公平状况做了评价，但对于一些不了解就业机会状况的人来说，难以对此加以评价。从表 4—15 至表 4—18 的结果看，在“不好说”的占比方面，女性多于男性；农村地区多于城镇地区；年龄越大，学历越低，表示“不好说”的比例越高。如果将“比较公平”和“非常公平”合并成一类，可以发现，男性的公平感优于女性；城镇地区的公平感优于农村地区；青年群体（40 岁以下）的公平感优于中、老年群体；学历越高，公平感越强。从上述分析可以得出，农村地区人群、女性群体、低学历群体、中老年群体的就业机会公平感相对较低，相应地，其就业保障工作有待加强。

表 4—15　　性别与就业机会公平的评价

性别	很不公平	不太公平	比较公平	非常公平	不好说
男性	5.07	26.19	52.06	10.71	5.97
女性	4.87	27.67	48.34	9.49	9.63

表 4—16　　城乡与就业机会公平的评价

城乡	很不公平	不太公平	比较公平	非常公平	不好说
城镇地区	4.77	28.10	53.21	7.89	6.03
农村地区	5.26	25.26	46.03	13.23	10.22

表 4—17　　不同年龄段对就业机会公平的评价

年龄	很不公平	不太公平	比较公平	非常公平	不好说
18—29 岁	2.84	31.12	56.99	7.88	1.17
30—39 岁	4.72	26.96	56.87	8.32	3.14
40—49 岁	5.12	27.44	49.12	10.36	7.95
50—59 岁	7.17	26.69	42.13	11.83	12.18
60—69 岁	5.98	18.69	41.26	13.97	20.11

表 4—18　　受教育程度与就业机会公平的评价

学历	很不公平	不太公平	比较公平	非常公平	不好说
初中及以下	6.08	25.35	44.20	12.6	11.76
高中、中专、技校	4.34	27.91	56.42	7.31	4.03
大专	3.45	27.73	59.18	7.78	1.86
大学本科及以上	2.26	31.77	60.53	4.84	0.60

（三）对政府保障就业的评价

CSS2019 请受访者用 1—10 分表达对政府为居民提供就业保障状况的评价，1 分表示非常不满意，10 分表示非常满意，其中有 20.69% 的受访者不清楚这方面的情况，近八成受访者评价了政府提供就业保障的状况，平均分为5.67分。分城乡看，城镇地区的平均分为5.75分，农村地区的平均分为5.54分，略低于城镇地区。分地区看，平均得分由高到低依次为华东、华北、西南、中南、西北、东北，得分依次为6.00分、5.64分、5.62分、5.54分、5.34分、5.31分。就业保障反映的是劳动者在签订劳动合同和享受“五险一金”等方面的总体情况，从上文的分析可知，吸纳大量就业的个体工商户和私有企业在劳动保障方面相对较弱，这可能是造成民众对政府就业保障评价偏低的重要原因。相应地，有针对性地提高个体工商户和私营企业劳动者的就业保障水平，有助于提升民众对政府就业保障工作的评价。

（四）对地方政府增加就业机会的评价

一般而言，地市一级政府对民众的生活机会有很大的影响，CSS2019询问了受访者对其所在地市政府“扩大就业，增加就业机会”这方面工作的评价。从结果看，8.74%的受访者对这一问题表示“不清楚”，即不知道如何评价，在给出评价的受访者中，18.97%的受访者认为地方政府做得“很好”，51.17%认为“比较好”，24.80%认为“不太好”，5.06%认为“很不好”。总体来看，大多数的受访者对地方政府在促进就业方面所做的工作表示肯定。综合分析民众对政府就业保障和增加就业机会的评价可知，我国政府投入大量资源用于创造更多的就业岗位，侧重“量”的增加，但也要在增加就业的同时兼顾就业质量的提升。

分城乡看，城镇地区与农村地区受访者对地方政府促进就业的评价大体一致。值得注意的是，农村地区认为政府做得“很好”的比例更高，而城镇地区则有更多的人认为做得“比较好”，如果将两类态度合并，可以发现城镇地区受访者的评价总体上更加积极。

表4—19　　分城乡对地方政府扩大就业的评价　　（单位:%）

城乡	很好	比较好	不太好	很不好
城镇地区	16.19	54.91	24.82	4.07
农村地区	22.91	45.86	24.76	6.47

分区域来看，对地方政府在扩大就业、增加就业机会方面的评价持肯定态度的，华东地区最高，有76.13%；其次是西南地区，有73.83%；第三位是中南地区，有68.01%；第四位是华北地区，有66.80%；第五位是西北地区，有63.30%；最低的是东北地区，只有58.24%。总体来看，民众对北方地区政府促进就业工作的评价相对较低，尤其是东北地区。这样的评价结果反映了逐渐扩大的南北方经济差距，凸显了地区经济发展不平衡带来的社会问题，虽然部分北方居民可以南下务工实现就业，但北方地区各级政府也应拓宽发展思路，利用产业转型升级的机遇期，在实现经济发展的同时，创造更多的就业岗位，满足本地居民的就业需求。

表4—20　　不同区域对政府促进就业的评价　　(单位:%)

地区	很好	比较好	不太好	很不好
华北	16.00	50.80	28.33	4.88
东北	18.05	40.19	31.88	9.88
华东	20.96	55.17	20.26	3.61
中南	16.45	51.56	26.82	5.17
西南	22.16	51.67	21.89	4.29
西北	20.31	42.99	28.63	8.07

分受教育程度看，对于地方政府为扩大就业、增加就业机会所做的工作，不同受教育程度者持肯定态度的比例大致相当。具体而言，初中及以下者持肯定态度的占比71.12%；高中、中专、技校的占比67.45%；大专的占比71.11%；大学本科及以上的占比69.16%。值得注意的是，受访者学历越高，越倾向给出“比较好”或“不太好”等中间意见，例如，初中及以下学历者，有69.81%的人给出“比较好”或“不太好”的意见，而在大学本科及以上的受访者中，给出这两类意见的占比高达87.56%，比前者高出17.75%。

表 4—21　　不同学历对政府促进就业的评价　　（单位：%）

学历	很好	比较好	不太好	很不好
初中及以下	24.02	47.10	22.71	6.17
高中、中专、技校	14.60	52.85	28.56	3.99
大专	12.37	58.74	24.83	4.07
大学本科及以上	9.81	59.35	28.21	2.63

分年龄段来看，总体上看，年龄越大，对地方政府促进就业工作的满意度越高，不过不同年龄组的差别不是很大。具体而言，18—29 岁群体持肯定态度的比例为 68.73%，30—39 岁群体的比例为 66.19%，40—49 岁群体的比例为 71.69%；50—59 岁群体的比例为 71.91%；60—69 岁群体的比例为 74.23%。

表 4—22　　不同年龄段对政府促进就业的评价　　（单位：%）

年龄	很好	比较好	不太好	很不好
18—29 岁	15.65	53.08	27.51	3.75
30—39 岁	15.79	50.40	28.63	5.18
40—49 岁	19.65	52.04	23.61	4.69
50—59 岁	23.37	48.54	21.74	6.35
60—69 岁	23.69	50.54	19.27	6.50

第二节　当前中国的教育保障

一　人均受教育年限

从调查数据可知，受访者的受教育程度为初中及以下的占比 57.02%，高中、中专、技校学历的占比 19.44%，大专学历的占比 10.87%，大学本科及以上学历的占比 12.67%，受教育年限的均值为 10.02 年。分群体看，城镇地区的平均受教育年数比农村地区高 2.51 年，男性比女性高 1.17 年。职业群体方面，“国家机关、党群组织、企业、事业单位负责人”“专业技术人员”“办事人员和有关人员”“警察及军人”四类职业的平均受教育年数较高，平均受教育年数均在13年以上，明显高于全国平均受教育年数。农、林、牧、渔、水利业生产人员的平均受教育年限最低，仅为6.9年，其他各类职业的平均受教育年数均在9年以上。

表4—23 各类群体人均受教育年限 （单位：年）

群体类型	均值
城镇	11.06
农村	8.55
男性	10.59
女性	9.42
国家机关、党群组织、企业、事业单位负责人	14.00
专业技术人员	14.96
办事人员和有关人员	13.60
商业工作人员	10.85
服务性工作人员	9.74
农、林、牧、渔、水利业生产人员	6.90
生产工人、运输工人和有关人员	9.10
警察及军人	14.67

二 对地方政府保障教育公平的评价

地方政府是保障教育公平的主体，从调查结果看，有6.99%的受访者无法给出确切的评价，在给出明确评价的受访者中，22.11%的受访者认为政府在这方面做得“很好”，56.99%的受访者认为“比较好”，16.74%的受访者认为“不太好”，4.16%的受访者认为“很不好”，总体上看，79.09%的受访者给出了正面的评价，我国民众对地方政府在保障教育公平方面所做的工作较为满意。分城乡看，城镇地区给出正面评价的比例为78.30%，农村地区为80.22%，农村地区受访者的满意度略高。尽管城镇地区的平均受教育年数明显高于农村，但两地居民对于政府教育保障工作的满意度大体相当，并未表现出明显的城乡差别。

表 4—24　　城乡居民对地方政府教育工作的评价　　（单位:%）

城乡	很好	比较好	不太好	很不好
城镇地区	18.88	59.42	17.69	4.01
农村地区	26.68	53.54	15.40	4.38

分六大区域来看，对地方政府提供优质教育资源、保障教育公平的评价持肯定态度的，西南地区占比最高，为 82.23%，其次是华东地区，为 81.90%，东北地区的满意度相对较低，有 73.66% 的民众给出很好或比较好的评价。从区域比较结果看，不同区域存在一定差异，但经济发展水平并非造成上述差异的主要原因，经济相对落后的地区也可以通过增加教育方面的投入，从而提升民众对于教育保障和公平的满意度。

表 4—25　　不同区域对地方政府教育工作的评价　　（单位:%）

地区	很好	比较好	不太好	很不好
华北	17.46	59.18	18.56	4.79
东北	22.15	51.51	19.10	7.24
华东	22.81	59.09	14.87	3.22
中南	19.30	57.58	18.54	4.57
西南	28.94	53.29	14.73	3.05
西北	24.09	55.21	15.95	4.75

从不同年龄段人群对地方政府教育工作的评价来看，50 岁以上群体对政府教育保障的满意度较高，认为很好或比较好的比例均在 80% 以上，18—29 岁和 40—69 岁群体持肯定态度的比例也接近 79%。对地方政府教育保障满意度较低是 30—39 岁群体，认为很好或比较好的比例为 75.24%，这可能是因为在这个年龄段的人群中，其子女正在接受各类教育的比例较高，对教育资源的需求更强。

表 4—26　不同年龄段对地方政府教育工作的评价　(单位:%)

年龄	很好	比较好	不太好	很不好
18—29 岁	19.19	59.79	17.89	3.14
30—39 岁	18.64	56.60	19.47	5.30
40—49 岁	22.67	56.12	16.96	4.25
50—59 岁	26.67	55.69	14.07	3.57
60—69 岁	26.30	55.28	13.32	5.10

第三节　小结

本章详细分析了我国居民就业和教育的基本状况，可以简要总结为以下基本结论。

当前我国仍有相当一部分劳动力从事农、林、牧、渔、水利业的生产和劳动，占比超过三成，农业生产活动仍旧吸纳了大量的劳动力。近半数非农劳动者通过入职私营企业和成为个体工商户实现就业，非公有制经济提供了大量的就业岗位，成为满足就业的主要形式。不同职业、不同单位就业人员的平均工资差距较大，同一职业或单位内部的工资差距同样明显，收入不平等的问题较为突出。

在工作时长方面，从事非农工作的劳动者平均每周工作 46.86 小时，工作时间较长，不同职业类型在工作时间上差别明显，商业、服务业工作人员的平均工作时间最长。在工作技能方面，尽管只有近四分之一的在职人员拥有经过认定的专业职称或技术等级，但 66.61% 的劳动者认为自己的工作至少需要一些专业技能。

在签订劳动合同方面，越年轻的劳动者，签订劳动合同的比例越高，以签订合同的比例来衡量，40 岁以下年轻劳动力的工作稳定性较强，劳动权益的保障状况较好，另外，“4050 人员”的工作稳定性和权益保障有待加强。分单位类型看，体制内单位和三资企业签订合同的比例最高，其他各类组织的签订率相对较低，特别是私营企业和个体工商户。主观失业预期方面，近四分之一的非农劳动者预期未来 6 个月有可能失业，与合同签订率相对应，私营企业和个体工商户的预期失业风险也较高。

非农劳动者的总体工作满意度较高，东部地区的工作满意度高于中、西部地区，工作满意度与经济发展水平存在一定关系。分单位类型看，平均工作满意度最低的是个体工商户和私营企业，两类劳动组织的劳动保障和工作稳定性相对较弱，从而影响了劳动者的工作满意度。

在就业机会公平的评价方面，40 岁以下的青年群体的就业公平感优于中、老年群体，高学历群体优于低学历群体。民众对政府的就业保障工作的满意度不高，这可能是因为部分劳动者的工作稳定性较差、工作保障程度较低。不过，超过七成的受访者对地方政府增加就业的工作持肯定的评价。可见，我国政府在扩大就业、创造就业机会方面的工作成效显著，在就业保障方面则有待加强。

在地方政府教育工作的评价方面，近八成受访者持肯定态度，与促进就业的满意度相比，民众对地方政府教育工作的满意度更高。不同区域民众对政府教育保障的满意度相差不大，这说明尽管中、西部地区在基础设施、师资力量等方面与东部地区存在一定差距，但近年来，中部和西部政府投入了大量资源用于改善当地的办学条件、提升教育质量，这些工作得到了当地民众的认可。

第五章

社会凝聚报告

第一节　社会凝聚概念与测量

改革开放以来，传统的观念与现代的秩序碰撞激发，东方的思想与西方的文化混合杂糅，不同的价值观念和道德规范共存于同一个社会之中，多样化的价值观带来了繁荣昌盛的文化景观。但这一现象也导致价值观念冲突、传统道德危机等一系列的社会问题，极大地阻碍了社会的团结与整合，特别是在沟通成本低、匿名性高的互联网时代。

党的十九大报告提出，我国社会主要矛盾已经从“人民日益增长的物质文化需要同落后的社会生产之间的矛盾”转变为“人民日益增长的美好生活需要和不平衡不充分的发展之间的矛盾”。这一转变将人民群众对美好生活需要的广泛性置于新的高度。这意味着，一个高质量的社会，不仅要提供丰富的物质生活条件，还要丰富人们的精神生活，筑牢中华民族共同体意识，使得个体与个体之间关系紧密、互动频繁，使社会成员享有一套共同的价值观念，增强社会凝聚力。

国内外学者一致认为，社会凝聚关注基本社会关系的强弱，强调集体认同感，致力于社会成员享有一致的价值观念、遵循共同的社会规范，从而有助于促进社会整合与社会团结，实现社会的和谐稳定发展，是衡量社会质量的重要因素之一。[①] 社会凝聚的研究最早可以追溯到埃米尔·

---

① 邢占军、张干群：《社会凝聚与居民幸福感》，《南京社会科学》2019 年第 7 期，第 52—60 页。武艳华、黄云凌、徐延辉：《城市社会凝聚的测量：深圳社会质量调查数据与分析》，《广东社会科学》2013 年第 2 期，第 210—219 页。

涂尔干。他认为，现代化的推进带来了社会高度分化，改变了社会成员间连接的模式，即促使社会团结从机械团结向有机团结转变，并带来了一系列社会问题。[①] 此后，这一思想在欧洲得以继续发扬，并于 20 世纪 90 年代被纳入社会质量理论的重要组成部分[②]，如今它已在我国落地生根。其过程已在第一章详细描述，此处不再赘述。

就社会凝聚这一指标而言，我国学者张海东认为，社会凝聚是以社会团结为基础的集体认同，通过社会关系维系共同的价值规范，其价值追求在于解决社会团结和整合问题。[③] 石海波的研究得到了相似的观点，并强调可以通过社会关系、信任、认同感等力量提高社会凝聚力。[④] Chan 将社会凝聚定义为社会成员在信任、归属、互惠等方面互动行为的集合，尤其重视态度和规范发挥的作用。[⑤] 简而言之，社会凝聚关注的是社会认知方面，主要包含社会信任、社会规范与价值观以及社会认同三个维度。

一　社会信任

信任作为社会凝聚的重要指标之一，直接影响人与人之间的关系以及个体对其他社会成员的态度，进而构成了提高社会凝聚力的前提和基础。集体认同感是在社会交往中逐步形成的，以社会成员的积极互动为基础。在现代社会这样的复杂系统中，个体间的互动存在诸多不确定性。如果缺乏社会信任，个体时刻处于猜忌与不安之中，这将极大地提高个体互动的成本，影响个体参与集体生活的积极性。[⑥] 学术界关于信任的研

---

① 埃米尔·涂尔干：《社会分工论》，渠东译，生活·读书·新知三联书店 2000 年版，第 11 页。

② 崔岩、黄永亮：《中国社会质量指标指数分析》，《国家行政学院学报》2018 年第 4 期，第 84—90 页。

③ 张海东、石海波、毕婧千：《社会质量研究及其新进展》，《社会学研究》2012 年第 3 期，第 223—240、246 页。

④ 石海波、郭明：《社会信任：衡量社会凝聚的重要指标》，《知与行》2015 年第 2 期，第 124—127 页。

⑤ Chan J. , To H. – P. and Chan E. , “Reconsidering Social Cohesion: Developing A Definition and Analytical Frame-work for Empirical Research”, *Social Indicators Research*, 2006 (75), pp. 273 – 302.

⑥ 崔岩、黄永亮：《中国社会质量指标指数分析》，《国家行政学院学报》2018 年第 4 期，第 84—90、150 页。

究已经有了较为统一的看法，大多数学者通常将信任看作对他人行为的积极预期，并认为个体通过对信息的收集和判断，对被信任者会产生有益的积极行为的期望和推断。[①] 卢曼认为，信任可以分为人际信任和制度信任。前者的基础是个体间的情感关系，信任的程度取决于对个体的熟悉程度及其关系强度；后者的基础是社会中抽象的法律规范，个体对制度规范的承诺实现程度的判断及了解情况影响信任程度的差异。[②] 伴随着现代化的推进，社会中主要信任类型也逐渐由人际信任转化为制度信任。也就是说，传统社会中，信任的形成更多的依赖熟悉的个人情感联系建立，而伴随着匿名性的提高，现代社会更依赖于对陌生人和制度规范的信任。

本节将采用2019年中国社会状况综合调查（简称CSS2019）的数据分析我国的社会信任状况。具体的题目为：F1a（请问，您信任以下机构吗？中央政府、区县政府、乡镇政府、工青妇等群团组织、工作单位/组织/公司、慈善机构、新闻媒体、公安部门、银行、保险公司、医院、法院）和F1b（对现在人与人之间的信任水平的评价）。为详细考察我国不同群体社会信任的差异，本节将从代际、受教育程度、家庭年收入水平、职业和城乡五个方面来解读当前我国的社会信任状况。

二 社会规范和价值观

价值观作为稳定的价值关系的思维模式，是人们在社会生活的较长时间段内，基于利益和需求的考量，最终在价值活动中逐渐形成。[③] 社会规范是基于社会关系对人们的行为活动进行约束的准则，能够调节整个社会及社会成员的行为选择，其目的在于维护社会秩序，促进社会平稳运行。按照社会规范的表现形式，可以将其分为正式社会规范和非正式社会规范。正式规范包括法律法规、公司规章制度等成文文件，非正式

① 白春阳：《现代社会信任问题研究》，博士学位论文，中国人民大学，2006年。邹宇春、敖丹、李建栋：《中国城市居民的信任格局及社会资本影响——以广州为例》，《中国社会科学》2012年第5期，第131—148、207页。

② N. Luhmann, *Trust and Power*, New York: Jokn Wiley &Sons, 1979.

③ 王义芳、李伦：《农民价值观念变迁与新农村社会价值规范建设——以湖北农民和湖北农村为例》，《道德与文明》2008年第3期。

规范包括约定俗成的风俗习惯、道德标准、价值观取向。社会价值规范作为社会凝聚的重要组成部分，能有效约束社会成员的行为选择，对于构建良好的价值判断标准，缓解社会冲突，维持稳定的社会生活秩序有着不容忽视的作用。

本节将从遵纪守法水平、道德水平两个维度考察我国的社会规范，从公众的信仰水平、价值观取向（包括个人/集体取向和人情/规范取向）两个维度来考察我国民众的价值观情况。具体的题目为 Q1 -1（现在大多数人都没有什么信仰）、Q2a（现在社会上人们普遍的遵纪守法水平）、Q2b（现在社会上人们普遍的道德水平）、Q4a（设定政府拆迁的情境，来了解受访者面对拆迁，是更多考虑个人的利益还是社会整体的利益）、Q4b（设定申请营业执照经营企业的情景，来了解受访者是倾向于通过法律法规的正式途径来达到个体的目标，还是更倾向于非正式的社会关系来实现个体的诉求）。为详细考察我国不同群体社会规范和价值观的差异，本节还将从代际、受教育程度、家庭年收入水平、职业和城乡五个方面来解读当前我国的社会规范和价值观状况。

三　社会认同

社会认同是个体对自我在社会群体中成员身份的认识，与个体的态度、行为有着直接的关联。[①] 社会认同作为一种集体观念，集中体现了社会成员的价值观、信仰和行动取向，较高的认同感能有效拉近成员间的距离，消除歧视和偏见的发生，维护社会团结，增强社会凝聚力。[②] 刘少杰认为，在网络信息技术已经扩散到社会各个角落的条件下，人们的交往活动超越了组织、群体、城乡社区，进入更广阔的空间，此时社会认同不再局限于个人与群体的界限，而是转向社会层面的认同，社会认同从身份归属问题变为个体如何看待和评价社会的问题，这种社会认同具有更加强大的社会整合和动员能力。[③]

---

① Tajel, H. , "Social Psychology of Iintergroup Relations", *Annual Review of Psychology*, 1982 (33), pp. 1 -39.

② 李友梅：《重塑转型期的社会认同》，《社会学研究》2007 年第 2 期，第 183—186 页。

③ 刘少杰：《网络化时代社会认同的深刻变迁》，《中国人民大学学报》2014 年第 5 期，第 62—70 页。

本节将从国家认同、对中国共产党的拥护程度两个维度考察当前我国的社会认同状况，具体的题目为 Q1 -2（我经常为国家取得的成就感到自豪）、Q1 -5（没有共产党，中国就会陷入混乱）。为详细考察我国不同群体社会认同水平的差异，本节还将从代际、受教育程度、家庭年收入水平、职业和城乡五个方面来解读当前我国的社会认同状况。

第二节　当前中国的社会信任水平

一　人际信任

CSS2019 调查数据表明，以 10 分制计，2019 年我国平均人际信任水平为 6.28 分，比 2017 年（6.09 分）有所增加，但整体水平仍存在较大的提升空间。这与近年来信任危机事件频发现象相印证，表明我国人际信任水平亟须提高。

从城乡差异看，农村居民的平均人际信任水平要高于城镇居民。根据调查对象的居住地，将我国居民划分为城镇居民和农村居民两个群体。数据表明，我国农村居民的平均人际信任水平为 6.39 分，城镇农村居民 6.21 分。

表 5—1　　城乡居民的人际信任水平　　（单位：分）

	均值	N	标准差
城镇居民	6.21	6018	1.965
农村居民	6.39	4265	2.222
总计	6.28	10283	2.078

注：F = 18.819　P = 0.000。

从代际方面看，随着出生年代越晚，各代际人际信任水平呈“U”形分布，“50 后”人际信任水平最高，其他代际群体的人际信任均低于平均水平。根据调查对象的出生年份，将其划分为“50 后”（1950—1959 年）、“60 后”（1960—1969 年）、“70 后”（1970—1979 年）、“80 后”（1980—1989 年）和“90 后”（1990—2001 年）五个代际群体。数据表明，我国不同代际的人际信任水平呈现出两端高中间低的“U”形分布。其中，

"50后"居民的人际信任水平最高，为6.42分；其次是"60后"，人际信任水平为6.27分；再次是"90后"居民，人际信任水平为6.27分；"70后"居民的人际信任水平为6.25分，位居第四；"80后"的人际信任水平最低，为6.24分。除"50后"群体外，其余代际群体人际信任均低于社会平均水平。值得注意的是，不同代际群体的信任水平差异未通过显著性检验。这说明，代际差异不会带来显著的人际信任水平变化。

表5—2　　不同代际居民的人际信任水平　　（单位：分）

	均值	N	标准差
50后	6.42	1403	2.251
60后	6.27	1900	2.180
70后	6.25	2408	2.144
80后	6.24	2030	1.997
90后	6.27	2542	1.888
总计	6.28	10283	2.078

注：$F=1.692$　$P=0.149$。

从职业差异看，不同职业群体的人际信任水平高低不一①。根据调查对象的职业类别，将我国居民划分为八大群体。八大职业类别的人际信任水平从高到低依次排序为：办事人员（6.66分）、专业技术人员（6.64分）、单位负责人（6.49分）、农业生产人员（6.44分）、工人（6.12分）、服务业人员（6.06分）、其他及不便分类人员（6.04分）、商业人员（5.96分）。其中，人际信任水平最高的三类职业群体是办事人员、专业技术人员和单位负责人，农业生产人员和工人的人际信任水平处于八类职业群体的中间水平，服务业人员、其他及不便分类人员和商业人员的人际信任水平位于八种职业的最末端。此外，工人、服务业人员、商业人员以及其他及不便分类人员的平均信任水平得分低于社会平均水平，这可能是因为他们在社会分层中处于不利地位，在收入方面也具有不稳

① 如无特别说明，本章中所涉及不同群体间的差异，均通过显著性检验，即 $P<0.05$。

定性，相较于其他职业群体更缺乏安全感。

表5—3　　不同职业群体居民的人际信任水平　　（单位：分）

	均值	N	标准差
单位负责人	6.49	316	1.781
专业技术人员	6.64	715	1.577
办事人员	6.66	581	1.756
商业人员	5.96	824	1.976
服务业人员	6.06	996	2.034
农业生产人员	6.44	2086	2.370
工人	6.12	1061	2.063
其他及不便分类人员	6.04	93	2.072
总计	6.31	6672	2.082

注：F = 13.485　P = 0.00。

从受教育程度看，我国居民的人际信任水平随受教育程度的提高而增加。根据调查对象的受教育程度，将我国居民划分为初中以下学历、高中中专技校、大专和大本及以上四类群体。我国居民的人际信任水平基本与受教育水平呈正相关。其中，大学本科及以上学历群体人际信任水平最高，为6.52分；其次是大专群体，为6.44分；高中中专技校群体的人际信任水平为6.22分，初中及以下群体的人际信任水平为6.22分。可见，现代学校教育，特别是高等教育，对提升我国居民人际信任水平有着显著的积极作用。

表5—4　　不同受教育群体居民的人际信任水平　　（单位：分）

	均值	N	标准差
初中及以下	6.22	5853	2.252
高中中专技校	6.22	1995	1.963
大专	6.44	1115	1.746
大本及以上	6.52	1301	1.613
总计	6.28	10264	2.077

注：F = 9.915　P = 0.00。

从收入差异看，随着收入水平的提高，居民人际信任水平呈“U”形变化，中等收入群体的人际信任水平最低。根据调查对象的家庭年总收入，将我国居民五等分。分析显示，我国不同收入群体的人际信任水平呈现出中间低两边高的“U”字形曲线，其中，中高收入群体有着最高的人际信任水平，为6.40分；其次是高收入群体，为6.35分，再次是低收入群体，平均人际信任水平为6.27分；然后是中低收入群体，为6.21分；中等收入群体的人际信任水平最低，为6.19分。可以发现，在五个收入群体中，只有中高收入群体和高收入群体的人际信任水平高于社会平均水平。换言之，中等收入及以下群体对当前社会信任评价相对较低，由于这些群体抵御社会风险能力相对较弱，这一现象更可能增加其社会交往的成本，不利于中等收入及以下群体的社会融入。

表5—5　　不同收入群体的人际信任水平　　（单位：分）

	均值	N	标准差
低收入群体	6.27	1474	2.459
中低收入群体	6.21	1721	2.244
中等收入群体	6.19	2280	2.031
中高收入群体	6.40	2049	1.986
高收入群体	6.35	2280	1.769
总计	6.29	9804	2.076

注：$F=3.733$　$P=0.005$。

二　制度信任水平

传统社会中的信任更偏向于人际信任，依靠个体间关系强度和熟悉程度获取信任，而现代社会中的信任更多的是制度信任，依靠契约、法律规范和制度约束形成信任。制度是对人际关系范围外的社会互动交往行为的规范和承诺，相较于人际信任，制度信任能提供更大范围内的行为准则和预期，更能反映出现代社会的信任水平。本节的制度信任包括民众对中央政府、区县政府、乡镇政府、团组织、工作单位/组织/公司、慈善机构、新闻媒体、公安部门、银行、保险公司、医院、法院的信任，能够较为全面地反映出我国的制度信任水平。①

CSS2019 调查数据显示，我国居民对不同制度代表机构的信任水平参差不齐，差距明显。民众对中央政府的信任最高，信任比例高达 94.8%；其次是银行，信任占比为 90.5%；再次是公安部门，信任占比 85.5%；制度信任水平最低的三项是乡镇政府（66.6%）、慈善机构（64.5%）以及保险公司（61.5%）。整体来看，我国民众普遍对除乡镇政府外的政治机构抱有较高的信任水平。仅就民众对政府的信任水平而言，总体呈现出政府信任格局，即政府层级越高，民众对其信任水平越高，对中央政府有着最高的信任水平，而对经常打交道的乡镇政府信任水平最低。值得注意的是，我国民众对慈善机构和保险公司的信任水平极低，仅六成的居民表示信任该机构，这或许与近年来两个机构负面新闻频发有关，反映出我国慈善事业和商业保险领域仍然有较大的进步空间。

表 5—6　　我国的制度代表机构信任水平　　（单位:%）

	中央政府	区县政府	乡镇政府	群团组织	工作单位	慈善机构	新闻媒体	银行	保险公司	医院	法院	公安部门
N	10104	9822	9718	8139	5478	8792	9460	9799	9341	9940	9197	9528
信任占比	94.8	75.2	66.6	75.7	84.9	64.5	73.3	90.5	61.5	73.4	84.8	85.5

（一）代际

CSS2019 调查数据表明，我国不同代际群体对不同制度机构的信任水平呈现不同的变化趋势。首先，出生年份越晚的代际群体，对慈善机构和新闻媒体的制度信任水平越低。如表 5—7 所示，对慈善机构的信任水平最高的是“50 后”群体（75.9%），比信任度最低的“90 后”群体（58.0%）信任占比要高出 17.9 个百分点；我国民众对新闻媒体的信任水平也呈现同样的趋势，信任度最高的“50 后”群体（82.5%）比信任度最低的“90 后”群体（67.7%）信任占比要高出 14.8 个百分点。然而，就大部分制度机构而言，随着出生年份越晚近，其制度信任水平呈

① 本节将变量处理为二分变量并进行分析，即将选项“非常信任”和“比较信任”处理为信任，“不太信任”和“完全不信任”处理为不信任，“不好说”“不适用”处理为缺失值。

"U"形变化，但因制度机构差异而存在峰值的不同。分析结果如表5—7所示。其一，就中央政府信任而言，"50后"群体对中央政府的信任度最高，信任占比达98.0%，"80后"群体对中央政府信任水平最低，信任占比为93.5%；对工、青、妇等群团组织的信任程度也呈现同样的变化趋势，"50后"群体对群团组织信任度比"80"后群体高7.3个百分点。其二，就医院而言，"90后"群体对其信任程度最高，信任比例分别为80.2%，"60后"群体对医院信任占比最低，为70.0%；对法院的信任程度呈现同样的趋势，其信任度最高的"90后"群体比信任度最低的"60后"群体高8.9%。其三，就保险公司而言，"90后"群体对其信任水平最高，信任占比为66.7%，比信任程度最低的"70后"群体高7.8%。

其次，不同代际群体对工作单位、公安部门、区县政府和乡镇政府的信任水平与前述制度机构不同，随代际变化呈现出曲线波动的趋势。就工作单位而言，随着代际群体变化，其信任水平在"80后"群体中波动至最高点。如表5—7所示，"50后"群体信任水平为84.8%，"60后"比"50后"低3.7个百分点；但"70后"和"80后"群体的信任水平逐渐上升至最高点，分别为85.0%和86.5%；"90后"群体的信任水平又在波动中下降，与"70后"相似。公安部门、区县政府和乡镇政府呈现除同样的波浪变化趋势，其信任水平均在"90后"群体中波动至最高点。如表5—7所示，"50后"群体信任水平分别为86.4%、76.5%、67.7%，"60后"比"50后"分别低3.2、6.2、5.7个百分点，随后在"70后"群体中分别攀升至85.1%、74.5%、67.1%，在"80后"群体中又下跌0.9、1.3、2.3个百分点，最终在"90后"群体中波动至峰值，分别为87.9%、80.1%、70.4%。

此外，不同代际群体对银行的信任水平则始终维持在较高水平，且信任程度高度相似。数据分析发现，其信任差异并未通过显著性检验，也就是说，我国各代际居民群体对银行的信任水平相对较高且稳定。

总的来说，"50后"群体的制度信任水平最高，"80后"群体的制度信任水平最低。不同代际群体在慈善机构和新闻媒体方面的信任水平差异巨大，特别是"90后"群体对慈善机构和新闻媒体的信任水平较其他代际群体明显偏低，而不同代际对其他几种机构信任程度相对较为集中。

表 5—7 不同代际居民的制度信任水平 (单位:%)

	中央政府	区县政府	乡镇政府	群团组织	工作单位	慈善机构	新闻媒体	银行	保险公司	医院	法院	公安部门
N	10103	9823	9719	8138	5478	8793	9460	9799	9339	9939	9197	9528
②50 后	98.0	76.5	67.7	81.4	84.8	75.9	82.5	91.0	62.4	71.0	84.4	86.4
③60 后	96.1	70.3	62.0	76.1	81.1	70.1	76.1	90.7	59.3	70.0	80.6	83.2
④70 后	94.3	74.5	67.1	75.3	85.0	66.8	73.7	90.2	58.9	70.9	83.2	85.1
⑤80 后	93.5	73.2	64.8	74.1	86.5	59.2	72.2	88.9	59.4	72.2	84.3	84.2
⑥90 后	93.9	80.1	70.4	74.8	85.5	58.0	67.7	91.5	66.7	80.2	89.5	87.9
整体平均	94.8	75.2	66.6	75.7	84.9	64.5	73.3	90.5	61.5	73.4	84.8	85.5

注:表格第②—⑤行 = 该群体中信任此机构人数/该群体总人数 × 100%。

(二)城乡

CSS2019 调查数据表明,在绝大多数的机构中,农村居民的制度信任水平显著高于城镇居民。具体而言,农村居民对乡镇政府、慈善机构、新闻媒体、银行、医院、法院、公安部门的信任程度均高于农村居民。如表 5—8 所示,农村居民对乡镇政府的信任比例为 75.4%,比城镇居民(67.5%)高出 7.9 个百分点;农村居民对慈善机构的信任比例为 69.5%,比城镇居民高 8.5%;信任新闻媒体的比例为 77.3%,比城镇居民高 6.7%;信任银行的比例为 91.9%,略高于城镇居民(89.4%);信任医院的比例为 76.4%,比城镇居民高 5.2%;农村居民对法院的信任比例为 86.6%,较之城镇居民高出 3.0%;农村居民对公安部门的信任比例为 87.7%,比城镇居民高出 3.8%。

城镇居民仅在工作单位方面的信任程度高于农村居民。如表 5—8 所示,城镇居民信任工作单位的比例为 85.7%,比农村居民高 2.7%。城乡居民在中央政府、区县政府、群团组织方面的制度信任差异未通过显著性检验。

表 5—8 城乡居民的制度信任水平 (单位:%)

	中央政府	区县政府	乡镇政府	群团组织	工作单位	慈善机构	新闻媒体	银行	保险公司	医院	法院	公安部门
N	10104	9822	9718	8319	5479	8791	9461	9798	9340	9940	9197	9528

续表

	中央政府	区县政府	乡镇政府	群团组织	工作单位	慈善机构	新闻媒体	银行	保险公司	医院	法院	公安部门
③城镇	94.9	75.3	67.5	76.3	85.7	61.0	70.6	89.4	60.3	71.2	83.6	83.9
④农村	95.9	75.0	75.4	84.8	83.0	69.5	77.3	91.9	63.4	76.4	86.6	87.7
整体平均	94.8	75.2	66.6	75.7	84.9	64.5	73.3	90.5	61.5	73.4	84.8	85.5

注：表格第③—④行＝该群体中信任此机构人数/该群体总人数×100%。

（三）受教育程度

CSS2019 调查数据表明，我国不同受教育程度群体对不同制度机构的信任水平呈现不同的变化趋势，整体来看，受过高等教育的居民群体，其制度信任水平相对更高。首先，居民对中央政府、区县政府、群团组织、工作单位、保险公司的信任程度与受教育程度呈正相关。分析结果如表 5—9 所示，以政府信任为例，就中央政府而言，大本及以上群体对中央政府的信任度最高，占 97.6%，后随受教育程度的下降而下降，初中及以下群体对中央政府信任水平最低，为 94.0%；就区县政府而言，大本及以上群体对区县政府的信任度仍最高，为 86.6%，比信任水平最低的初中及以下群体（70.5%）高 16.1 个百分点。不同学历群体对工、青、妇等群团组织、工作单位、保险公司的信任程度与受教育程度的关系也呈现出相同的趋势。其次，随着受教育程度增高，居民对医院、法院和公安部门的信任程度呈“U”字形变化。在医院、法院和公安部门方面，初中及以下群体的信任占比分别为 71.2%、83.3%、84.7%，比高中群体分别高 1.4、0.4、2.2 个百分点，之后随受教育程度的上升而上升，到大本及以上群体其信任水平到达最高点。此外，随着受教育水平提高，居民对乡镇政府的信任水平呈倒“U”形变化：初中及以下群体对乡镇政府的信任程度最低，信任占比为 62.1%，之后随受教育程度的上升而上升，在大专群体中达到峰值，为 77.3%，到大本及以上群体又波动下降至 75.8%。最后，我国民众对慈善机构和新闻媒体的信任水平与受教育水平呈现出明显的负相关关系。对慈善机构信任度最高的为初中及以下群体，信任该机构的受访者占该群体的 68.9%；高中中专技校群体次之，占 61.9%；接下来是大专群体，占 59.4%；信任度最低的是大本及以上群体，占 54.9%。就新闻媒体而言，信任度最高的初中及以下群体（75.5%）比信任度最低的大本及以上群体（65.4%）信任占比要高出 10.1 个百分点。另外，不同学历群体对银行都有着较高的信任水平，且其群体差异未能通过显著性检验。

表 5—9　不同受教育程度居民的制度信任水平　（单位：%）

	中央政府	区县政府	乡镇政府	群团组织	工作单位	慈善机构	新闻媒体	银行	保险公司	医院	法院	公安部门
N	10085	9805	9699	8124	5467	8774	9445	9781	9323	9922	9179	9509
③初中及以下	94.0	70.5	62.1	72.4	79.8	68.9	75.5	90.5	59.8	71.2	83.3	84.7
④高中中专技校	94.7	76.1	67.5	76.4	84.3	61.9	74.3	89.4	60.5	69.8	82.9	82.5
⑤大专	96.5	83.5	77.3	81.0	90.3	59.4	70.2	91.7	65.4	78.4	87.9	87.9
⑥大本及以上	97.6	86.6	75.8	82.1	92.9	54.9	65.4	90.7	66.4	83.9	90.9	90.8
整体平均	94.9	75.2	66.6	75.7	84.9	64.4	73.3	90.5	61.5	73.4	84.8	85.5

注：表格第③—⑥行 = 该群体中信任此机构人数/该群体总人数 ×100%。

总而言之，不同学历群体的制度信任水平仅在银行和中央政府方面较为集中统一，在其他方面的信任水平较为分散。在大部分被调查的制度机构中，接受高等教育能够明显提高其制度信任水平；在未接受高等教育的群体中，高中中专技校群体的制度信任水平相对更低。

（四）家庭年总收入

CSS2019 调查数据表明，在不同的制度机构中，收入水平与制度信任水平呈现不同的变化趋势。其一，在区县政府、群团组织和医院三类机构中，随着家庭收入水平的提高，信任水平呈“U”形变化。其中，如表 5—10 所示，低收入群体对区县政府和医院的信任水平相对较高（73.3%，76.1%）；后随着收入水平增加，三类机构信任水平下降，中低收入群团对群团组织的信任水平最低（72.2%），中等收入群体对区县政府的信任水平最低（72.3%），中高收入群体对医院信任水平最低（71.2%）；高收入群体对区县政府和医院的信任水平（78%，75%）最高，中高收入群体对群团组织的信任水平（79.3%）最高。

其二，随着家庭收入的提高，居民对乡镇政府和工作单位的信任水平呈波动上升的趋势。如表5—10所示，低收入群体对乡镇政府和工作单位的信任水平最低，分别占63.4%和78.7%；中低收入群体对两机构的信任水平有所提升，分别占65.2%和80.9%；随后中等收入群体对两机构的信任水平略微下降为64.1%和80.5%；最后，中高收入群体对乡镇政府的信任水平上升至最高，占比69.8%，高收入群体对工作单位的信任水平上升至最高，占比90.0%。虽然中途有所下降，但居民对乡镇政府和工作单位的信任水平总体随家庭收入的增加而增加。

其三，随着家庭收入的提高，居民对慈善机构和新闻媒体的信任水平在波动中下降。如表5—10所示，低收入群体对慈善机构和新闻媒体的信任水平最高，分别为71.1%和75.7%；高收入群体对二者的信任水平最低，分别为56.7%和69.5%，相差14.4%和6.2%。

其四，随着家庭收入水平的提高，居民对银行的信任水平呈倒“U”形变化。低收入群体对银行的信任水平最低，占比90.1%，之后信任程度随家庭收入增加而上升，在中等收入群体达到峰值，占比91.5%，然后随家庭收入增加而下降，在高收入群体中降至最低，占比89.1%。

不过，表5—10的数据也表明，不同收入群体的制度信任水平总体差异较小，其在法院、保险公司、公安部门、中央政府方面的信任差异未通过显著性检验。因此，可以说，相较于其他分类标准的群体来说，不同收入群体的制度信任水平表现更加集中，差异化水平较低，说明收入对我国居民的制度信任水平影响相对较小。

表5—10　　不同收入群体居民的制度信任水平　　（单位：%）

	中央政府	区县政府	乡镇政府	群团组织	工作单位	慈善机构	新闻媒体	银行	保险公司	医院	法院	公安部门
N	9650	9381	9286	7780	5199	8399	9040	9360	8924	9500	8775	9101
③低收入群体	94.4	73.3	63.4	73.8	78.7	71.1	75.7	90.1	61.8	76.1	85.2	87.6

续表

	中央政府	区县政府	乡镇政府	群团组织	工作单位	慈善机构	新闻媒体	银行	保险公司	医院	法院	公安部门
④中低收入群体	94.5	73.0	65.2	72.2	80.9	68.4	74.1	90.2	60.5	73.1	83.4	84.9
⑤中等收入群体	94.7	72.3	64.1	73.1	80.5	66.7	74.6	91.5	60.5	71.4	83.7	84.4
⑥中高收入群体	95.4	78.0	69.8	79.3	86.6	65.8	74.7	91.4	60.6	71.2	84.6	85.1
⑦高收入群体	95.7	78.0	68.8	78.3	90.0	56.7	69.5	89.1	64.0	75.0	86.2	85.6
整体平均	95.0	75.1	66.5	75.7	85.0	64.9	73.5	90.5	61.6	73.2	84.7	85.4

注：表格第③—⑦行 = 该群体中信任此机构人数/该群体总人数 ×100%。

（五）职业

CSS2019 调查数据表明，不同职业群体的制度信任水平差异较大。如表 5—11 所示，以政府信任为例，制度信任水平位于前列的单位负责人（98.4%、79.5%、70.2%）、专业技术人员（97.3%、86.5%、76.4%）和办事人员（96.5%、86.9%、83.2%）职业群体在中央、区县和乡镇三级政府信任上，比制度信任水平位于后列的工人（93.5%、70.5%、60.3%）、商业人员（92.7%、73.6%、64.4%）、服务业人员（93.6%、70.8%、63.0%）职业群体具有明显更高的信任水平，且随着政府层级的降低，信任差距不断扩大。其对群团组织、医院、法院和公安部门的信任也显现出相同的规律。就工作单位而言，单位负责人（94.1%）对其信任水平最高，信任水平最低的职业为农业生产人员（76.4%）；就慈善机构而言，农业生产人员对其信任程度最高，信任占比为 71.4%，单位负责人对其信任程度最低，信任占比为 53.2%；就新闻媒体而言，信任程度最高的是农业生产人员（77.0%），信任程度最低的是服务业人员（70.0%）；就银行而言，专业技术人员比其他职业群体具有更高的信任水平，占 93.4%，信任程度最低的职业群体是其他及不便分类人员，占比 83.5%；就保险公司而言，单位负责人对其的信任程度最高，服务业人员对其信任程度最低。

表5—11　　不同职业群体居民的制度信任水平　　（单位：%）

	中央政府	区县政府	乡镇政府	群团组织	工作单位	慈善机构	新闻媒体	银行	保险公司	医院	法院	公安部门
N	6561	6411	6370	5308	4198	5768	6187	6373	6118	6445	5992	6219
③单位负责人	98.4	79.5	70.2	83.3	94.1	53.2	71.0	89.5	69.5	73.5	87.3	87.1
④专业技术人员	97.3	86.5	76.4	84.0	94.0	63.8	72.6	93.4	64.4	82.7	89.7	90.7
⑤办事人员	96.5	86.9	83.2	86.0	92.9	62.4	75.2	88.8	64.8	76.7	87.7	86.6
⑥商业人员	92.7	73.6	64.4	75.2	87.5	59.3	70.7	89.2	61.4	68.8	83.8	80.7
⑦服务业人员	93.6	70.8	63.0	72.0	81.9	61.5	70.0	88.1	58.5	66.2	81.6	82.9
⑧农业生产人员	95.3	73.4	63.4	74.1	76.4	71.4	77.0	91.8	61.6	76.2	84.9	86.5
⑨工人	93.5	70.5	60.3	70.0	84.4	62.3	71.5	89.2	59.1	66.7	83.5	84.5
⑩其他及不便分类人员	96.7	80.0	69.2	67.1	86.8	62.3	73.3	83.5	63.4	72.4	85.7	86.2
整体平均	94.9	75.6	66.5	76.1	86.9	64.2	73.3	90.2	61.7	72.8	85.0	85.4

注：表格第3—10行＝该群体中信任此机构人数/该群体总人数×100%。

第三节　当前中国的社会规范与价值观状况

一个高质量的社会，离不开正式规范和非正式规范的相辅相成，相互作用，共同增加社会凝聚力，形成治理合力。在非正式规范领域，我国物质文明不断发展的同时，当前也越来越重视社会主义精神文明建设，寻求全社会各类群体的最大公约数和价值共识，追求建立共同的价值准则和价值标准，充分发挥社会规范的积极作用。在正式规范领域，国家建设法治社会的努力从未中止，贯彻落实有法可依、有法必依、执法必严、违法必究的基本原则，立足社会需求，切实提高正式规范的作用，维护社会公平正义，减少不平等现象的发生，实现社会团结。

一 社会公众信仰评价

社会共同体的核心即价值信仰，围绕共同的信仰，社会成员才能形成社会共识，实现社会团结，社会公众信仰水平就是社会凝聚力的具体体现之一。CSS2019 调查数据表明，2019 年我国有 67.9% 的居民认为“社会上大多数人没有信仰”，比 2017 年（66.4%）提高了 1.5 个百分点。这说明，我国公众的社会信仰水平略有下降，社会主义精神文明建设仍亟须进一步加强，共同价值信仰体系的构建任务仍任重道远。人民有信仰，则国家有力量，我国要想逐步形成日益强大的社会共识力和社会凝聚力，推动中国社会不断向高质量社会发展，必须持续关注社会公众信仰的动态，用公众信仰凝聚更多的价值共识。

从城乡差异看，如表5—12 所示，相比较于农村居民，城镇居民认为当前社会缺乏信仰的比例更高。当被问及是否同意“现在大多数人都没有什么信仰”时，有超过六成（64.3%）的农村居民表示同意，而有超过七成（70.4%）的城镇居民表示同意，高出农村居民 6.1 个百分点。也就是说，城镇居民更倾向于认为当前社会缺乏公众信仰。这可能是因为农村一般地处偏远，交通不便，信息资源来往不够畅通，容易形成统一的价值规范信仰，而城市作为现代社会文明的汇聚地，往往要接受更多元的文化冲击，多样化的价值规范交织复杂，更难形成社会公众信仰，也更难享有共同的社会信仰。

表 5—12　　城乡居民群体的社会公众信仰评价　　（单位:%）

城乡	N	同意
城镇	5735	70.4
农村	3951	64.3
总计	9686	67.9

就代际差异而言，随着出生时间的临近，居民的社会信仰水平呈上升趋势。如表5—13所示，“50后”群体的社会信仰水平最低，有70.2%的居民认为社会缺乏信仰，随后社会信仰水平随代际的临近而上升，到“80后”群体略微下降，有68.2%的“80后”居民认为社会缺乏信仰，到“90后”群体社会信仰水平（65.6%）达到峰值。

表5—13　　不同代际群体的社会公众信仰评价　　（单位：%）

代际	N	同意
“50后”	1225	70.2
“60后”	1722	69.9
“70后”	2247	67.6
“80后”	1985	68.2
“90后”	2508	65.6
总计	9687	67.9

从受教育程度看，随着受教育程度的上升，公众信仰水平呈下降趋势。如表5—14所示，初中及以下群体的社会公众信仰水平最高，67.1%的居民认为当前社会缺乏公众信仰；其次是高中中专技校群体，有67.5%的居民认为当前社会缺乏公众信仰；大专群体排在第三位，有67.7%的居民认为当前社会缺乏公众信仰；大本及以上群体的社会公众信仰水平最高，占比72.7%的居民认为当前社会缺乏公众信仰。可见，现代教育，特别是高等教育，在形塑社会共同价值观念和信仰体系方面的表现仍有待提高。

表5—14　　不同受教育程度群体的社会公众信仰评价　　（单位：%）

教育程度	N	同意
初中及以下	5343	67.1
高中中专技校	1941	67.5
大专	1096	67.7
大本及以上	1288	72.7
总计	9668	68.0

从家庭收入看，收入与公众信仰水平大致呈负相关，仅在中低收入群体略微有所上升。如表5—15所示，高收入群体居民的社会信仰最低，有70.5%的认为社会缺乏信仰，随着家庭收入的降低，社会信仰水平逐渐提高，在中低收入群体（68.5%）中略有反弹，随后在低收入群体中社会信仰水平（64.0%）达到峰值。

表5—15　　不同收入群体的社会公众信仰评价　　（单位：%）

收入	N	同意
低收入群体	1307	64.0
中低收入群体	1582	68.5
中等收入群体	2173	66.5
中高收入群体	1970	68.4
高收入群体	2222	70.5
总计	9254	67.9

从职业类别看，单位负责人和商业人员对公众信仰评价最低，均有超过七成的成员表示社会缺乏信仰。如表5—16所示，单位负责人、专业技术人员、办事人员等职业群体和商业人员的公众信仰水平较低，分别有75.3%、68.6%、67.7%、73.9%的居民认为社会缺乏信仰；而农业生产人员、其他及不便分类人员、工人等职业群体的公众信仰水平相对较高，分别有64.8%、64.8%、65.9%的居民认为社会缺乏信仰。综合前述分析可见，在社会分层中处于更加有利位置的群体，如高学历、高家庭收入、高职业地位，更加缺乏信仰。

表5—16　　不同职业群体的社会公众信仰评价　　（单位：%）

职业	N	同意
单位负责人	312	75.3
专业技术人员	703	68.6
办事人员	570	67.7
商业人员	789	73.9
服务业人员	955	68.5

续表

职业	N	同意
农业生产人员	1883	64. 8
工人	1009	65. 9
其他及不便分类	88	64. 8
总计	6309	67. 9

二　遵纪守法水平评价

法律法规作为现代社会中最常见的正式社会规范，其遵守情况最能反映出我国社会规范现状。当前我国不断推进法治社会的建设，强调公民要建立法治观念，自觉遵守法律法规，严格按照既定司法程序协调社会矛盾，这是保障社会安稳有序发展的基础，也是提高社会质量的关键。一个有着较高凝聚力和认同感的社会，社会成员自觉遵守公共场所秩序，坚决维护法律的尊严，对法律法规的服从也是对自我权利的保障，较高的遵纪守法水平对于维护社会秩序，促进社会平稳运行有着无可取代的作用。

CSS2019 调查数据表明，我国民众的遵纪守法水平有所上升，但依然存在进步空间。当被问及“现在社会上人们普遍的遵纪守法水平如何?”时，以 10 分制计，我国居民遵纪守法水平平均为 7. 04 分，较 2017 年（6. 66 分）高出 0. 38 分。这说明，我国法治建设工作稳步推进，成效开始凸显。

（一）城乡

相较于城镇居民，农村居民的遵纪守法评价更高。调查数据表明，农村居民对我国遵纪守法水平的评价均为 7. 14 分，略高于城镇居民（6. 97 分）的评价，但二者的差距并不大，可见，我国法治工作建设在城镇和农村地区均取得了一定成效。

表 5—17　　城乡居民的遵纪守法水平评价　　（单位：分）

城乡	均值	N	标准差
城镇	6. 97	6018	1. 744
农村	7. 14	4265	2. 017
总计	7. 04	10140	1. 864

注：F = 20. 977　P = 0. 000。

（二）职业

调查数据表明，农民群体和单位负责人群体拥有较高的遵纪守法水平评价，商业群体和服务业群体具有相对较低的遵纪守法水平评价。如表5—18所示，单位负责人的遵纪守法水平评价最高，达7.22分；其次是农业生产人员，为7.20分；再次是专业技术人员，为7.19分；排在第四位的是办事人员，为7.19分；第五位是其他及不便分类人员，为7.14分；然后是工人群体，其对遵纪守法水平评价为7.03分；不同职业群体中对遵纪守法水平评价最低的两类职业是服务业人员（6.89分）和商业人员（6.88分）。

表5—18　　不同职业居民的遵纪守法水平评价　　（单位：分）

职业群体	均值	N	标准差
单位负责人	7.22	316	1.511
专业技术人员	7.19	715	1.401
办事人员	7.19	581	1.600
商业人员	6.88	824	1.748
服务业人员	6.89	996	1.815
农业生产人员	7.20	2086	2.126
工人	7.03	1061	1.928
其他及不便分类	7.14	93	1.876
总计	7.08	6672	1.865

注：F = 5.056　P = 0.000。

（三）代际

整体而言，代际与遵纪守法水平的评价呈显著负相关，即居民出生年代越晚，对我国社会的遵纪守法水平的评价就越低。如表5—19所示，对我国社会的遵纪守法水平评价最高的是“50后”群体，为7.29分；其次是“60后”和“70后”群体，分别为7.21分和7.11分；接下来是“80后”群体，为6.95分；评价最低的是“90后”群体，为6.79分。需要注意的是，在五个代际群体中，“80后”和“90后”群体对社会遵纪守法水平评价均低于整体水平，这或许是因为，伴随着法律教育在学校教育中逐渐普及，新生代中青年群体对违法犯罪行为的感知更为敏锐，因此对社会遵纪守法水平的评价更为严格，但这也从侧面说明中青年群体对社会遵纪守法水平有着更高的期待。可以预见，在不久的未来，伴随代际更替，“80后”和“90后”群体将在社会发展中发挥越来越重要的作用，政府应对法治建设予以更多的关注，以满足年轻群体对社会遵纪守法水平的高要求。

表5—19　　不同代际居民的遵纪守法水平评价　　（单位：分）

代际	均值	N	标准差
“50后”	7.29	1403	1.977
“60后”	7.21	1900	1.956
“70后”	7.11	2408	1.864
“80后”	6.95	2030	1.802
“90后”	6.79	2542	1.739
总计	7.04	10283	1.864

注：F = 23.960　P = 0.000。

（四）受教育程度

调查数据表明，随着受教育水平的提高，不同群体遵纪守法水平评价呈现出两端高中间低的“U”形分布。如表5—20所示，初中及以下群体的社会遵纪守法水平评价最高，为7.11分；大本及以上群体次之，为7.04分；大专和高中中专技校群体的社会遵纪守法水平评价最低，分别为6.97和6.90分。其中，只有初中及以下群体的社会遵纪守法水平评价超过总体平均水平。

表5—20　　不同受教育程度居民的遵纪守法水平评价　　（单位：分）

受教育程度	均值	N	标准差
初中及以下	7.11	5853	2.033
高中中专技校	6.90	1995	1.767
大专	6.97	1115	1.576

续表

受教育程度	均值	N	标准差
大本及以上	7.04	1301	1.365
总计	7.04	10264	1.865

注：F = 6.619 P = 0.000。

（五）家庭总收入

如表5—21所示，低收入群体和中低收入群体对我国社会的遵纪守法水平评价最高，均为7.12分；中等收入群体和中高收入群体对我国社会的遵纪守法水平评价次之，分别为7.03分和7.04分；对我国社会的遵纪守法水平评价最低的是高收入群体，为6.99分。不同收入群体在遵纪守法评价上的差异未通过显著性检验，这说明收入对我国遵纪守法水平的评价影响微弱。

表5—21 不同收入群体居民的遵纪守法水平评价 （单位：分）

收入	均值	N	标准差
低收入群体	7.12	1474	2.133
中低收入群体	7.12	1721	2.033
中等收入群体	7.03	2280	1.871
中高收入群体	7.04	2049	1.763
高收入群体	6.99	2280	1.613
总计	7.05	9804	1.865

注：F = 1.774 P = 0.131。

三 道德水平评价

道德规范作为社会规范的重要组成部分，属于非正式社会规范的一种形式，反映了人们的道德行为以及对道德关系的认识和概括。社会道德规范是对法律法规的一种补充，两者相辅相成，法律有国家强制力作为保障，道德则是心灵上的契约和约束，两者共同调节个体与社会的关系，维护社会秩序，进而提升社会质量。良好的道德遵从水平有利于构建和谐的社会氛围，保障最基本的社会秩序不被破坏，增强民众的社会认同感和凝聚力。当前我国提出要积极培育和践行社会主义核心价值观，其目的就是加强公民道德建设，推进新时代公民的道德规范质量和水平。

CSS2019 调查数据表明，与 2017 年相比，我国民众的道德水平稳中有升。当被问及“现在社会上人们普遍的道德水平如何?”时，受访者评价道德水平为 6.56 分，比 2017 年高 0.39 分。

（一）城乡

CSS2019 调查数据表明，农村居民对我国社会的道德水平评价高于城镇居民。农村居民对我国社会的道德水平的评价为 6.69 分，比城镇居民高 0.23 分。可见，我国农村的社会生活环境相较于城镇更为和谐友善，农村社会作为典型的熟人社会，人与人的关系密切，交往圈子也更小，在这种情况下，违反普遍道德准则的居民很容易遭受他人（尤其是熟人）的唾弃与惩罚，破坏社会道德底线的成本更高。因此，农村居民更可能遵从道德规范，对我国社会的道德遵从水平的评价也相对更高。

表 5—22　　城乡居民的道德遵从水平评价　　（单位：分）

城乡	均值	N	标准差
城镇	6.46	6018	1.848
农村	6.69	4265	2.097
总计	6.56	10283	1.958

注：F = 35.462　P = 0.000。

（二）职业

工人、其他及不便分类人员和商业人员三类职业群体对我国居民道德水平持有相对更低的评价。如表 5—23 所示，农业生产人员的道德水平评价最高，为 6.83 分；其次是办事人员，为 6.80 分；再次是专业技术人员，为 6.78 分；排在第四位的是单位负责人，为 6.65 分；第五位是服务业人员，为 6.43 分。道德水平评价最低的三类职业群体由高到低依次为：工人（6.42 分），其他及不便分类人员（6.41 分），商业人员（6.30 分）。综合上述分析可见，工人、商业、服务业职业群体，无论是在正式规范还是非正式规范遵守水平评价上，都低于单位负责人、办事人员和农民群体。

表5—23　　不同职业居民的道德遵从水平评价　　（单位：分）

职业	均值	N	标准差
单位负责人	6.65	316	1.596
专业技术人员	6.78	715	1.361
办事人员	6.80	581	1.613
商业人员	6.30	824	1.742
服务业人员	6.43	996	1.973
农业生产人员	6.83	2086	2.235
工人	6.42	1061	2.047
其他及不便分类人员	6.41	93	1.777
总计	6.62	6672	1.953

注：F = 11.127　P = 0.000。

（三）代际

CSS2019调查数据表明，整体而言，代际与道德水平评价呈显著负相关，即出生年代越早的群体，其对我国社会的道德遵从水平的评价就越高。如表5—24所示，不同代际群体对我国社会的遵纪守法水平的评价由高到低依次为，“50后”（6.83分）、“60后”（6.60分）、“70后”（6.58分）、“80后”（6.47分）、“90后”（6.42分）。综合上述分析可见，相比其他代际群体，“80后”和“90后”群体对社会正式规范和非正式规范遵从程度都有显著更低的评价。“80后”“90后”群体作为肩负民族复兴使命的中坚力量，对道德遵从水平的评价却低于社会平均值，严格的评价标准说明中青年群体对社会道德水平有着更高的期待，政府应响应民众的期待，坚持以德治理的理念，切实提高民众的社会规范遵从水平。

表5—24　　不同代际居民的道德遵从水平评价　　（单位：分）

代际	均值	N	标准差
“50后”	6.83	1403	2.153
“60后”	6.60	1900	2.081
“70后”	6.58	2408	2.009
“80后”	6.47	2030	1.930

续表

代际	均值	N	标准差
“90 后”	6.42	2542	1.691
总计	6.56	10283	1.958

注：F = 11.237　P = 0.000。

（四）受教育程度

CSS2019 调查数据表明，我国不同受教育群体的道德水平评价同样呈现出两端高中间低的“U”形分布。其中，如表 5—25 所示，大本及以上群体的社会道德遵从水平评价最高，为 6.62 分；其次是初中及以下群体，为 6.60 分；然后是大专群体，为 6.52 分；高中中专技校群体的社会道德遵从水平评价最低，为 6.42 分。综合上述分析可见，相比其他受教育程度群体，高中中专技校群体对社会规范遵从程度评价最低。这可能是因为其面临相对更高的生存压力导致的。

表 5—25　　不同受教育程度居民的道德遵从水平评价　　（单位：分）

受教育程度	均值	N	标准差
初中及以下	6.60	5853	2.154
高中中专技校	6.42	1995	1.846
大专	6.52	1115	1.605
大本及以上	6.62	1301	1.378
总计	6.56	10264	1.958

注：F = 4.959　P = 0.002。

（五）收入

分析发现，不同收入群体对道德遵从水平的评价差异并不明显。低收入群体的道德遵从水平评价最高，为 6.63 分；中等收入群体的道德水平评价最低，为 6.51 分，两者的极差为 0.12 分。这说明，收入并不影响人们的道德遵从水平评价。

表5—26 不同收入群体居民的道德遵从水平评价 (单位：分)

收入	均值	N	标准差
低收入群体	6.63	1474	2.252
中低收入群体	6.56	1721	2.159
中等收入群体	6.51	2280	1.993
中高收入群体	6.63	2049	1.862
高收入群体	6.54	2280	1.651
总计	6.57	9804	1.966

注：$F=1.553$ $P=0.184$。

四 价值观取向

现代社会是价值观念多元化的社会，随着我国改革开放的不断深入，社会的快速转型必然导致价值规范冲突事件频发，不同的基本价值规范的冲突碰撞，破坏了社会的稳定和谐，出现社会风气败坏，甚至道德危机等一系列社会问题，直接威胁到我国社会凝聚力的维持。价值观是日常生活实践中与人们生存和发展密切相关的价值思想，一旦形成就具有相对稳定性，指导人们做出行为选择。① 价值观取向是人们的价值观念和实际行为之间的桥梁和纽带，决定着个体的价值行为选择，具有约束实践行为的功能。② 具有共同性的价值观念，能对社会起到内化、凝聚、整合的作用，密切社会成员的联系，提高个体的认同感，减少社会冲突的发生。在一个高质量的社会中，具备被社会大多数成员所共同认可的价值观念取向，尤其是能积极引导社会发展的社会价值观念，是维持提高社会凝聚力、促进社会持续健康发展的重要内容。

总体而言，我国民众的社会价值观念更偏向于集体主义，正向价值体系进步明显，统一的正向社会价值取向初步显现。我们设定政府拆迁的情境，来测试受访者面对个人利益和集体利益的冲突时，更多地考虑个人利益还是社会整体利益。CSS2019 数据显示，有 33.9% 的受访者倾向于个人利益取向，66.1 % 的受访者认为社会集体利益优先，其中选择

---

① 吴倬、孟宪东：《论社会主导价值观和个性化价值意识》，《清华大学学报》（哲学社会科学版）2004 年第 1 期，第 16—22 页。

② 徐玲：《价值取向本质之探究》，《探索》2000 年第 2 期，第 69—71 页。

后者的受访者比 2017 年高 6. 2% 。

我们又设定申请营业执照经营企业的情景，来测试受访者是倾向于通过法律规范的正式途径来达到个体目标，还是更倾向于非正式的社会关系来实现个体诉求。CSS2019 数据显示，有 20. 3% 的受访者认同人情关系取向，有 79. 7% 的受访者认同法律规范取向，选择后者的受访者比 2017 年提高 8. 4 个百分点。可见，我国社会主义核心价值观建设已取得初步成效。

总的来说，尽管我国居民统一价值观念基本显现，但仍然存在相当一部分的民众不认同此价值观。有超过三成的受访者表示更倾向于个人利益优先的价值观；有超过两成的受访者在面对利益冲突时，更愿意通过人情关系“走后门”来实现个人目标，而非遵守正式的社会法律规范。可见，我国在集体主义的价值观取向方面尚需进一步努力。

（一）集体主义价值取向

1. 代际

CSS2019 调查数据表明，代际差异与集体利益优先的价值取向呈明显的负相关关系，即出生年代越早的代际群体，越倾向于集体利益优先的价值观念。如表 5—27 所示，“50 后”群体中选择集体利益取向的占比最高，为 70. 6%；“90 后”群体中选择集体利益优先的比例最低，为 62. 3%；较前者低 8. 3 个百分点。可见，不同世代群体的价值观取向差异颇大，当个人利益与集体利益发生冲突时，“50 后”和“60 后”群体更愿意牺牲个人利益维护集体利益，而“80 后”和“90 后”群体受到西方个人主义价值观念影响更为明显，更可能将个人利益摆在首位。为此，我国应着重关注中青年群体的价值体系建设，避免社会价值观念二元分化对立，影响社会凝聚力的塑造。

表 5—27　不同代际群体的价值观取向　（单位：%）

代际	N	个人取向	集体取向
“50 后”	1403	29. 4	70. 6
“60 后”	1990	32. 3	67. 7
“70 后”	2408	33. 1	66. 9

续表

代际	N	个人取向	集体取向
“80 后”	2030	34.7	65.3
“90 后”	2542	37.7	62.3
总计	10283	33.9	66.1

2. 城乡

CSS2019 调查数据表明，相较于农村居民，城镇居民更倾向于集体利益优先的取向。有 67.3% 的城镇居民选择集体利益优先，比农村居民高 2.9 个百分点。这可能是因为农村居民受传统文化影响更深，“各扫门前雪”式以自我为中心的观念特征仍相对明显。

表 5—28　城乡居民群体的价值观取向　（单位：%）

城乡	N	个人取向	集体取向
城镇	6018	32.7	67.3
农村	4265	35.6	64.4
总计	10283	33.9	66.1

3. 受教育程度

CSS2019 调查数据表明，受教育程度与集体主义价值观取向表现为明显的正相关关系，即受教育程度越高，民众越倾向于集体利益优先的价值取向。如表 5—29 所示，初中及以下群体的集体取向占比最低，为 64.3%；大本及以上群体的集体取向占比最高，为 71.2%，两者相差 6.9 个百分点。可见，现代学校教育对提升我国居民的集体利益优先意识有着不可忽视的作用。

表 5—29　不同受教育程度群体的价值观取向　（单位：%）

受教育程度	N	个人取向	集体取向
初中及以下	5853	35.7	64.3

续表

受教育程度	N	个人取向	集体取向
高中中专技校	1995	34.0	66.0
大专	1115	30.3	69.7
大本及以上	1301	28.8	71.2
总计	10264	33.9	66.1

4. 家庭总收入

分析发现，尽管家庭收入的增加会带来个人价值观念中集体取向的增强，但这种差异不具备统计学上的显著意义。可以说，家庭收入对个人价值观群取向影响甚微，不论高收入群体还是低收入群体，都有近七成的受访者倾向于集体利益优先的价值取向。

表5—30　　不同收入群体的价值观取向　　（单位：%）

收入	N	个人取向	集体取向
低收入群体	1474	33.3	66.7
中低收入群体	1722	34.4	65.6
中等收入群体	2280	35.1	64.9
中高收入群体	2050	33.2	66.8
高收入群体	2280	32.7	67.3
总计	9806	33.8	66.2

5. 职业

CSS2019调查数据表明，整体来看，职业地位较高的群体，比职业地位较低的群体持有更高程度的集体价值取向。如表5—31所示，将不同职业群体按集体利益取向的占比从高到低进行排序依次为：办事人员（74.5%）、专业技术人员（73.1%）、单位负责人（69.3%）、服务业人员（66.6%）、农业生产人员（66.3%）、商业人员（64.6%）、工人群体（62.5%）、其他及不便分类人员（61.3%）。

表 5—31 不同职业群体的价值观取向 （单位：%）

职业	N	个人取向	集体取向
单位负责人	316	30.7	69.3
专业技术人员	715	26.9	73.1
办事人员	581	25.5	74.5
商业人员	824	35.4	64.6
服务业人员	996	33.4	66.6
农业生产人员	2085	33.7	66.3
工人	1061	37.5	62.5
其他及不便分类人员	93	38.7	61.3
总计	6671	33.0	67.0

（二）规范性价值取向

1. 代际

CSS2019 调查数据表明，整体而言，出生年代越晚的代际群体，越是倾向于通过遵守社会法律规范来达成个人目标。如表 5—32 所示，“90 后”群体在规范性取向方面占比最高，达 83.4%，较之在规范性取向方面占比最低的“50 后”群体高出 6.4 个百分点。然而，尽管不同代际群体的规范性取向程度虽然高低不一，每一代际群体均有约八成成员持规范性取向价值观。可见，我国各代际群体在价值观念方面均具备一定程度的现代性，大多数居民都能自觉通过遵守社会规范来实现自我的利益。

表 5—32 不同代际群体的价值观取向 （单位：%）

代际	N	人情取向	规范取向
“50 后”	1404	23.0	77.0
“60 后”	1899	22.9	77.1
“70 后”	2408	19.4	80.6
“80 后”	2030	21.7	78.3
“90 后”	2542	16.6	83.4
总计	10283	20.3	79.7

2. 城乡

不论是农村居民还是城镇居民，均有八成左右的受访者表示更倾向于通过遵守社会规范达成目的，且其差异不存在统计学上的显著意义。可见，规范性价值取向已在整个社会范围内达成共识，不存在明显的城乡差异。

表5—33　　**城乡居民的价值观取向**　　（单位：%）

城乡	N	人情取向	规范取向
城镇	6017	20.8	79.2
农村	4266	20.2	79.8
总计	10283	20.5	79.5

3. 受教育程度

CSS2019调查数据表明，受教育程度同积极的社会规范价值取向表现为明显的正相关关系，即受教育程度越高，民众越倾向于通过社会规范来实现个人目标。如表5—34所示，初中及以下群体的规范取向占比最低，为78.6%；大本及以上群体的集体取向占比最高，为84.2%；极差为5.9个百分点。可见，现代教育，特别是高等教育，在培养我国居民形成规范性价值观念方面发挥着重要作用。

表5—34　　**不同受教育程度群体的价值观取向**　　（单位：%）

受教育程度	N	人情取向	规范取向
初中及以下	5853	21.4	78.6
高中中专技校	1995	20.2	79.8
大专	1115	19.6	80.4
大本及以上	1301	15.8	84.2
总计	10264	20.3	79.7

4. 家庭总收入

总体来看，随着家庭收入的增加，规范性价值取向强度呈倒“U”形变化。分析结果如表5—35 所示，中高收入群体的社会规范取向最高，占比 81.7%；其次是高收入群体，占比 79.8%；再次是中等收入群体，占比 79.5%；然后是中低等收入群体，占比 79.4%；低收入群体的社会规范取向最低，占比 76.7%。可见，经济生活的改善不一定带来规范性价值取向的增强，后者在中高收入群体中最为明显。

表5—35　　不同收入群体的价值观取向　　（单位：%）

收入	N	人情取向	规范取向
低收入群体	1474	23.3	76.7
中低收入群体	1721	20.6	79.4
中等收入群体	2280	20.5	79.5
中高收入群体	2049	18.3	81.7
高收入群体	2280	20.2	79.8
总计	9804	20.4	79.6

5. 职业

从职业群体差异看，如表5—36 所示，规范性价值取向最强的三个职业群体分别是办事人员（84.2%）、专业技术人员（82.5%）和农业生产人员（79.8%），均有八成左右的受访者表示认同规范取向的价值观；最弱的三个职业群体分别是商业人员（77.2%）、服务业人员（77.1%）、工人（76.9%）。可见，服务业人员、商业人员和工人群体具有更低水平的规范性价值取向，这可能与此类群体受教育水平相对偏低相关。

表5—36　　不同职业群体的价值观取向　　（单位：%）

职业	N	人情取向	规范取向
单位负责人	316	20.9	79.1
专业技术人员	715	17.5	82.5
办事人员	581	15.8	84.2
商业人员	824	22.8	77.2
服务业人员	996	22.9	77.1

续表

职业	N	人情取向	规范取向
农业生产人员	2086	20.2	79.8
工人	1061	23.1	76.9
其他及不便分类人员	93	20.4	79.6
总计	6672	20.8	79.2

第四节　当前中国的社会认同水平

社会认同是个体对自我在社会群体中成员身份的认知与判断，不仅能控制社会成员产生情感、精神上的趋同，增强社会凝聚力，还能对个体的社会行为进行引导，进而形成稳定的社会秩序，成为对社会成员有约束力的社会规范。[①] 对于社会共同体而言，较高的社会认同水平能有效提高社会成员的向心力和凝聚力，避免社会成为一盘散沙，陷入分裂的尴尬境地。对中国这样地域辽阔、人口众多的国家来说，国内不同区域文化差异大，民族构成也较为复杂，如何提升社会认同，维持国家的团结统一格外重要。没有社会认同、社会团结就失去了心理、文化基础，实现中华民族伟大复兴的中国梦也就无从谈起。我国坚持推进社会主义核心价值观建设，其目的就在于提高我国民众的社会认同感，形成统一的文化认同和价值规范，维护社会健康稳定发展，成为一个高质量的社会。本节将从国家认同、对中国共产党的拥护状况两个维度考察我国当前的社会认同状况。

一　国家认同现状

国家认同是社会成员对自己国家归属的情感认知，同时也包含个体对国家构成的评价。具备较高的国家认同水平是高质量社会的标志，只有当居民将个人和国家密切联系起来，才愿意自觉维护国家利益，肩负

① 周光辉、刘向东：《全球化时代发展中国家的国家认同危机及治理》，《中国社会科学》2013 年第 9 期，第 40—54 页。

起国家发展的重担。[①] 国家认同感关乎社会团结与稳定，是社会凝聚测量的重要指标之一。

CSS2019 数据显示，我国民众的国家认同感总体处于较高水平，且较 2017 年有所进步。具体来说，有 93.1% 的受访者表示“为国家取得的成就感到骄傲和自豪”，比 2017 年高出 6.3 个百分点。

（一）代际

CSS2019 调查数据表明，不同代际群体的国家认同感处于相似水平，“50 后”认同感最高，“80 后”最低。如表 5—37 所示，“50 后”群体的国家认同感最高，为 95.8%；紧随其后的是“60 后”“70 后”和“90 后”群体，占比分别为 93.5%、93.2% 和 93.0%；国家认同感最低的是“80 后”，占 91.2%。由此可见，20 世纪 50 年代及以后出生的代际群体，其国家认同感持续降低，但“90 后”群体的国家认同感又有所反弹。这可能与我国现代学校教育体系息息相关，近年来政府越发重视文化自信心的建立，年轻一代接受了更多关于国家、民族荣誉的相关教育，其国家认同感随之有所提高。

表 5—37　　不同代际群体的国家认同水平　　（单位：%）

代际	N	同意
“50 后”	1339	95.8
“60 后”	1824	93.5
“70 后”	2341	93.2
“80 后”	2012	91.2
“90 后”	2526	93.0
总计	10042	93.1

（二）城乡

CSS2019 调查数据表明，城市居民比农村居民具备更高的国家认同感。如表 5—38 所示，城镇居民具备国家认同感的比例为 94.2%，比农

① 袁娥：《民族认同与国家认同研究述评》，《民族研究》2011 年第 5 期，第 91—103、110 页。

村居民高 2. 6 个百分点。

表 5—38　　城乡居民的国家认同水平　　（单位：%）

城乡	N	同意
城镇	5904	94. 2
农村	4139	91. 6
总计	10043	93. 1

（三）受教育程度

CSS2019 调查数据表明，受教育程度与国家认同感表现为显著的正相关关系，即民众的受教育水平越高，具备国家认同感的可能性也越大。如表 5—39 所示，大本及以上群体的国家认同感最高，为 97. 3%；初中及以下群体的国家认同感最低，为 91. 4%，极差为 5. 9 个百分点。可见，高等教育能显著提升民众的国家归属感和荣誉感。

表 5—39　　不同受教育程度群体的国家认同水平　　（单位：%）

受教育程度	N	同意
初中及以下	5642	91. 4
高中中专技校	1975	93. 5
大专	1110	96. 2
大本及以上	1298	97. 3
总计	10025	93. 1

（四）收入

CSS2019 调查数据表明，收入与国家认同感基本表现为正相关关系，高收入群体较之低收入群体更可能拥有国家认同感。其中，高收入群体的国家认同感最高，为 94. 2%；其次是中高收入群体，为 93. 7%；再次是中等收入群体，为 93. 1%；国家认同感最低的是低收入群体和中低收入群体，分别为 92. 0% 和 91. 9%。综合上述分析可见，低学历、低收入等在社会分层中处于不利位置的群体具有更低程度的国家认同感。

表5—40　　不同收入群体的国家认同水平　　(单位:%)

收入群体	N	同意
低收入群体	1407	92.0
中低收入群体	1676	91.9
中等收入群体	2232	93.1
中高收入群体	2022	93.7
高收入群体	2251	94.2
总计	9588	93.1

(五) 职业

CSS2019 调查数据表明，不同职业群体国家认同感差异明显。如表5—41 所示，将不同收入群体的国家认同感占比按从高到低排序依次为：单位负责人（97.1%）、专业技术人员（96.6%）、办事人员（95.7%）、其他及不便分类人员（95.5%）、商业人员（93.3%）、农业生产人员（92.4%）、服务业人员（90.1%）、工人（88.1%）。其中，国家认同感最高的单位负责人群体比国家认同感最低的工人群体高出 9 个百分点。综合上述分析，工人、农民、服务业从业人员等在社会分层中占据不利位置的低收入、低学历群体可能因未能平等地分享国家发展的成果而持有较低的国家认同感。

表5—41　　不同职业群体的国家认同水平　　(单位:%)

职业群体	N	同意
单位负责人	311	97.1
专业技术人员	712	96.6
办事人员	576	95.7
商业人员	810	93.3
服务业人员	971	90.1
农业生产人员	2015	92.4
工人	1042	88.1
其他及不便分类	88	95.5
总计	6525	92.5

二　对中国共产党的拥护状况

中国共产党作为我国的执政党，是中国特色社会主义事业的领导核心，其一举一动都关乎民生福祉，对党的认同是社会认同感的重要组成部分，民众对党的拥护状况直接影响到社会认同水平，进而影响到中国社会凝聚力和提升社会质量的前景。

CSS2019 调查数据表明，我国民众对中国共产党的拥护程度总体处于较高水平。2019 年，我国有 93.2% 的受访者对“没有共产党，中国就会陷入混乱”这一观点表示认可，表明我国民众普遍对党具备较高的拥护水平。此外，这一数据与国家认同感的相关数据持平，说明我国民众国家认同感与对党的拥护水平处于均衡发展的状态。不同代际、城乡、收入群体在对党的拥护程度方面存在相对明显的群体差异，但不同的职业、受教育群体在党的拥护程度方面的差异未能通过显著性检验，即职业、受教育程度对民众对党的拥护程度不产生显著影响。

（一）代际

CSS2019 调查数据表明，出生年份越早的代际群体，其对党的拥护程度越高。如表 5—42 所示，“50 后”群体对党的拥护程度最高，为 95.2%；“60 后”群体对党的拥护程度次之，为 94.4%；之后是“70 后”群体，为 93.4%；排在第四位的是“80 后”群体，为 93.1%；“90 后”群体的党的拥护程度最低，为 91.0%。其中，“80 后”和“90 后”群体对党的拥护程度均低于社会评价水平。因此，未来我国应加强党建，尤其是鼓励青年群体参与到党的建设中，提高其对党的拥护水平。

表 5—42　　不同代际群体对党的拥护水平　　（单位：%）

代际	N	同意
“50 后”	1355	95.2
“60 后”	1848	94.4
“70 后”	2342	93.4
“80 后”	1994	93.1
“90 后”	2518	91.0
总计	10057	93.2

（二）城乡

CSS2019调查数据表明，农村居民与城镇居民对党的拥护程度均处于较高水平，民众对党的拥护程度不存在城乡差异。如表5—43所示，不论在农村地区还是城镇地区，均有93.2%的居民同意“没有共产党，中国就会陷入混乱”这一观点，且未通过显著性检验。

表5—43　城乡居民对党的拥护水平　（单位：%）

城乡	N	同意
城镇	5896	93.2
农村	4161	93.2
总计	10057	93.2

（三）收入

CSS2019调查数据表明，中高收入群体对党的拥护程度远高于其他收入群体。如表5—44所示，中高收入群体中同意“没有共产党，中国就会陷入混乱”观点的受访者占该群体的95.1%；其次是中等收入群体，占94.0%；再次是低收入群体，占比93.3%；然后是中低收入群体，占比92.3%；最后是高收入群体，占比91.7%。综合上述分析可见，低收入或中低收入群体等在社会分层中处于不利地位的群体对党的拥护程度相对偏低；同时，高收入群体对党的拥护程度也明显较低，说明收入增加不一定能提高民众对党的拥护程度。

表5—44　不同收入群体对党的拥护水平　（单位：%）

收入	N	同意
低收入群体	1426	93.3
中低收入群体	1681	92.3
中等收入群体	2230	94.0
中高收入群体	2208	95.1
高收入群体	2249	91.7
总计	9594	93.3

第五节　小结

本章主要从社会信任、社会规范及价值观、社会认同三个维度考察了我国社会凝聚的基本情况。

一　社会信任

总的来说，我国居民整体社会信任水平稳中有升，但无论是在人际信任，还是在制度信任方面，都存在发展不平衡不充分等现象。

在人际信任领域，尽管2019年我国社会的人际信任水平较2017年有所增加，但整体水平依然不高，存在一定的进步空间。更为引人注目的是，我国社会的人际信任水平在城乡、受教育水平、收入和职业等领域存在不均衡不充分的现象。CSS2019数据表明，城镇居民较之农村居民拥有更低的人际信任水平，低学历群体比高学历群体的人际信任水平更低，商业人员、服务业人员、工人等职业群体拥有更低的人际信任水平，城镇居民、低收入群体、中低收入群体以及中等收入群体的人际信任均低于社会平均水平。这说明，低收入、低学历、低职业地位等在社会结构中处于不利地位的群体持有相对更低的人际信任水平。根据短板效应理论，这些弱势群体在承受社会风险等方面能力较差，更容易形成负面情绪和态度，进而增加社会稳定和团结的风险。

鉴于此，建议党和政府首先进一步聚焦民生建设，缩减城乡差距，让在社会分层中处于不利地位的低学历、低地位群体共享社会发展福利，为民众提供更多的安全感保障，增强其对社会及其他社会成员的信任水平；其次，我国建立社会信任的重点应放在人际信任水平较低的低收入群体上，通过完善信任危机的教育体系，创造良好的社会信任环境，重塑低收入群体的信任观。

在制度信任领域，我国居民对不同制度代表机构的信任水平呈现差异化的态势。CSS2019调查数据表明，我国民众对中央政府的信任程度最高，有超过九成的受访者表示对其信任，对保险公司的信任程度最低，仅有六成的受访者表示信任该机构，不同机构间的信任水平差异较大。此外，我国民众对慈善公司的信任水平明显低于制度信任的平均水平，仅六成的居民表示信任该机构。保险公司、慈善机构作为社会力量对国家力量的补充，在居民社会风险应对中发挥着重要作用，但其制度信任却处在相对较低的水平。为此，建议政府建立健全相关的法律法规，加强对其监管管理，严惩慈善机构违规行为，建立透明的财务公开制度，提升其公信力。

在政府信任方面，民众的信任总体呈现出差序政府信任格局，即政府层级越高，民众对其信任水平越高。具体来说，有超过九成的受访者对中央政府表示信任，但仅有六成的受访者表示信任乡镇政府。这或许与近些年基层政府贪污腐败、官僚主义、形式主义等负面新闻频发有关，也受到我国传统政治文化、政治体制设计等的影响。[①] 较低的地方政府信任不仅会导致行政成本增加，还会干扰社会秩序的运行，影响社会凝聚力水平。因此，建议加强对基层政府的监管力度，铲除官僚主义作风，树立服务人民的基本观念，同时坚持不懈反腐倡廉，塑造清廉公正的基层政府形象，提高民众对基层政府的信任水平。

二　社会规范及价值观

总体而言，我国居民在正式规范和非正式规范遵守状况方面保持较高水平，统一的集体主义、规范性价值倾向正逐步形成。但是，我国居民共同信仰建设略有下滑，仍需进一步努力。

在社会信仰方面，我国民众的社会信仰水平较 2017 年略有下滑，这说明公共信仰的培养还任重道远。在物质生活水平不断提高的时代，信仰的缺失会带来社会成员原子化的危险，直接危害到社会团结，只有围绕共同的信仰，民众才更有可能形成社会共识，提高社会凝聚力。为此，建议政府重点推进社会主义精神文明建设，整合社会多元价值规范，加快建成共同的国民价值信仰体系，推动中国社会不断向高质量社会发展。

在遵纪守法水平和道德水平方面，我国保持在较高的水准，且比 2017 年有所提高。这说明，我国法治建设和公民道德建设工作取得初步成效，整体社会规范水平稳步上升。但我国的社会规范方面仍有两个问

---

① 叶敏、彭妍：《“央强地弱”政治信任结构的解析——关于央地关系一个新的阐释框架》，《甘肃行政学院学报》2010 年第 3 期，第 49—57 页。

题较为突出：第一，服务业人员、工人等弱势职业群体对社会正式规范和非正式规范的遵从评价明显均低于社会平均水平，说明社会地位较低的民众对社会道德和法律规范的遵从有着更多的负面评价。这可能是因为这些在社会分层中处于弱势地位的职业群体由于自身资源的匮乏，更可能受到社会的不公平对待，因此对社会规范的评价也相对更低。为此，建议政府在分配中更加注重公平正义，让不同阶层的群体都能享受平等的资源待遇、共享经济社会发展带来的福利，防止社会向两极分化的陷阱滑落，避免不同阶层之间的社会矛盾和冲突加剧，尽可能维护社会平稳运行。第二，相比其他代际群体，“80 后”和“90 后”群体对社会正式规范和非正式规范遵从程度都有显著更低的评价。这说明，中青年群体对社会遵纪守法的评价有着更为严格的标准，但这也从侧面反映出他们对社会遵纪守法水平有着更高的期待。“80 后”和“90 后”群体作为建设社会的中坚力量，其精神状态关乎我国未来发展。为此，一方面，高举依法治国和以德治国两面旗帜，加大对社会规范的监管力度，建立相应的信任管理制度，对失信人实行严厉惩罚，响应年轻一代对社会遵纪守法水平和道德水平的高要求，打造友好有序的社会规范环境；另一方面，要积极鼓励中青年群体参与到社会主义精神文明建设和法治建设中，协助他们养成责任意识和公德意识，为提升我国的社会质量而努力。

在价值观方面，我国民众已初步形成统一的集体主义和规范性价值取向。当面对个人利益和集体利益冲突的情景时，有近七成的受访者倾向于集体主义的价值取向，当面对人情关系和社会规范的取舍时，有超过八成的受访者更愿意通过社会规范实现目标，这表明我国正向价值体系进步明显。社会上大部分成员具备统一的价值取向，是社会具有凝聚力的标志，当前我国社会成员共同尊重社会规范的效力，自觉维护集体利益，正推动我国向高质量社会前进。

三　社会认同

总体而言，我国居民持有较高水平的国家认同感，对党的拥护程度也处于高水准，且群体间差异较小。需要注意的是，社会弱势群体和青年群体在社会认同方面的表现相对较差。

在国家认同方面，我国民众的国家认同感总体处于较高水平，有

93.1%的受访者表示为国家取得的成就感到骄傲和自豪。数据表明，低学历、低收入、低社会地位的群体相对具有更低程度的国家认同感。针对这一问题，首先，建议继续大力发展生产力，进一步增强综合国力，在做大蛋糕的同时加强社会保障制度建设，保障弱势群体的基本权益不受侵犯，使每位公民都能充分享受到社会发展的福祉；其次，不断推进精神文明建设，弘扬优秀中华传统文化，满足人们的精神文化需要，激发人们的文化认同感和荣誉感，以教育为手段提升民众的国家归属感。

在对党的拥护程度方面，我国民众对党的拥护程度普遍较高，有93.2%的受访者对“没有共产党，中国就会陷入混乱”这一观点表示认可。CSS2019数据分析发现，农村居民、低收入及中低收入群体等在社会分层中处于不利地位的群体对党的拥护程度相对偏低；同时，“80后”和“90后”群体对党的拥护程度也明显低于社会普遍水平。中国共产党作为中国特色社会主义事业的领导核心，民众对党的认可水平直接影响到我国居民的社会认同感。为此建议，一方面要加强党的建设，坚持群众路线，充分了解弱势群体的需求，不断增强服务群众的能力和水平，切实解决弱势群体生产生活上的困难，保障改革开放的成果惠及全体人民；另一方面我们需要积极改进和创新党的宣传方法，抛弃过去生硬的填充式宣传，紧跟时代潮流，充分利用互联网等新技术，让更多的年轻人参与到党的宣传互动中，提升弱势群体和年轻人对党的拥护，进而整体提高我国国民的社会凝聚力，建成一个真正的高质量社会。

第六章

社会包容报告

第一节　社会包容概念与测量

社会包容（Social Inclusion）是衡量当前社会质量状况的重要指标之一。欧盟委员会将社会包容定义为“确保那些遭受贫穷和社会排斥风险的人群获得参与经济、社会和文化生活的机会，并且能够享受到与其他人一样的正常社会生活”①。可以说，社会包容的核心理念是平等②，它关注的是人们在何种程度上可以实现个体平等的权利和价值，以及获得来自制度和社会关系的支持和包容，以减少社会排斥。高质量的社会，就是要实现社会的良性运行和协调发展，从而确保个人的权利和价值得以实现，可以说社会质量与社会包容在本质上具有内在的同一性③。

当代中国社会正在逐步从“总体性社会”转向“个体化社会”。以往的社会政策关注的重点往往是大多数人的权益，但随着个体化社会的来临，必须增强社会政策的包容性，以关注更多的个体或少数群体④。而社会包容这一概念恰恰可以很好地反映这一趋势。联合国经济和社会事务部认为包容性社会发展涵盖了一系列广泛的议题，包括但不限于：消除

---

① European Commission ，“ European 2020. A Strategy for Smart，Sustainable and Inclusive Growth”，Communication COM. Bruxelles.

② 任莉颖：《社会质量测量与公众社会评价》，《华中科技大学学报》（社会科学版）2018年第6期，第11—22页。

③ 张海东、丛玉飞：《社会质量与社会公正——社会发展研究的重要议题》，《吉林大学社会科学学报》2011年第4期，第132—137页。

④ 文军：《个体化社会的来临与包容性社会政策的建构》，《社会科学》2012年第1期，第81—86页。

贫困、减少不平等、创造就业机会、推动建立合作社、公民服务社会作用、老年人和老龄化、家庭、青年、残疾人等相关议题。关于社会包容概念的测量有多种方式，欧洲社会质量基金会从公民权、劳动力市场、服务、社会网络四个层面提出测量，但由于各国国情不同，上述测量标准和可操作性在不同国家的适应性还存在问题，因此应该根据本国实际情况，制定出适应本国的测量体系。[①] 中国社会科学院社会质量项目组根据社会包容的内涵，结合中国实际，从以下三个方面测量社会包容，一是个体对一些特殊性群体的宽容程度，体现了公众对一些特殊群体如同性恋、未婚同居、艾滋病患者、乞讨者、不同宗教信仰者等的包容程度；二是个体所感受到来自性别、年龄、种族/民族、教育、职业、家庭背景等方面的不公平待遇，这种对不公平待遇感知的测量即反映了社会对差异性群体的包容程度；三是公众对高考制度、医疗制度、养老制度、司法制度、就业制度、城乡差异等不同制度层面的社会公平感，这个主要是从制度层面的公平性来反映社会的包容度[②]。以上三个维度的测量，既反映了社会包容的不同侧面，又符合中国本国的国情，具有较好的信效度。

2020 年是中国的脱贫攻坚年，中国即将实现全面的小康生活，国家对脱贫攻坚的关注和投入也反映了政府想让经济成果惠及所有人群的包容性发展策略。随着社会结构进入快速转型时期，社会各阶层进入新的分化阶段，一些社会问题如贫富差距拉大、社会排斥及阶层流动壁垒等也逐渐凸显。因此，加强对当前社会包容状况的研究显得迫切而必要。

第二节　当前中国的社会宽容水平

社会宽容是衡量社会包容的重要指标之一。社会宽容反映了社会成员彼此之间对不同文化、不同背景、不同习惯和生活方式的相互理解与

① 徐延辉、陈磊：《中国特色的社会质量指标体系研究》，《社会主义研究》2014 年第 2 期，第 78—87 页。

② 崔岩、黄永亮：《中国社会质量指标指数分析》，《国家行政学院学报》2018 年第 4 期，第 1—7 页。

尊重。现代社会是一个文化多元的社会，不同的社会群体拥有自己的文化价值观念，有着自己的生活态度和行为方式，应当实现彼此尊重和相互包容。另外，对于少部分处于社会边缘的人群，例如刑满释放者、婚前同居者、同性恋者、艾滋病患者等，应当给予更多的理解，而不应当对其进行排挤和孤立，促使他们能够更好地在社会中生存和发展。因此，社会宽容一方面是对社会中多元文化的理解和尊重，另一方面也是不同社会群体彼此之间的相互认同和包容。

一 当前公众的整体社会宽容水平

从2019年的数据看，我国目前的社会宽容仍然处于较低水平。从社会成员的生活方式选择来看，有78.5%的受访者表示不接纳同性恋群体；而对于婚前同居者也有43.1%的受访者表示不接纳。另外，对于社会上一些特殊群体，有63.4%的受访者表示不接纳艾滋病患者；对乞讨者表示不接纳的受访者占比为45.5%；有30.3%的受访者表示不接纳刑满释放者。此外，还有27.2%的受访者表示不接纳不同宗教信仰者。

与2017年的数据相比，2019年中国社会民众对社会成员的生活方式选择和社会上一些特殊群体的宽容度有一定程度的提高，尤其突出表现在对同性恋群体、艾滋病患者、刑满释放者和不同宗教信仰者的接纳上，这说明中国社会的宽容度和开放度在近两年有了一定程度的提升。

表6—1　　当前我国公众的社会宽容水平　　（单位：%）

	非常不能接纳	不太能接纳	比较能接纳	非常能接纳	不好说
婚前同居者	20.2	22.9	43.6	9.8	3.5
同性恋者	58.6	19.9	13.9	3.3	4.3
乞讨者	16.7	28.8	41.6	8.4	4.5
刑满释放者	10.2	20.1	56.0	8.7	5.0
不同宗教信仰者	11.8	15.4	51.6	14.2	7.0
艾滋病患者	38.8	24.6	26.5	4.4	5.7

二 不同代际的社会宽容水平

我们将受访者按照不同年龄进行分组，从不同代际出发分析各年龄组人群内部的社会宽容水平。从数据来看，整体而言，当前社会的社会宽容水平随着年龄的减小而提升。通过分析不同代际人群对社会特殊群体的不接纳比例来分析其社会宽容状况。具体而言，在“60后”群体中，从社会成员的生活方式选择来看，“60后”群体中不接纳同性恋群体的受访者占比为83.6%，不接纳婚前同居者的受访者占比为56.7%；从对待特殊社会群体的态度上来看，不接纳艾滋病患者的受访者占比为64.5%，有47.8%的受访者对乞讨者表示不接纳，有36.3%的受访者表示不接纳不同宗教信仰者，还有29.7%的受访者对刑满释放者表示不接纳。在“70后”群体中，就社会成员的生活方式选择而言，“70后”群体中不接纳同性恋群体的受访者占比为86.5%，不接纳婚前同居者的受访者占比为50.7%；从对待特殊社会群体的态度上来看，不接纳艾滋病患者的受访者占比为65.3%，有46.7%的受访者对乞讨者表示不接纳，有28%的受访者表示不接纳刑满释放者，还有28.7%的受访者对不同宗教信仰者表示不接纳。

在“80后”群体中，从社会成员的生活方式选择来看，“80后”群体中不接纳同性恋群体的受访者占比为81.8%，不接纳婚前同居者的受访者占比为33.4%；从对待特殊社会群体的态度上来看，不接纳艾滋病患者的受访者占比为67%，有44.6%的受访者对乞讨者表示不接纳，有29.7%的受访者表示不接纳刑满释放者，还有24.2%的受访者对不同宗教信仰者表示不接纳。而在“90后”群体中，就社会成员的生活方式选择而言，“90后”群体中不接纳同性恋群体的受访者占比为65.2%，不接纳婚前同居者的受访者占比为24.4%；从对待特殊社会群体的态度上来看，不接纳艾滋病患者的受访者占比为59.5%，有39.7%的受访者对乞讨者表示不接纳，有32.3%的受访者表示不接纳刑满释放者，还有16.6%的受访者对不同宗教信仰者表示不接纳。

表6—2　不同代际的社会宽容水平　（单位:%）

	“50后”群体	“60后”群体	“70后”群体	“80后”群体	“90后”群体
	不接纳	不接纳	不接纳	不接纳	不接纳
婚前同居者	59.9	56.7	50.7	33.4	24.4

续表

	"50 后"群体	"60 后"群体	"70 后"群体	"80 后"群体	"90 后"群体
	不接纳	不接纳	不接纳	不接纳	不接纳
同性恋者	77.6	83.6	86.5	81.8	65.2
乞讨者	52.4	47.8	46.7	44.6	39.7
刑满释放者	32.3	29.7	28.0	29.7	32.3
不同宗教信仰者	35.5	36.3	28.7	24.2	16.6
艾滋病患者	60.4	64.5	65.3	67.0	59.5

总体来讲，2019 年的数据进一步印证了社会宽容度与受访者年龄成反比，越年轻的世代表现出对不同生活方式和特殊群体更大的宽容度。值得注意的是，与 2017 年数据相比，"60 后""70 后""80 后"对不同宗教信仰者、刑满释放者的接受度有较为明显的提高，这从另外一个侧面说明了随着社会发展和社会文明的倡导，较老世代的人群也会受到整体社会的影响发生潜移默化的改变。

三　不同受教育程度的社会宽容水平

在 2019 年中国社会状况综合调查（CSS2019）中，受访者的受教育程度包括：未上学、小学、初中、高中、中专、职高技校、大学专科、大学本科以及研究生。在本章中，我们将受访者的受教育程度划分为四个不同的等级，即初中及以下、高中中专技校、大专和大本及以上。

通过分析不同受教育程度人群对社会特殊群体的不接纳比例来分析其社会宽容状况。从数据来看，整体而言，受访者的社会宽容水平随着其受教育水平的提升而提高，即学历越高的受访者，其社会宽容水平越高。具体来说，在初中及以下的受访者中，从社会成员的生活方式选择来看，不接纳同性恋群体的受访者占比为 84.3%，不接纳婚前同居者的受访者占比为 50.4%；从对待特殊社会群体的态度上来看，不接纳艾滋病患者的受访者占比为 67.9%，有 36.1% 的受访者表示不接纳不同宗教信仰者，有 29.5% 的受访者对刑满释放者表示不接纳，还有 45.4% 的受访者对乞讨者表示不接纳。在高中中专技校群体中，就社会成员的生活方式选择而言，不接纳同性恋群体的受访者占比为 82.2%，不接纳婚前同居者的受访者占比为 42.3%；从对待特殊社会群体的态度上来看，不接纳艾滋病患者的受访者占比为 62.6%，有 48.3% 的受访者对乞讨者表示不接纳，有 28.6% 的受访者对刑满释放者表示不接纳，还有 20.5% 的受访者表示不接纳不同宗教信仰者。在大专群体中，从社会成员的生活方式选择来看，不接纳同性恋群体的受访者占比为 73.3%，不接纳婚前同居者的受访者占比为 28.6%；从对待特殊社会群体的态度上来看，不接纳艾滋病患者的受访者占比为 60%，有 46.7% 的受访者表示不接纳乞讨者，有 30% 的受访者表示不接纳刑满释放者，还有 14.4% 的受访者对不同宗教信仰者表示不接纳。而在大本及以上群体中，就社会成员的生活方式选择而言，不接纳同性恋群体的受访者占比为 51.6%，不接纳婚前同居者的受访者占比为 24.1%；从对待特殊社会群体的态度上来看，不接纳艾滋病患者的受访者占比为 47%；有 41.3% 的受访者对乞讨者表示不接纳，有 36.6% 的受访者表示不接纳刑满释放者，还有 8.4% 的受访者对不同宗教信仰者表示不接纳。

表 6—3　　不同学历的社会宽容水平　　（单位:%）

	初中及以下	高中中专技校	大专	大本及以上
	不接纳	不接纳	不接纳	不接纳
婚前同居者	50.4	42.3	28.6	24.1
同性恋者	84.3	82.2	73.3	51.6
乞讨者	45.4	48.3	46.7	41.3
刑满释放者	29.5	28.6	30.0	36.6
不同宗教信仰者	36.1	20.5	14.4	8.4
艾滋病患者	67.9	62.6	60.0	47.0

2019 年的数据依然表明受教育程度越高，人们的社会宽容度越大。与 2017 年的数据结果对比，有一个比较明显的变化，即初中及以下、高中中专技校和大专群体的社会宽容度在近两年中有了大幅度提升，这可能与社会观念的涓滴效应有关，即高等教育群体、精英群体引领了一些社会宽容的价值观念，随着时间推移这些观念也逐渐被大众所接受和认可，从而得到普及。

四　不同收入群体的社会宽容水平

从不同收入群体的社会宽容水平来看，本节以城乡居民家庭人均年收入五等分分组，将人群划分为低收入群体、中低收入群体、中等收入群体、中高收入群体和高收入群体。通过分析不同收入人群对社会特殊群体的不接纳比例来分析其社会宽容状况。CSS2019 数据显示，个体收入水平与其社会宽容水平呈正比。也就是说，相对于低收入群体，高收入群体的社会宽容水平更高。具体来看，在低收入群体中，从社会成员的生活方式选择来看，低收入人群不接纳同性恋群体的受访者占比为 77.4%，不接纳婚前同居者的受访者占比为 48.5%；从对待特殊社会群体的态度来看，不接纳艾滋病患者的受访者占比为 66.2%，有 36.3% 的受访者表示不接纳不同宗教信仰者，有 31.8% 的受访者对刑满释放者表示不接纳，还有 42.1% 的受访者对乞讨者表示不接纳。在中低收入群体中，就社会成员的生活方式选择而言，不接纳同性恋群体的受访者占比为 81.6%，不接纳婚前同居者的受访者占比为 51.1%；从对待特殊社会群体的态度来看，不接纳艾滋病患者的受访者占比为 65.7%，有 46.3% 的受访者对乞讨者表示不接纳，有 34.1% 的受访者表示不接纳不同宗教信仰者，还有 28.8% 的受访者对刑满释放者表示不接纳。

在中等收入群体中，从社会成员的生活方式选择来看，中等收入群体中不接纳同性恋群体的受访者占比为 82.2%，不接纳婚前同居者的受访者占比为 47.1%；从对待特殊社会群体的态度来看，不接纳艾滋病患者的受访者占比为 63.6%，有 45.9% 的受访者表示不接纳乞讨者，有 29.2% 的受访者表示不接纳刑满释放者，还有 29.1% 的受访者对不同宗教信仰者表示不接纳。在中高收入群体中，就社会成员的生活方式选择而言，中高收入群体中不接纳同性恋群体的受访者占比为 81.2%，不接纳婚前同居者的受访者占比为 42%；从对待特殊社会群体的态度上来看，不接纳艾滋病患者的受访者占比为 62.2%，有 45.8% 的受访者对乞讨者表示不接纳，有 30% 的受访者表示不接纳刑满释放者，还有 23.8% 的受访者对不同宗教信仰者表示不接纳。而在高收入群体中，就社会成员的生活方式选择而言，高收入群体中不接纳同性恋群体的受访者占比为 74.1%，不接纳婚前同居者的受访者占比为 32%；从对待特殊社会群体的态度上来看，不接纳艾滋病患者的受访者占比为61.7%，有47.4%的受访者对乞讨者表示不接纳，有31.5%的受访者表示不接纳刑满释放者，还有17.7%的受访者对不同宗教信仰者表示不接纳。

表6—4　　不同收入群体的社会宽容水平　　（单位:%）

	低收入群体	中低收入群体	中等收入群体	中高收入群体	高收入群体
	不接纳	不接纳	不接纳	不接纳	不接纳
婚前同居者	48.5	51.1	47.1	42.0	32.0
同性恋者	77.4	81.6	82.2	81.2	74.1
乞讨者	42.1	46.3	45.9	45.8	47.4
刑满释放者	31.8	28.8	29.2	30.0	31.5
不同宗教信仰者	36.3	34.1	29.1	23.8	17.7
艾滋病患者	66.2	65.7	63.6	62.2	61.7

从2019年的数据可以看到，收入水平和社会宽容度呈现比较复杂的关系，一方面在对婚前同居者、不同宗教信仰者、艾滋病患者的态度上，随着收入的提升，人们的态度越倾向于宽容；另一方面在对待同性恋者的态度上，呈现出低收入群体和高收入群体较高的宽容度，而中等收入群体较低的宽容度，这可能与中等收入群体的保守性有一定的关系。

五　城乡社会宽容水平

从CSS2019数据来看，整体而言，相对于农村居民，城镇居民的社会宽容水平更高。通过分析不同户籍人群对社会特殊群体的不接纳比例来分析其社会宽容状况。具体来看，在城镇居民中，就社会成员的生活方式选择而言，城镇居民中不接纳同性恋群体的受访者占比为76.5%，不接纳婚前同居者的受访者占比为40.7%；从对待特殊社会群体的态度上来看，不接纳艾滋病患者的城镇受访者占比为61.6%，有47.4%的受访者对乞讨者表示不接纳，有23.6%的受访者表示不接纳不同宗教信仰者，还有31.4%的受访者对刑满释放者表示不接纳。

而在农村居民中，就社会成员的生活方式选择而言，农村居民中不接纳同性恋群体的受访者占比为81.4%，不接纳婚前同居者的受访者占比为46.7%；从对待特殊社会群体的态度上来看，不接纳艾滋病患者的受访者占比为65.9%，有43%的受访者对乞讨者表示不接纳，有28.8%的受访者表示不接纳刑满释放者，还有32.1%的受访者对不同宗教信仰者表示不接纳。

总体而言，城镇居民比农村居民表现出更大的宽容度，但2019年的数据显示这种差距在缩小，表现为一定的程度的城乡融合趋势。

表6—5　城乡社会宽容水平　（单位:%）

	城镇	农村
	不接纳	不接纳
婚前同居者	40.7	46.7
同性恋者	76.5	81.4
乞讨者	47.4	43.0
刑满释放者	31.4	28.8
不同宗教信仰者	23.6	32.1
艾滋病患者	61.6	65.9

六　不同地区社会宽容水平

通过分析不同地区人群对社会特殊群体的不接纳比例来分析其社会宽容状况。从不同地区的社会宽容水平来看，对于婚前同居者不接纳人数占比最高的地区是西北地区，占比为56.1%。最低的地区是华中南地区，占比为38.4%。不接纳同性恋群体人数占比最高的地区是西北地区，占比为82.5%。最低的是华中南地区，占比为77.4%。不接纳乞讨者人数占比最高的地区是华东地区，占比为47.2%。最低的是西北地区，占比为37.2%。不接纳刑满释放者人数占比最高的地区是华北地区，占比为32.4%。最低的是西北地区，占比为26.1%。不接纳不同宗教信仰者人数占比最高的地区是西南地区，占比为32.3%。最低的是华东地区，占比为26.1%。不接纳艾滋病患者人数占比最高的地区是华中南地区，占比为65.9%。最低的是东北地区，占比为56.5%。

表6—6 不同地区社会宽容水平 (单位:%)

	东北	华北	华东	华中南	西南	西北	全国
	不接纳	不接纳	不接纳	不接纳	不接纳	不接纳	不接纳
婚前同居者	49.0	50.0	42.0	38.4	40.0	56.1	43.1
同性恋者	79.8	79.5	77.8	77.4	79.2	82.5	78.5
乞讨者	45.5	46.8	47.2	45.3	45.5	37.2	45.5
刑满释放者	30.3	32.4	32.2	30.1	27.3	26.1	30.3
不同宗教信仰者	26.2	26.2	26.1	26.3	32.3	26.3	27.2
艾滋病患者	56.5	62.3	62.6	65.9	65.8	59.6	63.4

总体而言，在对不同群体的宽容度上表现出一定的地域差异，其中，对待婚前同居者和同性恋群体，华东地区和华中南地区表现为更强的宽容度；而对于乞讨者、刑满释放者，西北地区和西南地区有更高的宽容度；对不同宗教信仰者、艾滋病患者，区域间的态度较为一致，西北地区的宽容度稍微偏低，这反映了人们对不同群体的态度一方面与当地的经济发展水平相关，另一方面也与当地的宗教信仰、民俗也存在一定关系。

第三节 当前中国公众感知到的不公平待遇状况

公众感知到的不公平待遇，即社会歧视性待遇，作为社会包容的指标之一，是衡量当前社会包容水平的重要标准。在人类社会发展过程中，由于社会资源和社会财富分配的不均衡，社会歧视长期存在。就社会歧视的类别而言，社会歧视包括性别歧视、种族歧视、宗教歧视、家庭背景歧视、学历歧视和年龄歧视等。社会歧视本质上体现的是由于社会财富和社会资源占有上的不平等，占优势地位的社会成员对处于相对劣势的社会成员的排斥问题。在高质量的社会中，社会歧视的发生比率应当处于较低的水平，年龄、性别、种族、宗教信仰、家庭背景或学历都不应当成为阻碍社会成员生存和发展的影响因素，社会成员不应当由于这些因素而受到社会上其他成员的差异化或不公正的待遇。在社会质量理论研究体系中，社会歧视一方面包括不同社会群体之间或社会成员之间的正向或负向的评价；另一方面包括社会上所实行的社会政策和社会制度是否存在制度层面的群体区隔效应。通过对当前我国社会歧视现状的研究，既可以了解当前社会公众的社会包容水平，还能够对当前社会政策和社会制度实施的社会影响效果进行客观测量。

一　当前公众对社会不公正待遇的评价

从当前我国公众对社会不公正待遇状况的评价来看，在家庭背景及社会关系、受教育程度、职业、户口、年龄和性别方面存在不公正待遇的情况较为严重，相对而言，种族/民族和宗教信仰方面的不公正待遇的评价相对较低。具体而言，受访者中有45%的人认为在家庭背景及社会关系方面存在不公正待遇，43.7%的人认为在教育方面存在不公正待遇，37.8%的人认为在职业方面存在不公正待遇，22.4%的人认为户口方面存在不公正待遇，33.5%和23.7%的人认为年龄和性别方面存在不公正待遇。而在种族/民族和宗教方面，只有10.4%和9.4%认为存在不公正待遇。

表6—7　　公众对当前社会存在不公正待遇严重性评价　　（单位:%）

歧视类别	非常严重	比较严重	不太严重	无此问题	不好说
年龄	9.8	23.7	38.8	21.9	5.8
性别	5.1	18.6	42.6	28.7	5.0
种族/民族	2.7	7.7	40.4	40.2	8.9
户口	6.1	16.3	37.4	34.1	6.1
宗教	2.6	6.8	33.9	39.8	16.9
受教育程度	13.5	30.2	28.6	22.0	5.7
职业	10.4	27.4	32.3	23.1	6.8
家庭背景及社会关系	17.3	27.7	28.8	21.4	4.9

注：各项之和约等于100%。

可以发现，整体而言，当前我国社会中在家庭背景及社会关系、职业、教育、户口、年龄、性别等方面，有较高比例的人认为存在着不公正待遇现象，因家庭背景、户籍、教育、职业、年龄、性别等原因的社会歧视还较为广泛地存在于社会中，离多元化和高度包容性的社会还存在一定的距离。

二 不同代际对各类不公平待遇的评价

从不同代际来看，就年龄方面而言，年龄越大的非退休年龄人群认为在年龄方面存在的不公正待遇比例越高，具体来讲，“50 后”群体有 32.5%的人认为存在年龄方面的不公正待遇，但并非最高比例，最高比例来自“60 后”群体，为 40.5%，这是由于“60 后”恰好处于退休年龄段上，他们在就业市场中面临的不公正待遇自然是最多的，随后分别是“70 后”“80 后”和“90 后”。在性别方面，“90 后”群体认为存在不公正待遇最高，比例高达 30.9%，而“50 后”“60 后”“70 后”和“80 后”的不公正待遇评价大致保持在 18.6%—23%，这应该与年轻一代性别意识的崛起有一定的关系。在种族/民族评价方面，不同世代的不公正性评价都较低，在 7.1%—14.8%，彼此差异较小，“90 后”稍微偏高一点。在户口方面，不同世代的评价也较为接近，不公正性评价比例在 19.5%—25%，差异较小，“90 后”稍微偏高一点。在宗教方面，各个世代的不公正性评价都较低，在 7.7%—11%，差异很小，“90 后”稍微高一点。在受教育程度方面，越年轻的世代，不公正待遇评价的比例逐渐升高，其中“90 后”不公正待遇评价的比例高达 56.7%，这一方面说明在当前的就业市场和社会评价方面，人们对教育的重视程度，另一方面说明社会中存在着较为严重的学历歧视，尤其是对年轻一代的学历歧视。在职业方面，越年轻的世代，不公正待遇评价比例升高的趋势，其中“90 后”中有 47.2% 的人认为社会中存在着职业方面的不公正待遇。随着社会分工的细化，在工资待遇、职业社会地位方面都出现了较高的分化，这些都造成了年轻一代面临着更为严峻的职业方面偏见和歧视问题。在家庭和社会关系方面，也存在着显著的随着世代推后不公平待遇评价升高的趋势，其中“90 后”中有 54.4% 的人认为存在着家庭背景和社会关系不公正待遇的问题，这说明，即使是在市场化高度发达的今天，人情、社会关系、家庭背景依然是在社会中影响人们各个方面生活的重要因素。

表 6—8　　不同代际受访者对社会不公正待遇的评价　　（单位：%）

歧视类别	50 后群体	60 后群体	70 后群体	80 后群体	90 后群体
年龄	32.5	40.5	36.2	32.1	27.6
性别	18.6	23.0	21.8	21.3	30.9
种族/民族	7.1	10.5	8.0	10.0	14.8
户口	19.5	23.1	20.0	23.5	25.0
宗教	7.7	9.1	8.9	9.1	11.0
受教育程度	27.8	35.9	41.9	47.8	56.7
职业	28.6	35.4	35.0	38.1	47.2
家庭背景及社会关系	33.2	40.7	42.6	48.0	54.4

三　不同受教育程度群体对社会不公正待遇的评价

在年龄方面，初中及以下群体认为存在不公正待遇的比例最高，为35.4%，而其他群体之间差异不大，在30%—32.1%。在性别方面，大本及以上的群体认为存在性别方面不公正待遇比例最高，为38.3%，而其他群体之间差异不大，在21.3%—23.2%，这与大学教育对人们性别平等意识的促进作用有关。在种族/民族方面，各个群体之间的评价大致相当，大本及以上群体的不公平评价比例最高为13.8%。在户口方面，各个群体之间差异不大，其中大本及以上和初中及以下的不公平性评价最高，分别为26.4%和23.0%，这与受过高等教育群体更有可能留在大城市就业而面临户籍歧视，以及初中及以下群体作为农民工在城市中面临的户籍歧视都有关系。在宗教方面，各个群体的不公正性评价比例都较低，在7.1—10.3%。在受教育程度方面，受教育程度越高的群体反倒觉得在社会中因为教育程度的不公平性待遇越高，其中大本及以上人群中有58.3%的人认为教育程度存在不公正性待遇，这可能与他们在就业市场中更有可能以学历、毕业院校等侧面被评价。在职业和家庭背景及社会关系方面，依然是受教育程度越高，对社会中此类不公正待遇评价比例越高，其中分别有高达48.9%和58.1%的大本及以上人群认为存在此类不公正待遇。这可能与他们的社会公正意识觉醒和以能力衡量人的价值标准有关。

表6—9 不同教育程度受访者的社会歧视经历 (单位:%)

歧视类别	初中及以下	高中中专技校	大专	大本及以上
年龄	35.4	32.1	30.4	30.0
性别	21.3	21.5	23.2	38.3
种族/民族	10.4	9.1	9.2	13.8
户口	23.0	19.5	20.4	26.4
宗教	10.3	7.1	7.7	9.9
受教育程度	38.1	46.4	51.5	58.3
职业	33.8	39.9	42.7	48.9
家庭背景及社会关系	39.0	49.8	52.3	58.1

四 不同收入群体对社会不公正待遇的评价

在年龄方面的不公正待遇，总体来说，中低收入者对此评价的比例相对较高，在36%左右，而中高收入群体对此评价的比例稍微低一些，在30%左右。在性别方面，高收入群体对性别方面不公正待遇的评价稍微偏高，为26.1%，而其他群体的评价在21.6%—23.4%。在种族/民族方面，不同收入群体的评价大致相当，不公正待遇的评价都相对较低，比例在8%—11.9%。在户口方面，不同收入群体的评价大致相当，在20.4%—25%。在宗教方面，各个收入群体亦表现为较低的不公正待遇评价，在8%—11.3%。而在受教育程度方面，高收入群体表现为更高的不公正待遇评价，其比例为49.2%，这可能与高收入职业对教育的要求也相对较高，存在一定的学历、学校偏见。在职业方面，各个群体的不公正待遇评价在34.2%—40.7%，收入越高，不公正待遇评价相对越高。在家庭背景及社会关系方面，亦存在同样的趋势，这可能与高收入职业本身竞争较大，存在着社会关系输入等因素。

表6—10 不同收入群体对社会不公正待遇的评价 (单位:%)

歧视类别	低收入群体	中低收入群体	中等收入群体	中高收入群体	高收入群体
年龄	35.5	36.7	35.4	30.9	31.5
性别	23.3	23.4	23.1	21.6	26.1
种族/民族	11.9	11.7	10.5	8.0	10.4

续表

歧视类别	低收入群体	中低收入群体	中等收入群体	中高收入群体	高收入群体
户口	25.0	23.3	20.8	20.4	23.2
宗教	11.3	10.3	9.5	8.0	8.0
受教育程度	37.3	39.9	42.9	45.4	49.2
职业	34.2	36.4	36.6	39.5	40.7
家庭背景及社会关系	39.4	41.1	43.9	45.6	51.8

五　城乡居民对社会不公正待遇的评价

结合 CSS2019 数据结果可以发现，城乡居民在年龄、性别、种族/民族、户口、宗教、受教育程度、职业、家庭背景及社会关系等方面的不公正待遇的评价差异都不是特别大，仅仅受教育程度、职业、家庭背景及社会关系方面的评价差异稍微大一些，但依然没有超过 10%，可见社会不公正待遇评价方面，城乡之间不存在巨大差异。

表 6—11　　城乡受访者的社会歧视经历　　（单位：%）

歧视类别	农村	城镇
年龄	33.6	33.4
性别	24.8	22.2
种族/民族	10.2	10.7
户口	21.2	24.3
宗教	8.7	10.3
受教育程度	45.9	40.5
职业	39.9	35.0
家庭背景及社会关系	47.8	41.0

六　不同地区居民对社会不公正待遇的评价

从不同地区居民对年龄方面不公正待遇评价来看，华北地区居民的不公正待遇评价比例最高为 38.3%，比例最低的地区为华东地区，比例为 30.3%；对性别不公正待遇的评价来看，各个区域相差不大，比例最高的东北地区为 25.4%，比例最低的华东地区为 21.9%；在种族/民族不公正待遇方面，比例最高的为西南地区和西北地区，分别为15.2%和15.9%，而比例最低的为华北地区7.7%；在户口不公正待遇方面，比例最高的是西北地区，为24.9%，比例最低的华北地区为19.3%；在宗教不公正待遇方面，比例最高的西北地区为13.4%，比例最低的华东地区为7.7%；在受教育程度不公正待遇方面，比例最高的东北地区为48.6%，而比例最低的华北地区为37.7%；在职业不公正待遇方面，比例最高的东北地区为40.2%，比例最低的华北地区为34.2%；在家庭背景及社会关系不公正待遇方面，比例最高的华中南地区为46.5%，而比例最低的华北地区为39.3%。

表6—12　　不同地区受访者的社会歧视经历　　（单位:%）

歧视类别	东北	华北	华东	华中南	西南	西北
年龄	34.4	38.3	30.3	34.0	35.5	34.7
性别	25.4	23.0	21.9	24.4	24.9	24.1
种族/民族	9.3	7.7	8.5	9.7	15.2	15.9
户口	22.1	19.3	21.8	23.1	23.1	24.9
宗教	10.2	8.4	7.7	9.5	10.1	13.4
受教育程度	48.6	37.7	42.5	45.3	42.3	42.3
职业	40.2	34.2	36.9	39.7	36.3	37.4
家庭背景及社会关系	49.0	39.3	43.2	46.5	45.4	43.6

第四节　当前中国公众的社会公平感

社会公平感是社会成员对当前社会现象、社会财富和资源分配等问题的认知体验。当前我国社会正处于社会结构转型和体制转轨的关键时期，随着社会结构的变动和利益主体的多元化，众多社会问题日益凸显，社会各领域中均在一定程度上存在不公平的情况。在社会质量理论中，社会公平是影响社会成员对当前社会质量判断的重要因素。社会成员对社会公平感评价的影响因子众多，经济公平、政治公平、制度公平、资源分配公平均会对其公平感产生影响。在一个高质量的社会中，社会财富和资源的分配更为公正合理，社会公众拥有较高的社会公平感，每一个社会成员均可以享有平等的社会权利，个体与社会处于良性的互动过程之中，能够通过自身努力实现自我更好的生存和发展。社会成员或不同社会群体之间的互动是基于公正平等之上，彼此之间的排斥对立状况减少。因此，公众的社会公平感是衡量当前社会公平正义状况以及社会是否良性运行的重要标准。提升公众的社会公平感，减少社会不公平现象的产生，对于促进社会和谐发展具有重要意义。

一　当前公众的整体社会公平感

从公众的整体公平感来看，当前我国公众在社会各领域中的公平感评价水平较高。具体而言，从高考制度来看，认为高考制度不公平的受访者占比为14.1%，认为公平的受访者占比达78.4%。就公共医疗而言，有23.6%的受访者认为当前公共医疗不公平，认为公平的受访者占比达72%。从司法与执法来看，认为司法与执法不公平的受访者占比为18.7%，认为公平的受访者占比达71.5%。从养老等社会保障待遇来看，认为养老等社会保障待遇不公平的受访者占比为26.9%，有68.2%的受访者认为当前养老等社会保障待遇公平。就政治权利而言，有22.3%的受访者认为当前政治权利不公平，认为公平的受访者占比达70%。从工作与就业机会来看，认为工作与就业机会不公平的受访者占比为31.9%，认为公平的受访者占比达60.3%。就财富及收入分配而言，有36.2%的受访者认为当前财富及收入分配不公平，认为公平的受访者占比56.7%。就城乡之间的权利、待遇而言，有45.7%的受访者认为当前城乡之间的权利、待遇不公平，认为公平的受访者占比47.4%。

表6—13　　当前我国公众的整体社会公平感状况　　（单位:%）

	非常不公平	不太公平	比较公平	非常公平	不好说
高考制度	4.6	9.5	46.4	32.0	7.6
公共医疗	5.0	18.6	56.5	15.5	4.4
司法与执法	3.9	14.8	52.3	19.2	9.8
养老等社会保障待遇	6.7	20.2	54.2	14.0	4.9

续表

	非常不公平	不太公平	比较公平	非常公平	不好说
政治权利	5.0	17.3	51.2	18.8	7.7
工作与就业机会	5.0	26.9	50.2	10.1	7.8
财富及收入分配	8.1	28.1	47.1	9.6	7.1
城乡之间的权利、待遇	11.9	33.8	40.0	7.4	6.9

注：各项之和约等于100%。

从2019年的数据来看，民众对社会各领域的公平感评价相对较高，尤其在对高考制度公平性评价方面。而城乡之间的权利待遇、财富及收入分配、工作及就业机会方面的公平性评价相对较低。相较于2017年的数据，2019年民众的公平感有所提升，其中提升最为明显地表现在对高考制度、司法与执法、政治权利、工作与就业机会、财富及收入分配和城乡之间的权利待遇；相比之下，在公共医疗和养老等社会保障方面的提升不明显。

二　不同代际的社会公平感

CSS2019数据显示，从不同代际人群来看，各代际群体的社会公平感评价存在一定差异。通过分析不同代际人群对各社会领域的社会不公平感评价占比来分析其社会公平感状况。具体来看，在对高考制度的评价上，“70后”“80后”认为高考制度的不公平的占比较高，然后依次是“60后”“50后”“90后”认为高考制度不公平的占比最低。在对政治权利的评价上，“70后”“80后”认为政治权利不公平的占比较高，其他群体则相对较低，均在20%左右。在对司法与执法的评价上，“70后”“80后”认为司法与执法不公平的占比较高，都在20%以上，其他群体则相对较低。在对公共医疗的评价上，从“50后”到“90后”，认为公共医疗不公平的占比从27.3%到16.3%依次下降，表明越年老的世代对公共医疗的关注和切身体会越多，其不公平的感受也就越深刻。在对工作与就业机会的评价上，“60后”到“90后”这些正在工作岗位上或即将进入工作岗位的群体的不公平感较高，认为工作与就业机会不公平的占比都在30%以上，而已经退休的“50后”群体认为工作与就业机会不公平的占比则相对较低。在对财富及收入分配的评价上，“70后”认为财富及收入分配不公平的占比最高，为37.9%，“60后”认为财富及收入分配不公平的占比最低，为29.1%。在对养老等社会保障待遇的评价上，“60后”认为养老等社会保障待遇不公平的占比最高，为30.6%，“90后”认为养老等社会保障待遇不公平的占比最低，为20.7%。在对城乡之间的权利、待遇的评价上，受调查的所有群体认为城乡之间的权利、待遇不公平的占比都在40%以上，表明城乡之间的权利、待遇不公平感普遍较高。

表6—14　　不同代际的社会公平感状况　　（单位:%）

	“50后”群体	“60后”群体	“70后”群体	“80后”群体	“90后”群体
	不公平	不公平	不公平	不公平	不公平
高考制度	11.2	12.5	16.6	18.9	10.6
政治权利	19.0	21.6	23.0	26.8	20.3
司法与执法	15.9	19.1	20.7	22.9	14.9
公共医疗	27.3	27.2	26.3	23.3	16.3
工作与就业机会	24.7	33.9	32.6	31.7	34.0
财富及收入分配	34.4	29.1	37.9	35.7	33.7
养老等社会保障待遇	28.7	30.6	29.2	27.3	20.7
城乡之间的权利、待遇	44.2	47.6	47.8	47.0	42.1

2019年的数据表明，不同世代对各个领域的公平感评价呈现出比较复杂的局面，总体而言，（1）“90后”群体对大部分制度的不公平性评价都是最低的，尤其是在高考制度、司法与执法、公共医疗，而在工作与就业方面不公平性评价最高；（2）在高考制度、政治权利、司法与执法方面不公平性评价表现为，世代较早的群体不公平感较低，而晚近世代不公平感增高（“90后”除外）；（3）在养老等社会保障、公共医疗方面，表现为世代较早的群体不公平感更高，年轻世代不公平感降低的趋势。

三　不同受教育程度的社会公平感

通过分析不同受教育程度人群对各社会领域的社会不公平感评价占

比来分析其社会公平感状况。从不同受教育程度来看，CSS2019 数据显示，在初中及以下学历的受访者中，认为城乡之间的权利、待遇不公平的占比最高，占比为 48.9%，认为高考制度不公平的占比最低，占比为 14.1%。在高中中专技校学历的受访者中，认为城乡之间的权利、待遇不公平的占比最高，占比为 42.4%，认为高考制度不公平的占比最低，占比为 16.9%。在大专学历的受访者中，认为城乡之间的权利、待遇不公平的占比最高，占比为 37.4%，认为司法与执法不公平的占比最低，占比为 14.9%。在大本及以上学历的受访者中，认为城乡之间的权利、待遇不公平的占比最高，占比为 43.5%，认为高考制度不公平的占比最低，占比为 8.7%。

表 6—15　不同受教育程度的社会公平感状况　(单位:%)

	初中及以下	高中中专技校	大专	大本及以上
	不公平	不公平	不公平	不公平
高考制度	14.1	16.9	15.1	8.7
政治权利	23.5	22.5	18.7	19.5
司法与执法	20.0	19.8	14.9	14.8
公共医疗	25.8	22.0	18.3	19.9
工作与就业机会	31.4	32.3	31.2	34.0
财富及收入分配	35.4	35.7	35.2	41.4
养老等社会保障待遇	28.3	29.0	21.9	21.7
城乡之间的权利、待遇	48.9	42.4	37.4	43.5

从数据分析的结果来看，不同受教育水平的社会群体在社会公平感评价上存在一定差异，表现为，高中及以下群体在高考制度、政治权利、司法与执法、公共医疗、养老等社会保障待遇方面，所感受到的不公平感要远远高于大专及以上群体，而本科及以上群体在工作与就业机会、财富及收入分配方面则感受到更高的不公平感。对比 2017 年的数据，2019 年的数据显示教育水平高的群体的不公平感显著降低，而初中及以下群体的不公平感升高。

四　不同收入群体的社会公平感

通过分析不同收入人群对各社会领域的社会不公平感评价占比来分析其社会公平感状况。从不同收入群体来看，在低收入群体中，认为城乡之间的权利、待遇不公平的占比最高，占比为49.9%，认为高考制度不公平的占比最低，占比为10.4%。在中低收入群体中，认为城乡之间的权利、待遇不公平的占比最高，占比为47.8%，认为高考制度不公平的占比最低，占比为12.6%。在中等收入群体中，认为城乡之间的权利、待遇不公平的占比最高，占比为45.4%，认为高考制度不公平的占比最低，占比为14.6%。在中高收入群体中，认为城乡之间的权利、待遇不公平的占比最高，占比为44.2%，认为高考制度不公平的占比最低，占比为17.4%。在高收入群体中，认为城乡之间的权利、待遇不公平的占比最高，占比为44.7%，认为高考制度不公平的占比最低，占比为15%。2019年的数据显示，不同收入水平群体对各项制度的不公平感差异不大，这与2017年的数据结果是不同的。

表6—16　　不同收入群体的社会公平感状况　　（单位：%）

	低收入群体	中低收入群体	中等收入群体	中高收入群体	高收入群体
	不公平	不公平	不公平	不公平	不公平
高考制度	10.4	12.6	14.6	17.4	15.0
政治权利	22.8	21.8	21.3	23.5	22.6
司法与执法	17.3	18.8	21.0	18.4	18.7
公共医疗	23.4	23.2	25.8	23.1	23.6
工作与就业机会	30.6	32.1	33.3	33.3	30.4
财富及收入分配	34.4	36.0	36.4	38.2	36.2
养老等社会保障待遇	27.9	25.9	28.6	28.9	25.1
城乡之间的权利、待遇	49.9	47.8	45.4	44.2	44.7

五　城乡社会公平感

通过分析不同户籍人群对各社会领域的社会不公平感评价占比来分析其社会公平感状况。从城乡居民的社会公平感状况来看，在农村居民中，认为高考制度不公平的占比为13.3%，认为政治权利不公平的占比为21.9%，认为司法与执法不公平的占比为18.7%，认为公共医疗不公平的占比为23%，认为工作与就业机会不公平的占比为30.5%，认为财富及收入分配不公平的占比为33.2%，认为养老等社会保障待遇不公平的占比为26%，认为城乡之间的权利、待遇不公平的占比相对较高，占比为48.2%。而在城镇居民中，认为高考制度不公平的占比为14.7%，认为政治权利不公平的占比为22.6%，认为司法与执法不公平的占比为19.3%，认为公共医疗不公平的占比为23.9%，认为工作与就业机会不公平的占比为32.9%，认为财富及收入分配不公平的占比为38.3%，认为养老等社会保障待遇不公平的占比为27.6%，认为城乡之间的权利、待遇不公平的占比为44.0%。有50.3%的城镇受访者认为城乡之间的权利、待遇公平。

总体来讲，城乡之间在上述领域的不公平评价差异不大，仅仅在财富及收入分配方面，城镇居民的不公平感高于农村居民，而在城乡居民的权利和待遇方面，农村居民的不公平感高于城镇居民，而在其他方面的评价相当，这与2017年的数据也大为不同。

表6—17 城乡社会公平感状况 （单位:%）

	农村		城镇	
	不公平	公平	不公平	公平
高考制度	13.3	76.8	14.7	79.5
政治权利	21.9	68.8	22.6	70.8
司法与执法	18.7	70.8	19.3	72.0
公共医疗	23.0	72.1	23.9	72.0
工作与就业机会	30.5	59.3	32.9	61.1
财富及收入分配	33.2	58.2	38.3	55.7
养老等社会保障待遇	26.0	68.1	27.6	68.3
城乡之间的权利、待遇	48.2	43.3	44.0	50.3

六　不同地区社会公平感

从全国不同地区人群的社会公平感来看，各地区在对当前社会各领域的社会公平感评价方面存在一定差异。通过分析不同地区人群对各社会领域的社会不公平感评价占比来分析其社会公平感状况。具体来看，华中南地区认为高考制度不公平的人数占比最高，占比为17.9%。认为高考制度不公平人数占比最低的是西南地区，占比为8.3%。认为政治权利不公平人数占比最高的地区是西北地区，占比为24.6%。认为政治权利不公平人数占比最低的地区是华东地区，占比为20.3%。认为司法与执法不公平人数占比最高的地区是东北地区，占比为23.2%，最低的地区是华东地区，占比为14.8%。认为公共医疗不公平人数占比最高的地区是东北地区，占比为28.3%，占比最低的是华东地区和西南地区，占比为20.8%。认为工作与就业机会不公平人数占比最高的地区是华北地区，占比为36.3%，最低的是西南地区，占比为28.6%。认为财富及收入分配不公平人数占比最高的地区是华中南地区，占比为39%，占比最低的地区是西南地区，为30.7%。认为养老等社会保障待遇不公平人数占比最高的地区是东北地区，占比为35.1%，最低的地区是西南地区，占比为20.8%。认为城乡之间的权利、待遇不公平人数占比最高的地区是华中南地区，占比为48.6%。最低的地区是华东地区，占比为43.7%。

表6—18　　不同地区的社会公平感状况　　（单位:%）

	东北	华北	华东	华中南	西南	西北
	不公平	不公平	不公平	不公平	不公平	不公平
高考制度	10.3	17.0	14.3	17.9	8.3	9.1
政治权利	21.1	22.3	20.3	24.2	22.0	24.6
司法与执法	23.2	20.8	14.8	21.9	16.9	18.4
公共医疗	28.3	23.8	20.8	26.8	20.8	22.0
工作与就业机会	34.1	36.3	31.1	31.4	28.6	34.6
财富及收入分配	36.0	38.7	35.1	39.0	30.7	37.2
养老等社会保障待遇	35.1	26.1	25.7	30.5	20.8	23.6
城乡之间的权利、待遇	43.9	45.9	43.7	48.6	45.2	44.8

可以发现，东北地区在司法与执法、公共医疗、工作与就业、养老等社会保障待遇方面的不公平评价比例更高，而华北地区主要在财富与

收入分配，华东地区在高考制度方面，华中南在公共医疗、财富及收入分配、城乡之间的权利、待遇方面，西北地区在工作与就业机会方面，不公平性评价相对较高，表现出一定的地域差异。

第五节 小结

众所周知，国家的经济发展与社会发展紧密相连，改革开放40年来，我国经济飞速发展，人均GDP显著提升。在一个高质量的社会中，高速发展的社会经济应当与较高的社会包容水平相匹配。在人们物质经济生活有所保障的基础上，需要进一步提升全社会包容水平，构建包容性社会。从当前我国社会包容来看，社会包容水平需要进一步提高，当前社会宽容程度相对偏低，各类社会歧视还在一定程度上存在，部分领域的社会公平感评价还不高。

就社会宽容而言，我国目前的社会宽容仍然处于较低水平，尤其是在对同性恋群体、艾滋病群体的接纳方面。相较于2017年，2019年各个群体的社会宽容度已经得到了一定程度的提升，这说明社会的开放度和宽容度在近两年得到了一定程度的提升。同时，越年轻的群体，对各类特殊群体的接受度就越高，这符合现代化变迁下代际差异的规律，较老世代在近两年的社会宽容度也有所提升，这说明社会宽容的思想在逐渐向更为广泛的人群扩散。同样的趋势也发生在不同教育水平和城乡群体之间，受教育水平越高的人群以及城镇居民，其社会宽容度越高，而教育程度低的民众以及农村居民随着时间的推移，以及精英群体观念的涓滴效应，社会宽容度在逐步提升。不同地域之间的社会宽容度也存在着差异，经济发展水平高的地区如华东、华中南区域，通常表现出对不同生活方式和性取向更高的宽容度，而经济发展水平较低的区域如西北和西南地区，则表现出对乞讨者、刑满释放者等弱势群体更强的包容度，而西北地区由于复杂的宗教关系则表现出对宗教信仰较低的宽容度，这说明人们的社会包容度与当地经济发展水平以及民俗宗教也息息相关。

从公众对社会不公正待遇评价来看，对家庭背景及社会关系、教育程度、职业、户口、年龄和性别方面存在不公正待遇的情况较为严重，相对而言，种族/民族和宗教信仰方面的不公正待遇较少，这说明我国的歧视性待遇更经常发生在年龄、性别、阶层之间。其中年龄越大的人，越容易感受到年龄方面的歧视；而年轻人由于受到性别平等意识的启蒙，更容易感受到性别方面的不公正待遇。其次，在教育、职业和家庭背景及社会关系方面，也表现为年轻世代、高教育水平的群体感受到更大的不公正待遇，这一方面与年轻世代、受教育程度高的群体的平等意识觉醒有关，另一方面也与当前就业市场中的学历、职业及家庭背景的不公正待遇较为普遍有关，社会阶层的进一步固化，降低社会结构中各阶层人员的互相流动性。最终导致不同社会群体或社会阶层之间的矛盾和冲突加剧。

而就社会公平感而言，整体来讲社会成员的社会公平感相对较高，尤其是在高考制度评价方面，相比之下，城乡之间的权利待遇、财富及收入分配、工作及就业机会方面的公平性评价较低，相较于 2017 年，2019 年民众在大部分领域的公平感有所提升，但在公共医疗和养老等社会保障待遇方面的提升不明显，这说明如何进一步加强社会保障方面的公平公正成为提升社会整体公平感的重要方面。在世代差异方面，“90后”的不公平感相对最低，这说明新生代感受到了更大的社会公平感。而在不同教育群体之间，低教育水平群体通常在高考制度、政治权利、司法与执法、公共医疗与养老等方面感受到更大的不公平感，而高等教育群体则在工作与就业机会、财富及收入分配方面感受到更大的不公平感。可以看到，受教育水平较低的群体对于基本保障类制度的不公平敏感度更高，而高等教育群体对于不可见的资源和财富分配领域的不公平敏感度更高。

西方国家的发展经验表明，在社会结构快速转型时期，不能单纯地把目光集中于经济发展上，社会建设同样需要引起足够的重视。只有实现经济与社会的同步发展，才能真正提高社会整体发展水平，提高社会成员的生存质量。社会质量理论认为一个社会的包容程度是衡量其社会发展水平的重要标志之一。只有通过提高社会宽容水平，减少社会歧视，提高社会成员的社会公平感评价，才能提升社会整体包容度，建设更加多元、更加包容的现代社会。

第 七 章

社会赋权报告

第一节　社会赋权概念与测量

社会赋权是社会质量理论考察社会质量的第四个维度，指通过发展社会关系提升人们的社会行动能力，强调个体在社会生活的各个方面具备参与能力，能够最大限度地发挥个体能力和保有个人尊严，旨在个体与社会良性互动的基础上提升个体的社会能动性，促进个体发展。在现代社会治理模式下，一个高质量的社会应当能够充分调动个体的社会能动性，赋予个体参与社会的能力，实现个体和公共领域之间的有效互动。首先是拥有控制自己的生活和利用各种机会增加自由选择空间的能力，其次是能够获得丰富的社会资源和参与社会生活的通畅渠道，进而实现个体潜能，发挥个体参与公共事务的力量。

因此，社会赋权维度的指标体系不仅包含考察民众对信息资讯获取、社会事务参与、参政议政可及性的客观条件相关指标，还包含考察民众参与社会事务和公共治理过程的主观能力、意愿和积极性相关指标；由于社会参与能够提升人们的社会权利和认知权利，这一维度也强调建设公民服务型社会的重要性和发展非政府组织的必要性。① 社会赋权作为个体在特定社会中提升生活质量的必要条件，既是一个持续不断的过程，也是一个社会高质量发展的结果，可以通过个体的社会参与、政治参与、

① 林卡：《社会质量理论：研究和谐社会建设的新视角》，《中国人民大学学报》2010 年第 2 期。

政治效能感三个维度进行测量[1]。

一　社会参与

社会参与作为社会赋权的一个重要途径和组成部分，对个体主观精神健康和社会良性运行的作用已得到了学者广泛的关注。一方面，个体通过参与社会活动可以扩大社会支持网络、增加社会资本、提高个体发展能力；另一方面，个体社会参与的增加一定程度上对社会的整体发展和良好运行具有促进作用。

多主体、多层次、多面向、多维度的社会参与是社会建设的基础力量，也是衡量现代化进程的一个重要指标。社会参与首先强调参与的主体是公民而非社会组织，社会组织只是个体参与的中介方式，个体或是单独开展公民活动，或是自主发起，或是参与其他个体发起的公民活动，或是参与社会组织开展的公众活动等；随着技术变革和社会组织方式变迁，社会参与的形式也日趋多样化。本部分主要从线上和线下两个角度考察个体的社会参与水平，线上指的是受访者加入的线上群/圈情况；线下指受访者参与的各种类型社会组织发起的社会活动情况。

二　政治参与

政治参与主要指公民以合法的方式参加政治生活并影响政治体系的构成、规则、运行和政策过程的行为。政治参与作为社会主义民主的重要内容，一直以来是我国政治体制改革的重点领域。改革开放以来，随着市场经济不断发展和政治改革不断深入，我国公众的政治参与也发生了深刻变化，政治参与日趋活跃、参与频率日常化、参与内容日益丰富、参与途径日益多元。

我国政治参与的主体以公民个体为主，既包括公民依法行使选举权和被选举权，也包括日常生活中各种政治活动的参与行为。本部分讨论居民的政治参与，主要包括社区/村委会的选举参与和日常政治参与行为两个方面。

---

① 崔岩、黄永亮：《中国社会质量研究——不同阶层社会质量评价分析》，《浙江大学学报》（人文社会科学版）2019 年第 2 期。

三　政治效能感

政治效能感主要指公民认为自己对政治具有影响的信念，是一种政治和社会变迁是可能的以及公民个体能够促使这一变迁发生的感觉，通常分为内在效能感和外在效能感。其中，内在效能感也可以被理解为个体效能感，主要表现为个人认为自己有能力和机会参与政治活动，也表现为活跃的投票行为和政治相关活动的参与；外在效能感主要指个体认为政府对其诉求做出反应的程度和可能，与政府多大程度上关照、回应、满足个人需求有关。

政治效能感往往与政治参与密切相关。一般而言，具有较高政治效能感的公民，对自己具有影响政府决策的知识和能力有信心（内在效能感），也对政府对自己的诉求做出反应有信心（外在效能感）①，并表现出更为积极的政治行为参与。本部分主要从个体效能感和政府效能感两个方面来测量居民的政治效能感。

本章采用2019年中国社会状况综合调查（CSS2019）的数据，以社会赋权相关概念内涵为基础，并考虑到个人与社会政治生活的互动特征，从社会参与、政治参与、政治效能感三个维度来分析和呈现我国公众当前的社会赋权水平。在分析过程中，依据个人特征如代际、受教育程度、收入、职业以及城乡等对受访者分类，对比分析不同群体间的社会赋权水平差异及其影响因素。

第二节　中国公众的社会参与水平

一　线上群/圈参与水平

近年来，在信息技术的推动下，以各种群/圈为代表的公众线上活动参与迅速增加。线上社会参与对人与社会之间的桥梁和纽带作用日益重要，成为个体社会参与的重要构成。

CSS2019测量了受访者是否参与了线上亲戚间的社交圈、朋友间的社交圈、邻居间的社交圈（如业主群）、同事群、宗教信仰群、同乡群、同

① 胡荣：《中国人的政治效能感、政治参与和警察信任》，《社会学研究》2015年第10期。

学和校友群、兴趣群（如文体娱乐群、购物群）、公益社团群（如家委会、志愿者、环保组织）、行业和协会群（如商会、农村合作组织、专业学会、行业协会）、维权群十一类社交群/圈。结果显示，我国居民的线上社会参与范围广泛、参与程度较高，已成为居民参与社会生活所必不可少的重要内容之一①。

在各类线上社交群/圈中，参与率最高的是亲戚间的社交圈。数据显示，受访者参与各类线上社交群/圈的比例，由高到低的排序为：亲戚间的社交圈（83.7%），朋友间的社交圈（80.9%），同学、校友群（60.4%），同事群（53.2%），邻居间的社交圈（33.0%），同乡群（27.3%），兴趣群（25.5%），行业、协会群（25.2%），公益社团群体（12.3%），维权群（2.5%），宗教信仰群（2.1%）。可见，居民参与的线上社交群/圈具有一定的功能性，并且个体的线上社会参与范围比较广泛。

考虑到个人精力、物力、知识、接受水平以及线上群/圈特性等因素对个体参与线上群/圈的影响，本部分从个体的代际、受教育程度、收入、职业、居住地的城乡属性对我国当前个体线上群/圈参与水平做进一步考察。结果显示，我国当前线上群/圈参与水平呈现出较为明显的代际、受教育程度、收入、职业、城乡等差异。即代际越近，线上群/圈参与水平越高；受教育程度越高，线上群/圈参与水平越高；收入水平越高，线上群/圈参与水平越高；不同职业间的线上群/圈参与水平差异明显；城镇居民的线上群/圈参与内容较农村居民更为广泛，参与水平也比农村居民高。

（一）基于代际的线上群/圈参与水平

表7—1　　各代际群体的线上群/圈参与情况　　（单位：%）

	"50后"	"60后"	"70后"	"80后"	"90后"及以后	合计
亲戚间的社交圈	72.0	81.1	83.5	85.5	85.5	83.7
朋友间的社交圈	63.4	71.4	79.8	83.2	87.1	80.9
同学、校友群	39.2	39.8	53.0	64.9	75.0	60.4

① 加入线上群/圈的群体占样本中上网群体的95.6%，占全部样本的74.8%。

续表

	“50后”	“60后”	“70后”	“80后”	“90后”及以后	合计
同事群	38.9	47.7	57.3	60.4	49.5	53.2
邻居间的社交圈	31.2	33.6	38.9	38.0	25.0	33.0
同乡群	14.9	22.3	25.2	30.1	30.9	27.3
兴趣群	14.2	14.3	15.4	25.1	39.9	25.5
行业、协会群	8.2	16.3	25.2	30.3	28.0	25.2
公益社团群体	7.2	7.9	10.1	12.2	16.7	12.3
维权群	1.9	2.4	2.0	3.8	2.0	2.5
宗教信仰群	3.0	2.6	2.1	1.9	1.9	2.1
以上都没有	16.0	7.6	4.9	3.2	1.7	4.4
样本量	429	1062	1842	1865	2497	7695

数据结果显示，年龄越小，线上群/圈的参与水平就越高，但在具体群/圈类型方面存在进一步的代际差异。“50后”“60后”“70后”“80后”和“90后”及以后五个代际中，参加过线上群/圈的比例依次为84%、92.4%、95.1%、96.8%和98.3%。从各代际的线上群/圈参与率可以看出，随着年龄降低，各代际参加线上群/圈的比例越来越高，这在一定程度上反映了线上社会参与的年轻化特征，同时也表明年轻人是线上社会参与的重要群体。在同事群、邻居间的社交圈、行业群、同行群、协会群的参与率上，呈现出倒“U”形趋势，一定程度上同“90后”及以后群体中存在一定数量的个体还未走上工作岗位或还未组建新家庭等因素有关。此外，各代际线上群/圈参与程度的差异只有在宗教信仰群/圈参与方面的统计结果上不显著。

（二）基于受教育程度的线上群/圈参与水平

表7—2　　不同受教育程度群体的线上群/圈参与情况　　（单位:%）

	初中及以下	高中中专技校	大专	大本及以上	合计
亲人亲戚间的社交圈	83.1	81.0	85.2	87.7	83.7
朋友间的社交圈	75.7	80.8	86.7	90.6	80.9

续表

	初中及以下	高中中专技校	大专	大本及以上	合计
同学、校友群	44.1	67.2	76.5	82.9	60.4
同事群	42.1	57.4	70.6	63.3	53.2
邻居间的社交圈	38.1	30.8	30.5	24.0	33.0
同乡群	31.1	26.6	20.8	23.3	27.3
兴趣群	15.4	26.4	33.7	45.3	25.5
行业群、同行群、协会群	17.8	25.7	35.5	36.3	25.2
公益社团群体	6.0	13.1	17.9	23.8	12.3
维权群	1.7	2.8	3.9	2.9	2.5
宗教信仰群	2.6	1.9	1.5	1.6	2.1
以上都没有	6.3	4.1	2.4	1.3	4.4
样本量	3566	1744	1091	1284	7685

数据结果显示，受教育程度越高，线上群/圈参与比例越高。初中及以下、高中中专技校、大专、大本及以上四个学历群中，参加线上群/圈的比例依次为93.7%、95.9%、97.6%和98.7%。可见，受教育程度越高，参加线上群/圈的比例越高。受教育程度和参与线上群/圈的比例成正比，一定程度上意味着受教育程度高的群体更容易满足线上群/圈参与的条件。在线上群/圈参与的具体类型方面，除邻居、同乡和宗教信仰群的线上参与和受教育程度呈负相关的关系，其他类线上群/圈的参与程度均与受教育程度呈正比。

（三）基于收入的线上群/圈参与水平

表7—3　　各收入群体的线上群/圈参与情况　　（单位:%）

	低收入群体	中低收入群体	中收入群体	中高收入群体	高收入群体	合计
亲人亲戚间的社交圈	84.0	82.3	82.6	81.9	85.8	83.7
朋友间的社交圈	81.1	75.2	77.1	80.8	85.1	80.9
同学、校友群	61.8	53.0	52.1	57.9	68.6	60.4
同事群	25.8	28.1	46.0	64.8	74.8	53.2
邻居间的社交圈	31.8	30.8	36.5	32.9	32.7	33.0

续表

	低收入群体	中低收入群体	中收入群体	中高收入群体	高收入群体	合计
同乡群	29.0	30.0	26.5	26.2	26.5	27.3
兴趣群	30.1	24.5	19.8	20.6	29.8	25.5
行业群、同行群、协会群	12.0	12.2	18.9	25.6	41.2	25.2
公益社团群体	12.1	13.8	9.6	11.6	13.8	12.3
维权群	1.0	1.1	1.7	2.8	4.0	2.5
宗教信仰群	1.9	3.2	2.2	2.2	1.7	2.1
以上都没有	5.0	6.7	6.2	4.1	2.5	4.4
样本量	1452	879	1283	1732	2347	7693

数据结果显示，收入水平与线上群/圈的参与程度基本成正比。低、中低、中、中高、高五个收入组群体中，参加线上群/圈的比例依次为95.0%、93.3%、93.8%、95.9%和97.5%。除低收入组群体参加线上群/圈的比例较高外，整体来看，收入水平越高，线上社会活动的参与水平越高。此外，各收入组群体线上群/圈的参与程度差异在同乡、宗教信仰两类群/圈参与方面的统计结果不显著。

（四）基于职业的线上群/圈参与水平

表7—4　　各职业群体的线上群/圈参与情况　　（单位:%）

	单位负责人	专业技术人员	办事人员	商业人员	服务业人员	农业生产人员	工人	不便分类人员	合计
亲戚间的社交圈	85.8	85.1	84.9	86.1	83.8	81.9	82.9	66.1	83.8
朋友间的社交圈	87.4	87.2	84.5	82.6	82.8	70.4	81.2	62.5	80.7
同学、校友群	75.1	75.9	68.9	66.4	56.2	38.7	52.0	38.6	58.4
同事群	85.8	88.7	89.4	60.5	63.6	30.0	70.7	28.1	64.6
邻居间的社交圈	35.3	29.7	31.0	39.0	30.3	40.9	34.0	36.8	34.7
同乡群	24.9	19.5	17.5	29.7	31.4	32.1	34.6	31.6	28.2
兴趣群	33.3	37.2	30.1	24.9	23.2	11.1	18.1	12.3	23.2

续表

	单位负责人	专业技术人员	办事人员	商业人员	服务业人员	农业生产人员	工人	不便分类人员	合计
行业、协会群	58.9	45.5	33.8	39.4	33.6	12.9	27.7	15.8	32.1
公益社团群体	23.6	19.5	20.6	10.1	9.9	5.2	8.1	1.8	11.9
维权群	6.5	2.9	4.4	5.3	2.2	0.7	2.7	1.8	3.0
宗教信仰群	1.3	1.6	1.6	2.6	2.3	2.0	2.0	0.0	2.0
以上都没有	1.6	1.9	2.2	2.3	4.7	8.6	4.4	12.3	4.4
样本量	309	696	549	734	810	1056	841	57	5049

数据结果显示，不同职业群体的线上群/圈参与程度存在一定差异。整体而言，单位负责人的线上群/圈参与程度最高，为98.4%，不便分类职业群体的线上群/圈参与程度最低，为87.7%。同时，不同职业群体参与的线上群/圈的具体类型差异较大，亲戚间的社交圈参与率最高的是商业人员，为86.1%，最低的是不便分类人员，为66.1%；朋友间的社交圈参与率最高的是单位负责人，为87.4%，最低的是不便分类人员，为62.5%；同学、校友群参与率最高的是专业技术人员，为75.9%，最低的是不便分类人员，为38.6%；同事群参与率最高的是办事人员，为89.4%，最低的是不便分类人员，为28.1%；邻居间的社交圈参与率最高的是农业生产人员，为40.9%，最低的是专业技术人员，为29.7%；同乡群参与率最高的是工人，为34.6%，最低的是办事人员，为17.5%；兴趣群参与率最高的是专业技术人员，为37.2%，最低的是农业生产人员，为11.1%；行业、协会群参与率最高的是单位负责人，为58.9%，最低的是农业生产人员，为12.9%；公益社团群体参与率最高的是单位负责人，为23.6%，最低的是不便分类人员，为1.8%；维权群参与率最高的是单位负责人，为6.5%，最低的是农业生产人员，为0.7%；宗教信仰群参与率最高的是商业人员，为2.6%，最低的是不便分类人员，为0.0%。可见，个体参与的线上群/圈同其职业类别具有一定相关性。此外，各职业群体在宗教信仰群/圈的参与方面统计结果不显著。

（五）基于城乡的线上群/圈参与水平

表7—5　城乡居民的线上群/圈参与情况　（单位:%）

	城镇	农村	合计
亲戚间的社交圈	83.8	83.5	83.7
朋友间的社交圈	82.3	78.6	80.9
同学、校友群	64.1	54.1	60.4
同事群	59.3	42.8	53.2
邻居间的社交圈	30.1	37.9	33.0
同乡群	23.2	34.2	27.3
兴趣群	28.2	20.9	25.5
行业群、同行群、协会群	27.4	21.3	25.2
公益社团群体	13.4	10.4	12.3
维权群	2.9	1.7	2.5
宗教信仰群	2.0	2.3	2.1
以上都没有	3.8	5.4	4.4
样本量	4843	2852	7695

数据结果显示，城镇居民参加线上群/圈的比例高于农村居民，但在群/圈的具体类型方面存在一定差异。城镇居民线上群/圈的整体参与比例和多数具体类型的线上群/圈参与比例均高于农村居民；但是，农村居民在邻居间的社交圈、同乡群、宗教信仰群几类特定线上群/圈的参与方面的比例高于城镇居民。可以看出，我国居民的线上群/圈参与存在一定的城乡差异。此外，城乡居民在亲戚间的社交圈和宗教信仰群两类线上群/圈参与方面的统计结果不显著。

二　线下社会活动参与水平

线上群/圈参与一定程度上体现了个体社会参与的“广度”，而线下社会活动参与则在一定程度上能够反映个体社会参与的“深度”。CSS2019的数据分析结果显示，我国居民中表示没有参加过由任何群体组织的线下活动的比例为55.1%。根据活动组织主体的分类来看，个体参与不同属性主体组织的线下社会活动比例由高到低依次是：校友会（21.6%），文体娱乐组织（17.6%），职业团体（11.1%），宗亲会/同乡会（7.6%），民间公益社团（7.4%），宗教团体（2.6%）和其他团体（1.7%）。相较于线上参与，线下活动参与需要更多时间、精力、资本等条件支持和成本投入，这也是线下社会活动参与比例低于线上群/圈参与的重要原因。同时，线下社会活动参与还存在群体间的差异。本部分进一步从代际、受教育程度、收入、职业和城乡的角度对我国居民的线下社会活动参与状况进行分析。

（一）基于代际的线下社会活动参与水平

表7—6　　各代际群体的线下社会活动参与情况　　（单位：%）

	“50后”	“60后”	“70后”	“80后”	“90后”及以后	合计
宗教团体	4.3	2.7	2.6	2.0	2.1	2.6
宗亲会/同乡会	4.5	4.9	7.2	10.3	9.4	7.6
校友会	11.8	13.2	19.6	24.9	32.4	21.6
文体娱乐组织	10.0	10.4	11.2	16.8	33.8	17.6
民间公益社团	3.9	5.1	6.4	8.9	10.8	7.4
职业团体	2.2	5.0	9.6	16.4	17.9	11.1
其他团体	2.3	1.6	1.9	1.2	1.8	1.7
以上都没有	69.9	69.6	60.4	49.3	35.6	55.1
样本量	1403	1900	2408	2030	2542	10283

数据结果显示，代际越近，个体参与线下社会活动的比例越高，但在社会活动参与的具体类型上存在不同趋势。数据分析的结果显示，我国居民中“50后”“60后”“70后”“80后”和“90后”及以后群体参与线下社会活动的比例分别为30.1%、30.4%、39.6%、50.7%和64.4%。需要指出的是，由宗教团体组织的线下社会活动，“50后”群体的参与比例最高，代际越近，参与比例越低。此外，不同代际参与由其他团体组织的线下社会活动方面的统计结果不显著。

（二）基于受教育程度的线下社会活动参与水平

表7—7 不同受教育水平群体的线下社会活动参与情况 （单位:%）

	初中及以下	高中中专技校	大专	大本及以上	合计
宗教团体	3.1	2.5	1.8	1.5	2.6
宗亲会/同乡会	7.1	8.2	6.9	9.5	7.6
校友会	11.5	31.4	35.7	39.4	21.6
文体娱乐组织	9.1	19.1	29.6	43.0	17.6
民间公益社团	3.8	8.5	13.6	16.6	7.4
职业团体	5.9	13.5	21.8	22.1	11.1
其他团体	1.6	2.0	1.3	2.3	1.7
以上都没有	69.7	43.9	35.2	24.1	55.1
样本量	6484	1907	876	997	10264

数据结果显示，受教育程度越高，个体参与线下社会活动的比例越高，但不同教育程度群体在线下社会活动具体类型的参与上存在差异。初中及以下、高中中专技校、大专、大本及以上各学历群体参加线下社会活动的比例分别为30.3%、56.1%、64.8%、75.9%。需要指出的是，宗教团体发起的线下社会活动的参与方面，学历越低，参与的比例越高。此外，不同学历群体在其他团体组织的线下社会活动参与方面的统计结果不显著。

（三）基于收入的线下社会活动参与水平

表7—8 各收入群体的线下社会活动参与情况 （单位:%）

	低收入群体	中低收入群体	中收入群体	中高收入群体	高收入群体	合计
宗教团体	2.3	3.5	2.7	2.5	2.3	2.6
宗亲会/同乡会	5.6	7.6	6.7	7.2	10.1	7.6
校友会	18.5	13.8	14.9	22.6	32.9	21.6
文体娱乐组织	18.9	17.4	14.1	15.4	21.2	17.6
民间公益社团	5.7	6.0	6.3	7.3	10.4	7.4

续表

	低收入群体	中低收入群体	中收入群体	中高收入群体	高收入群体	合计
职业团体	4.4	4.6	6.8	11.7	23.2	11.1
其他团体	1.3	1.2	2.0	2.0	2.1	1.8
以上都没有	62.4	65.0	62.1	53.5	39.3	55.1
样本量	2056	2044	2036	2072	2074	10282

数据结果显示，除低收入组的群体参与线下社会活动的比例高于中低收入组的群体外，整体而言，收入越高，个体线下社会活动参与的比例越高；低、中低、中、中高、高收入组各群体参与线下社会活动的比例分别为 37.6%、35.0%、37.9%、46.5%、60.7%。此外，不同收入群体在宗教团体和其他团体组织的线下社会活动参与方面的统计结果不显著。

（四）基于职业的线下社会活动参与水平

表 7—9　　各职业群体的线下社会活动参与情况　　（单位:%）

	单位负责人	专业技术人员	办事人员	商业人员	服务业人员	农业生产人员	工人	不便分类人员	合计
宗教团体	2.2	1.3	1.7	2.7	2.5	2.9	2.8	2.8	2.5
宗亲会/同乡会	12.0	6.6	7.9	9.8	8.1	5.5	11.0	2.8	7.9
校友会	38.9	34.0	29.6	30.1	19.8	8.1	20.6	22.2	20.9
文体娱乐组织	34.2	31.7	25.0	16.9	13.5	7.3	10.4	8.3	15.3
民间公益社团	18.0	12.9	16.4	6.6	6.4	3.9	5.2	8.3	7.6
职业团体	30.4	32.9	20.9	17.6	13.7	3.9	14.1	8.3	14.6
其他团体	3.2	2.2	3.8	1.5	1.4	1.3	1.3	0.0	1.8
以上都没有	22.2	29.2	35.1	47.6	55.6	75.9	57.0	58.3	55.0
样本量	316	715	581	824	996	2086	1062	72	6651

数据结果显示，不同职业群体的线下社会活动参与存在差异。其中，单位负责人的群体参与线下社会活动的比例最高，农业生产人员的群体参与线下社会活动的比例最低。单位负责人、专业技术人员、办事人员、

商业人员、服务业人员、农业生产人员、工人、不便分类人员各职业群体参与线下社会活动的比例分别为77.8%、70.8%、64.9%、52.4%、44.4%、24.1%、43.0%、41.7%。就参与的线下社会活动具体类型而言，宗教团体组织的线下社会活动参与比例最高的是农业生产人员，为2.9%，最低的是专业技术人员，为1.3%；宗亲会/同乡会组织的线下社会活动参与比例最高的是单位负责人，为12.0%，最低的是不便分类人员，为2.8%；校友会组织的线下社会活动参与比例最高的是单位负责人，为38.9%，最低的是农业生产人员，为8.1%；文体娱乐组织组织的线下社会活动参与比例最高的是单位负责人，为34.2%，最低的是农业生产人员，为7.3%；民间公益社团组织的线下社会活动参与比例最高的是单位负责人，为18.0%，最低的是农业生产人员，为3.9%；职业团体组织的线下社会活动参与比例最高的是专业技术人员，为32.9%，最低的是农业生产人员，为3.9%；其他团体组织的线下社会活动参与比例最高的是办事人员，为3.8%，最低的是不便分类人员，为0.0%。此外，不同职业群体在宗教团体组织的线下社会活动参与方面的统计结果不显著。

（五）基于城乡的线下社会活动参与水平

表7—10　　城乡居民的线下社会活动参与情况　　（单位:%）

	城镇	农村	合计
宗教团体	2.5	2.7	2.6
宗亲会/同乡会	7.1	8.3	7.6
校友会	25.8	15.6	21.6
文体娱乐组织	20.1	14.1	17.6
民间公益社团	8.7	5.6	7.4
职业团体	13.6	7.7	11.1
其他团体	1.9	1.5	1.7
以上都没有	49.3	63.3	55.1
样本量	5802	4481	10283

数据结果显示，城镇居民参与线下社会活动的比例整体高于农村居民；城镇居民、农村居民参与线下社会活动的比例分别为50.7%、

36.7%。农村居民除了在宗教团体、宗亲会/同乡会组织的线下社会活动参与方面的比例略高于城镇居民外，其余各类团体组织的线下社会活动参与率均低于城镇居民的。此外，城乡居民在宗教团体组织的线下社会活动参与方面的统计结果不显著。

第三节　中国公众的政治参与水平

一　村/居委会选举参选率

CSS2019 数据分析的结果显示，我国三成左右的居民表示近两年参与过村（居）委会的选举。调查测量了受访者近两年是否参与了村（居）选举的情况，一方面，29.7%的受访者表示近两年参与了村（居）选举，意味着有70.3%的居民近两年未参与过村（居）选举；另一方面，近两年未参与过村（居）选举的居民中有57.6%的居民表示愿意参与选举，个人主观上对村（居）委会选举表达出较高的参与意愿。这说明，一方面，我国推行的基层民主自治存在广泛的群众基础；另一方面，我国村（居）自治水平有待进一步提高，居民参与基层民主自治的主客观制约性因素有待进一步破除。

（一）基于代际的社区/村委会选举参与水平

表7—11　　各代际群体的参与村/居委会选举情况　　（单位:%）

	村（居）选举参与率	村（居）选举参与意愿
“50后”	42.0	54.7
“60后”	38.7	58.2
“70后”	33.0	57.3
“80后”	28.5	55.5
“90后”及以后	14.1	60.1
样本量	10283	7228

数据结果显示，我国居民中，年龄越大，近两年参与村（居）选举的比例越高；“50后”“60后”“70后”“80后”和“90后”及以后五个代际群体中，近两年参与过村（居）选举的比例依次为42.0%、

38.7%、33.0%、28.5%和14.1%。由此可知，年龄越大，村（居）选举的参与率越高。在近两年未参与过村（居）选举的群体中，“90后”及以后群体的参与意愿最高，为60.1%，参与意愿最低的是“50后”，为54.7%。这在一定程度上和当下村（居）常住人口的年龄构成、基层自治的人员构成、基层治理参与的条件性限制、个体政治参与的主观意愿和需求等主客观因素相关。年轻群体虽然主观意愿上对村（居）选举的参与意愿较高，但实际行为上则参与不足，这种意愿和行为之间的落差，需要被纳入完善和提升基层治理体系和治理能力的过程考量之中。

（二）基于受教育程度的村/居委会选举参与水平

表7—12　不同受教育程度群体的参与村/居委会选举情况　（单位：%）

	村（居）选举参与率	村（居）选举参与意愿
初中及以下	34.7	57.5
高中中专技校	29.0	56.9
大专	21.8	57.7
大本及以上	15.0	58.7
样本量	10264	7216

数据结果显示，我国居民中，受教育程度越低，近两年村（居）选举的参与率越高；初中及以下、高中中专技校、大专、大本及以上四个学历组中，近两年参与过村（居）选举的比例依次为34.7%、29.0%、21.8%和15.0%；受教育程度越高，近两年参与村（居）选举的比例越低。其中，初中及以下学历群体的参与率最高。近两年未参与过村（居）选举的群体中，各学历群体的参与意愿均比较高，其中大本及以上学历群体对村（居）委会选举的参与意愿最高，为58.7%，参与意愿最低的是高中中专技校学历的群体，为56.9%，不同学历组群体的参与村（居）选举的意愿略有差别，但未通过显著性检验。这说明，我国居民不论教育水平如何，参与村（居）选举的主观意愿水平都比较高。

（三）基于收入的村/居委会选举参与水平

表7—13　　各收入群体的参与村/居委会选举情况　　（单位：%）

	村（居）选举参与率	村（居）选举参与意愿
低收入群体	22.9	54.9
中低收入群体	36.4	60.4
中收入群体	36.4	57.4
中高收入群体	28.9	59.6
高收入群体	26.5	56.9
样本量	10281	7225

数据结果显示，我国居民中，个体收入水平与其近两年来参与村（居）选举的比例呈倒“U”形趋势；低、中低、中、中高、高各组别收入群体近两年来参与过村（居）选举的比例依次为22.9%、36.4%、36.4%、28.9%、26.5%。可以看出，随着个体收入的升高，近两年参与村（居）选举的比例呈现先上升再下降的趋势。其中，中等（中低、中）收入群体参与村（居）选举的比率相比其他收入组别群体更高。近两年未参与过村（居）选举的群体中，中低收入组群体对村（居）委会选举的参与意愿最高，为60.4%，参与意愿最低的是低收入组群体，为54.9%。可见，收入水平对个体参与基层治理不论从主观意愿上还是客观行为上均存在一定影响。

（四）基于职业的村/居委会选举参与水平

表7—14　　各职业群体的参与村/居委会选举情况　　（单位：%）

	村（居）选举参与率	村（居）选举参与意愿
单位负责人	32.0	54.0
专业技术人员	19.4	54.9
办事人员	32.5	59.6
商业人员	23.3	54.3
服务业人员	27.0	55.7
农业生产人员	43.9	59.5

续表

	村（居）选举参与率	村（居）选举参与意愿
工人	31.2	63.3
不便分类人员	26.4	56.6
样本量	6650	4493

数据结果显示，我国居民中，近两年参与过村（居）委会选举的群体在职业分布上存在较大差异。其中，单位负责人、专业技术人员、办事人员、商业人员、服务业人员、农业生产人员、工人、不便分类人员各职业类别组群体参与比例分别为32.0%、19.4%、32.5%、23.3%、27.0%、43.9%、31.2%、26.4%；其中，农业生产人员参与比例最高，专业技术人员参与比例最低。

在村（居）选举的参与意愿方面，各职业群体间也存在一定差异。其中，单位负责人、专业技术人员、办事人员、商业人员、服务业人员、农业生产人员、工人、不便分类人员各职业类别组群体表示愿意参与村（居）选举的比例分别为54.0%、54.9%、59.6%、54.3%、55.7%、59.5%、63.3%、56.6%；其中，工人、农业生产人员、办事人员群体相较其他群体的参与意愿更高。

（五）基于城乡的村/居委会选举参与水平

表7—15　　城乡群体的参与村/居委会选举情况　　（单位:%）

	村（居）选举参与率	村（居）选举参与意愿
城镇	24.2	55.2
农村	37.5	61.8
样本量	10283	7277

数据结果显示，我国居民参与村（居）委会选举存在明显的城乡差异。从参与行为来看，城镇居民和农村居民近两年参与村（居）选举的比例分别为24.2%和37.5%，农村居民的参与比例高于城镇居民；从参与意愿来看，近两年未参与村（居）选举的居民中，55.2%的城镇居民表示愿意参与村（居）委会选举，61.8%的农村居民表示愿意参与村

（居）委会选举，农村居民的参与意愿同样高于城镇居民。

二　日常政治参与水平

表 7—16　　近两年日常政治行为参与情况　　（单位：%）

	参与率	参与意愿
向报刊、电台、网络论坛等媒体反映社会问题	3.8	52.5
向政府部门反映意见	7.6	58.5
参加所在村/居重大决策讨论	8.9	59.3
参加线上/线下集体性维权行动	3.9	54.9

除村（居）委会选举外，我国公众还可以通过日常生活的各种政治活动参与国家治理。CSS2019 的数据结果显示，我国居民日常参与的各类政治行为和活动中，近两年参与率最高的是“参加所在村/居重大决策讨论”。受访者近两年参与各类日常政治行为的比例，由高到低排序依次为：“参加所在村/居重大决策讨论”（8.9%），“向政府部门反映意见”（7.6%），“参加线上/线下集体性维权行动”（3.9%），“向报刊、电台、网络论坛等媒体反映社会问题”（3.8%）。整体而言，我国居民日常化的政治参与比率较低。

（一）基于代际的日常政治参与水平

表 7—17　　各代际群体的日常政治活动参与情况　　（单位：%）

	“50 后”	“60 后”	“70 后”	“80 后”	“90 后”及以后	合计
向报刊、电台、网络论坛等媒体反映社会问题	2.0	2.4	2.7	3.9	6.7	3.8
向政府部门反映意见	7.4	9.6	8.8	7.8	4.9	7.6
参加所在村/居重大决策讨论	11.4	10.5	9.6	9.3	5.3	8.9
参加线上/线下集体性维权行动	3.1	3.5	3.3	5.0	4.3	3.9
样本量	1404	1900	2408	2031	2541	10284

数据结果显示，我国居民中，“50 后”“60 后”“70 后”“80 后”和

“90后”及以后五个代际群体中，参与“向报刊、电台、网络论坛等媒体反映社会问题”的比例依次为2.0%、2.4%、2.7%、3.9%和6.7%；参与“向政府部门反映意见”的比例依次为7.4%、9.6%、8.8%、7.8%和4.9%；“参加所在村/居重大决策讨论”的比例依次为11.4%、10.5%、9.6%、9.3%和5.3%；“参加线上/线下集体性维权行动”的比例依次为3.1%、3.5%、3.3%、5.0%和4.3%。可以看出，年龄越小，“向报刊、电台、网络论坛等媒体反映社会问题”的参与程度越高；相反的是，年龄越小，“参加所在村/居重大决策讨论”比率越低；相较其他代际群体，“80后”和“90后”及以后群体“参加线上/线下集体性维权行动”的比率更高。这体现出了我国居民日常化政治参与的显著代际差异。总体而言，从权利意识来看，代际越年轻，拥有越高的权利意识；从参与渠道来看，代际越年轻，更倾向选择媒体途径参与国家治理；从参与层面来看，代际越年轻，参与基层政治的概率越小，这也一定程度上回应了前述“基于代际的村/居委会选举参与水平”的数据结果。

（二）基于受教育程度的日常政治参与水平

表7—18　各学历群体的日常政治活动参与情况　（单位:%）

	初中及以下	高中中专技校	大专	大本及以上	合计
向报刊、电台、网络论坛等媒体反映社会问题	1.9	4.2	6.0	9.3	3.7
向政府部门反映意见	7.5	7.9	8.2	7.0	7.6
参加所在村/居重大决策讨论	8.4	10.0	9.0	9.2	8.9
参加线上/线下集体性维权行动	3.0	3.8	5.8	6.2	3.9
样本量	5853	1995	1115	1301	10264

数据结果显示，我国居民中，初中及以下、高中中专技校、大专、大本及以上四个学历群体中，参与“向报刊、电台、网络论坛等媒体反映社会问题”的比例依次为1.9%、4.2%、6.0%和9.3%；参与“向政府部门反映意见”的比例依次为7.5%、7.9%、8.2%和7.0%；“参加所在村/居委会重大决策讨论”的比例依次为8.4%、10.0%、9.0%和9.2%；“参加线上/线下集体性维权行动”的比例依次为3.0%、3.8%、

5.8%和6.2%。总体而言，学历越高，“向报刊、电台、网络论坛等媒体反映社会问题”的参与率越高，“参加线上/线下集体性维权行动”的比例也越高；也可以说，受教育程度越高的个体，其权利意识越强、政治参与能力越高、政治参与的行动力越强。

（三）基于收入的日常政治参与水平

表7—19　各收入群体的日常政治活动参与情况　（单位：%）

	低收入群体	中低收入群体	中收入群体	中高收入群体	高收入群体	合计
向报刊、电台、网络论坛等媒体反映社会问题	3.1	3.0	3.2	3.9	5.2	3.8
向政府部门反映意见	5.7	6.3	7.7	8.6	9.0	7.6
参加所在村/居委会重大决策讨论	5.2	10.0	9.2	8.6	10.9	8.9
参加线上/线下集体性维权行动	2.3	2.8	4.3	3.5	5.7	3.9
样本量	1987	1645	1904	2161	2582	10279

数据结果显示，我国居民中，收入水平越高，个体参与日常政治活动的比例越高。低、中低、中、中高、高五个收入组群体中，参与“向报刊、电台、网络论坛等媒体反映社会问题”的比例依次为3.1%、3.0%、3.2%、3.9%和5.2%；参与“向政府部门反映意见”的比例依次为5.7%、6.3%、7.7%、8.6%和9.0%；“参加所在村/居委会重大决策讨论”的比例依次为5.2%、10.0%、9.2%、8.6%和10.9%；“参加线上/线下集体性维权行动”的比例依次为2.3%、2.8%、4.3%、3.5%和5.7%。

（四）基于职业的日常政治参与水平

表7—20　不同职业群体的日常政治活动参与情况　（单位：%）

	单位负责人	专业技术人员	办事人员	商业人员	服务业人员	农业生产人员	工人	不便分类人员	合计
向报刊、电台、网络论坛等媒体反映社会问题	7.0	7.0	7.1	4.5	3.8	1.8	1.5	1.4	3.7

续表

	单位负责人	专业技术人员	办事人员	商业人员	服务业人员	农业生产人员	工人	不便分类人员	合计
向政府部门反映意见	18.0	7.3	11.2	7.0	7.5	8.0	7.7	8.3	8.5
参加所在村/居委会重大决策讨论	22.8	10.2	16.7	8.1	5.4	11.4	8.9	6.9	10.5
参加线上/线下集体性维权行动	7.0	4.5	7.6	4.6	4.1	3.0	3.2	0.0	4.1
样本量	316	715	580	824	996	2086	1062	72	6650

数据结果显示，我国居民中，不同职业群体参与的日常政治活动内容存在一定差异。单位负责人、专业技术人员、办事人员、商业人员、服务业人员、农业生产人员、工人、不便分类人员八类职业群体中，参与“向报刊、电台、网络论坛等媒体反映社会问题”的比例依次为7.0%、7.0%、7.1%、4.5%、3.8%、1.8%、1.5%和1.4%；参与“向政府部门反映意见”的比例依次为18.0%、7.3%、11.2%、7.0%、7.5%、8.0%、7.7%和8.3%；“参加所在村/居委会重大决策讨论”的比例依次为22.8%、10.2%、16.7%、8.1%、5.4%、11.4%、8.9%和6.9%；“参加线上/线下集体性维权行动”的比例依次为7.0%、4.5%、7.6%、4.6%、4.1%、3.0%、3.2%和0.0%。总体而言，单位负责人、专业技术人员、办事人员三类群体在各类型日常政治活动中的参与率均高于其他群体；相较于其他类型的日常政治活动，农业生产人员群体更倾向“向政府部门反映意见”和“参加所在村/居重大决策讨论”。

（五）基于城乡的日常政治参与水平

表7—21　　城乡居民的日常政治活动参与情况　　（单位:%）

	城镇	农村	合计
向报刊、电台、网络论坛等媒体反映社会问题	4.5	2.8	3.8
向政府部门反映意见	7.7	7.5	7.6

续表

	城镇	农村	合计
参加所在村/居委会重大决策讨论	7.6	10.7	8.9
参加线上/线下集体性维权行动	4.3	3.3	3.9
样本量	6018	4265	10283

数据结果显示，我国城乡居民在日常政治活动参与的内容上存在一定差异。城镇居民参与“向报刊、电台、网络论坛等媒体反映社会问题”的比例为4.5%，农村居民为2.8%；城镇居民参与“向政府部门反映意见”的比例为7.7%，农村居民为7.5%；城镇居民“参加所在村/居委会重大决策讨论”的比例为7.6%，农村居民为10.7%；城镇居民“参加线上/线下集体性维权行动”的比例为4.3%，农村居民为3.3%。总体而言，城镇居民更倾向“向报刊、电台、网络论坛等媒体反映社会问题”，农村居民更多地“参加所在村/居重大决策讨论”。

第四节　中国公众的政治效能感水平

一　个体效能感水平

表7—22　　居民对“我有能力和知识对政治进行评论”的看法

	频率	百分比（%）
很同意	1533	14.9
比较同意	3514	34.2
不太同意	3791	36.9
很不同意	933	9.1
不好说	512	5.0

注：各项之和约等于100%。

CSS2019的数据结果显示，我国居民对“我有能力和知识对政治进行评论”的看法表示很同意的比例为14.9%，比较同意的比例为

34.2%，不太同意的比例为36.9%，很不同意的比例为9.1%，另有5.0%的看法为不好说。总的来说，49.1%的居民认同“我有能力和知识对政治进行评论”，可见，我国居民的个体效能感水平有待进一步提高。

（一）基于代际的个体效能感水平

表7—23 各代际群体对“我有能力和知识对政治进行评论”的看法 （单位:%）

	很同意	比较同意	不太同意	很不同意	不好说	样本量
“50后”	17.8	29.3	27.8	14.4	10.8	1404
“60后”	18.0	30.9	32.3	11.2	7.6	1900
“70后”	15.4	32.1	36.7	9.7	6.0	2409
“80后”	13.1	34.0	43.8	7.1	1.9	2030
“90后”及以后	11.9	41.4	39.8	5.5	1.3	2541
合计	14.9	34.2	36.9	9.1	5.0	10284

注：各项之和约等于100%。

数据结果显示，我国居民的个体效能感存在一定的代际差异。“50后”“60后”“70后”“80后”和“90后”及以后五个代际群中，个体效能感最强的是“90后”及以后群体，个体效能感最弱的是“50后”和“80后”。五个代际比较同意[①]“我有能力和知识对政治进行评论”的比例依次为47.1%、48.9%、47.5%、47.1%和53.3%；不太同意“我有能力和知识对政治进行评论”的比例依次为42.2%、43.5%、46.4%、50.9%和45.3%；对“我有能力和知识对政治进行评论”的说法表示“不好说”的比例依次为10.8%、7.6%、6.0%、1.9%和1.3%。“90后”及以后群体对个体效能感的自我确认度更高，年龄越大，越无法对“我有能力和知识对政治进行评论”予以确认。

① 为分析便利，我们将“很同意”和“比较同意”合并为“比较同意”一类，将“不太同意”和“很不同意”合并为“不太同意”一类，下同。

（二）基于受教育程度的个体效能感水平

表7—24　　各学历群体对"我有能力和知识对政治进行评论"的看法　　（单位:%）

	很同意	比较同意	不太同意	很不同意	不好说	样本量
初中及以下	16.5	30.3	34.8	11.3	7.1	5852
高中中专技校	12.8	34.8	41.8	7.7	2.9	1996
大专	11.2	40.1	40.5	6.3	1.9	1115
大本及以上	14.4	45.6	35.0	3.5	1.4	1302
合计	14.9	34.2	36.8	9.1	5.0	10265

注：各项之和约等于100%。

数据结果显示，我国居民个体的政治效能感随学历的提高而提高。初中及以下、高中中专技校、大专、大本及以上四个学历群体中，比较同意"我有能力和知识对政治进行评论"的比例依次为46.8%、47.6%、51.3%和60.0%；不太同意"我有能力和知识对政治进行评论"的比例依次为46.1%、49.5%、46.8%、38.5%；对"我有能力和知识对政治进行评论"的说法表示"不好说"的比例依次为7.1%、2.9%、1.9%和1.4%。可见，受教育程度越高的群体，个体效能感水平越高；受教育程度越低的群体，个体效能感越不确定。

（三）基于收入的个体效能感水平

表7—25　　各收入群体对"我有能力和知识对政治进行评论"的看法　　（单位:%）

	很同意	比较同意	不太同意	很不同意	不好说	样本量
低收入群体	13.3	35.9	35.0	8.8	7.0	1987
中低收入群体	18.5	31.0	31.8	10.9	7.8	1646
中收入群体	16.7	32.5	35.9	10.0	4.8	1905
中高收入群体	13.4	33.4	39.6	9.3	4.3	2162
高收入群体	13.8	36.6	40.0	7.2	2.4	2583
合计	14.9	34.2	36.9	9.1	5.0	10283

注：各项之和约等于100%。

数据结果显示，我国居民的收入水平和个体效能感之间存在一定相关性。低、中低、中、中高、高五个收入组群体中，比较同意“我有能力和知识对政治进行评论”的比例依次为49.2%、49.5%、49.2%、46.8%和50.4%；不太同意“我有能力和知识对政治进行评论”的比例依次为43.8%、42.7%、45.9%、48.9%和47.2%；对“我有能力和知识对政治进行评论”的说法表示“不好说”的比例依次为7.0%、7.8%、4.8%、4.3%和2.4%。可见，各收入组群体的个体效能感水平差异不大；但是，收入水平越高的群体，对个体效能感的自我确认程度越高。

（四）基于职业的个体效能感水平

表7—26　不同职业群体对“我有能力和知识对政治进行评论”的看法

（单位:%）

	很同意	比较同意	不太同意	很不同意	不好说	样本量
单位负责人	14.6	40.5	38.0	5.7	1.3	316
专业技术人员	12.3	42.3	38.4	4.6	2.4	716
办事人员	11.6	37.4	39.3	10.2	1.6	580
商业人员	12.5	33.2	43.6	8.2	2.4	825
服务业人员	13.5	34.3	38.0	9.4	4.8	995
农业生产人员	18.7	29.1	32.0	12.6	7.7	2085
工人	17.7	30.9	38.2	8.6	4.6	1061
不便分类人员	20.8	23.6	44.4	6.9	4.2	72
合计	15.4	33.4	37.1	9.5	4.6	6650

注：各项之和约等于100%。

数据结果显示，我国居民不同职业群体的个体效能感存在一定差异。单位负责人、专业技术人员、办事人员、商业人员、服务业人员、农业生产人员、工人、不便分类人员八类职业群体中，比较同意“我有能力和知识对政治进行评论”的比例依次为55.1%、54.6%、49.0%、45.7%、47.8%、47.8%、48.6%、44.4%；不太同意“我有能力和知识对政治进行评论”的比例依次为43.7%、43.0%、49.5%、51.8%、47.4%、44.6%、46.8%、51.3%；对“我有能力和知识对政治进行评论”的说法表示“不好说”的比例依次为1.3%、2.4%、1.6%、2.4%、

4.8%、7.7%、4.6%、4.2%。可见，单位负责人群体的个体效能感最强，不便分类人员的个体效能感最弱；农业生产人员、服务业人员、工人、不便分类人员四类群体对个体效能感的自我确认程度相较其他群体更低。

（五）基于城乡的个体效能感水平

表7—27　　城乡居民对“我有能力和知识对政治进行评论”的看法

（单位：%）

	很同意	比较同意	不太同意	很不同意	不好说	样本量
城镇	13.5	35.4	38.1	8.6	4.4	6016
农村	16.9	32.4	35.2	9.7	5.8	4266
合计	14.9	34.2	36.9	9.1	5.0	10282

注：各项之和约等于100%。

数据结果显示，我国城乡居民的个体效能感存在一定差异，但总体差异不显著。城镇居民比较同意“我有能力和知识对政治进行评论”的比例（48.9%）略低于农村居民（49.3%）。不太同意的比例城市居民（46.7%）略高于农村居民（44.9%）。但是，对“我有能力和知识对政治进行评论”的看法持“不好说”态度的农村居民比例为5.8%，略高于城镇居民（4.4%）。

总体而言，CSS2019的数据显示，我国公众当前的个体效能感具有一定的代际、学历、收入、职业和城乡差异。其中，“90后”及以后群体、大本及以上学历群体、个人收入位于最高组的群体、警察军人、农村居民的个体效能感相对较高。

二　政府效能感水平

表7—28　　对“老百姓参与政治活动没有用，对政府不能产生什么根本的影响”的看法

	频率	百分比（%）
很同意	1665	16.2
比较同意	2720	26.5

续表

	频率	百分比（%）
不太同意	4005	38.9
很不同意	1343	13.1
不好说	550	5.3

CSS2019 的数据结果显示，我国四成左右的居民比较认同“老百姓参与政治活动没有用，对政府不能产生什么根本的影响”这一看法。受访居民中，对“老百姓参与政治活动没有用，对政府不能产生什么根本的影响”表示很同意、比较同意、不太同意、很不同意和不好说的占比分别为 16.2%、26.5%、38.9%、13.1% 和 5.3%；换而言之，52% 的受访者认为老百姓参与政治活动有用，也能够对政府产生影响；相较于 49.1% 的居民认同“我有能力和知识对政治进行评论”，我国居民总体的政府效能感水平略高于个体效能感水平。

（一）基于代际的政府效能感水平

表 7—29　各代际群体对“老百姓参与政治活动没有用，对政府不能产生什么根本的影响”的看法　（单位：%）

	很同意	比较同意	不太同意	很不同意	不好说	样本量
“50 后”	20.0	30.2	26.7	11.1	12.0	1403
“60 后”	19.9	29.7	30.8	10.9	8.6	1900
“70 后”	17.4	26.8	37.4	12.6	5.9	2409
“80 后”	16.0	26.7	42.7	12.6	2.1	2031
“90 后”及以后	10.4	21.4	50.3	16.6	1.3	2541
合计	16.2	26.5	38.9	13.1	5.3	10284

注：各项之和约等于 100%。

数据结果显示，政府效能感与个体所属代际存在一定相关性。“50 后”“60 后”“70 后”“80 后”和“90 后”及以后五个代际中，比较同意“老百姓参与政治活动没有用，对政府不能产生什么根本的影响”的比例依次为 50.2%、49.6%、44.2%、42.7% 和 31.8%；不太同意“老百姓参与政治活动没有用，对政府不能产生什么根本的影响”的比例依次为37.8%、41.7%、50%、55.3%和66.9%；对“老百姓参与政治活动没有用，对政府不能产生什么根本的影响”的说法表示“不好说”的比例依次为12.0%、8.6%、5.9%、2.1%和1.3%。不同代际的政府效能感存在差异，代际越远，政府效能感越低；代际越近，政府效能感越高；政府效能感最强的是“90后”及以后群体，政府效能感最弱的是“50后”群体；代际越近的群体，对政府效能感的自我确认程度越高。

（二）基于受教育程度的政府效能感水平

表7—30　各受教育程度群体对“老百姓参与政治活动没有用，对政府不能产生什么根本的影响”的看法　（单位：%）

	很同意	比较同意	不太同意	很不同意	不好说	样本量
初中及以下	20.7	28.2	31.7	11.5	8.0	5853
高中中专技校	12.9	27.7	43.6	13.2	2.6	1995
大专	11.2	23.4	47.2	16.5	1.7	1116
大本及以上	5.1	19.5	57.4	17.2	0.8	1300
合计	16.2	26.5	38.9	13.1	5.3	10264

注：各项之和约等于100%。

数据结果显示，居民的政府效能感存在受教育程度的差异。初中及以下、高中中专技校、大专、大本及以上四个学历群体中，同意“老百姓参与政治活动没有用，对政府不能产生什么根本的影响”看法的比例分别为48.9%、40.6%、34.6%、24.6%；不太同意此看法的比例依次为43.2%、56.8%、63.7%、74.6%；对此看法的态度为“不好说”的比例依次为8.0%、2.6%、1.7%、0.8%。可见，学历越高，个体的政府效能感越高，对政府效能感的自我确认程度越高。

（三）基于收入的政府效能感水平

表7—31　各收入群体对“老百姓参与政治活动没有用，对政府不能产生什么根本的影响”的看法　（单位：%）

	很同意	比较同意	不太同意	很不同意	不好说	样本量
低收入群体	16.5	24.9	38.4	13.0	7.2	1987
中低收入群体	18.5	25.0	34.5	13.6	8.4	1645

续表

	很同意	比较同意	不太同意	很不同意	不好说	样本量
中收入群体	16.3	27.6	36.0	14.5	5.6	1905
中高收入群体	17.0	26.7	39.9	12.3	4.2	2161
高收入群体	13.8	27.5	43.6	12.4	2.7	2581
合计	16.2	26.4	39.0	13.1	5.3	10279

注：各项之和约等于100%。

数据结果显示，个人收入和个体政府效能感存在一定相关性。低、中低、中、中高、高五个收入组群体中，比较同意“老百姓参与政治活动没有用，对政府不能产生什么根本的影响”的比例依次为41.4%、43.5%、43.9%、43.7%和41.3%；不太同意“老百姓参与政治活动没有用，对政府不能产生什么根本的影响”的比例依次为51.4%、48.1%、50.5%、52.2%和56.0%；对“老百姓参与政治活动没有用，对政府不能产生什么根本的影响”的说法表示“不好说”的比例依次为7.2%、8.4%、5.6%、4.2%和2.7%。可见，政府效能感最高的是高收入组群体，中低收入组群体的政府效能感最低且对政府效能感的自我确认程度最低。

（四）基于职业的政府效能感水平

表7—32　　不同职业群体对“老百姓参与政治活动没有用，对政府不能产生什么根本的影响”的看法　（单位：%）

	很同意	比较同意	不太同意	很不同意	不好说	样本量
单位负责人	12.0	25.6	44.0	17.7	0.6	316
专业技术人员	5.3	22.0	56.2	15.4	1.1	715
办事人员	8.4	20.1	54.4	14.8	2.2	581
商业人员	17.6	29.7	37.1	10.2	5.3	824
服务业人员	19.3	27.4	38.3	10.6	4.4	996
农业生产人员	21.8	25.0	31.3	13.6	8.3	2087
工人	19.2	31.5	33.9	10.5	5.0	1060
不便分类人员	21.9	30.1	28.8	12.3	6.8	73
合计	17.0	26.3	38.8	12.8	5.1	6652

注：各项之和约等于100%。

数据结果显示，不同职业群体的政府效能感存在一定差异。单位负责人、专业技术人员、办事人员、商业人员、服务业人员、农业生产人员、工人、不便分类人员八类职业群体中，比较同意“老百姓参与政治活动没有用，对政府不能产生什么根本的影响”的比例依次为37.6%、27.3%、28.5%、47.3%、46.7%、46.8%、50.7%和52.0%；不太同意“老百姓参与政治活动没有用，对政府不能产生什么根本的影响”的比例依次为61.7%、71.6%、69.2%、47.3%、48.9%、44.9%、44.4%和41.1%；对“老百姓参与政治活动没有用，对政府不能产生什么根本的影响”的说法表示“不好说”的比例依次为0.6%、1.1%、2.2%、5.3%、4.4%、8.3%、5.0%和6.8%。可见，专业技术人员群体的政府效能感最高，不便分类人员群体的政府效能感最低；单位负责人、专业技术人员、办事人员三类群体对政府效能感的自我确认程度高于其他职业群体。

（五）基于城乡的政府效能感水平

表7—33　　城乡居民对“老百姓参与政治活动没有用，对政府不能产生什么根本的影响”的看法　　（单位:%）

	很同意	比较同意	不太同意	很不同意	不好说	样本量
城镇	14.9	27.1	41.3	12.1	4.6	6018
农村	18.1	25.6	35.6	14.4	6.4	4265
合计	16.2	26.5	38.9	13.1	5.3	10283

注：各项之和约等于100%。

数据结果显示，城镇居民的政府效能感略高于农村居民的政府效能感。城镇居民比较同意“老百姓参与政治活动没有用，对政府不能产生什么根本的影响”的比例（42.0%）略低于农村居民（43.7%），不太同意的比例城市居民（53.4%）略高于农村居民（50.0%），农村居民持“不好说”态度的比例为6.4%，高于城镇居民（4.6%）。可见，城乡差距对我国居民政府效能感影响不显著。

总体而言，我国公众当前的政府效能感具有一定的代际、学历、收入、职业和城乡特征。其中，“90 后”及以后群体、大本及以上学历的群体、最高收入组群体、专业技术人员、城镇居民的政府效能感相对较高。

第五节 小结

本章基于 CSS2019 的数据，主要从我国居民的社会参与、政治参与、政治效能感三个方面考察了我国当前的社会赋权状况。

社会参与方面，本章从个体的线上群/圈参与状况和线下的社会活动参与状况进行了分析。结果发现，上网的居民中，线上群/圈参与率整体较高，而线下活动参与率较低。线上群/圈参与方面，代际越近，参与率越高；受教育程度越高，参与率越高；收入越高，参与率越高；线上群/圈参与率与职业特征的相关性显著；城镇居民参与率略高于农村居民。线下活动参与方面，代际越近，个体参与率越高；受教育程度越高，参与率越高；收入越高，参与率越高；线下社会活动参与率和职业特征的相关性显著；城镇居民参与率高于农村居民。居民线上群/圈参与率和线下社会活动参与情况的差异，以及二者内部表现出来的代际、受教育程度、收入、职业、城乡归属等方面的差异在一定程度上反映了我国当下社会参与的主体构成，也反映出不同群体对社会参与隐含的能力限制、成本投入（如时间、精力）、心理接受程度等条件要求的主客观应对不同。

政治参与方面，本章从村居委会的选举参与状况和日常政治生活参与状况进行了分析。结果发现，居民参与村居选举和日常政治参与的比例均较低，意味着我国居民的政治参与水平整体较低；但是就居民参与意愿而言，半数以上的未参与过村居选举的居民表示愿意参与村居选举，具有较强的政治参与意愿。村居委会选举参与方面，代际越远，参与比例越高；受教育程度越低，参与比例越高；个体收入水平与其近两年来参与村（居）选举的比例呈倒“U”形关系；在职业分布上存在较大差异，农业生产人员参与比例最高，专业技术人员参与比例最低；农村居民参与比例高于城镇居民。在村居选举参与意愿方面，“90 后”及以后群体参与意愿最高；参与意愿在受教育程度上的差异并不明显；就收入而言，参与率最高的群体参与意愿也最强；居民的参与意愿同其职业有一定相关性；农村居民的参与意愿高于城镇居民。日常政治行为参与方面，代际、受教育程度、收入、职业和城乡间差异主要体现在具体参与形式上。我国居民当前政治参与的总体情况是，年轻群体、受教育程度高的群体、收入高的群体、职业现代化程度较高的群体参与程度和参与意愿均较高。

政治效能感方面，本章从个体效能感和政府效能感两个方面进行了分析。结果发现，我国居民的政治效能感整体偏低。个体效能感方面，通过测量居民对“我有能力和知识对政治进行评论”的同意程度发现，居民的个体效能感存在一定代际差异；受教育程度越高，个体效能感越强；不同收入群体的个体效能感存在差异；不同职业群体的个体效能感也存在差异；农村居民的个体效能感高于城镇居民。政府效能感方面，代际越近，政府效能感越强；受教育程度越高，政府效能感越强；不同收入群体的政府效能感存在差异；不同职业群体的政府效能感也存在差异；城市居民的政府效能感略高于农村居民。

综上所述，我国居民在社会参与、政治参与和政治效能感三个维度上的测量结果显示，我国当前整体的社会赋权水平不太高，一定程度上体现了我国现阶段整体的社会发展质量水平，也提示了未来予以进一步提升的可能性方向。社会建设，就是要对我们人类生存和发展活动赖以进行的各种结合体当中今天依然存在并发挥着积极作用的那些结合体本身（家庭、家族、宗族、村庄、社群、社会网、各种正式组织、社会团体、国家等）进行“建设”①，社会赋权是社会建设成效的重要体现。从个体层面来说，较高的社会赋权水平可以提升个人活力，建构个体的社会支持网络，使个体具备较好的应对社会问题的知识与能力；从社会层面来说，较高的社会赋权水平可以形成良好的社会风气，使个体与社会形成良性互动，促进社会有序健康的发展；从政治层面来说，较高的社会赋权水平有助于提升个体参与政治活动的积极性，有利于提升个体对政府的信任程度，推进社会治理的现代化。公共性既是社会建设的重要

---

① 谢立中：《“社会建设”的含义与内容辨析》，《北京大学学报》（哲学社会科学版）2015 年第 2 期，第 98—105 页。

目标又是其支撑性条件之一[①]。因此，社会建设需要在个体赋能的基础上，进一步提升个体的社会参与水平、增强个体能动性，进而提升中国社会整体的社会赋权水平。

---

① 刘求实、王名：《改革开放以来我国民间组织的发展及其社会基础》，《公共行政评论》2009 年第 3 期。

第八章

社会质量综合评估报告

社会质量缘起于欧洲学界，其学理意涵旨在通过建立统一国际标准，形成一套基于宏观数据和调查数据的指标体系。因此，社会质量体系在很大程度上需要宏观统计指标的支撑。宏观统计指标可以有效地对经济社会发展形势进行综合分析，可以了解经济社会发展的速度与质量，对经济社会转型进行预测，特别是对经济社会转型期的转折点进行准确预测和评价。因此，为研究中国社会质量变化，准确预测其转型情况，需要采集大量的宏观数据并对其进行研究分析、综合评估。人民日益增长的美好生活需要和不平衡不充分的发展之间的矛盾，要求我们要重视社会质量的发展，通过加强社会公正与公平的建设，促进公众的社会参与水平，使发展成果更多更公平地惠及全体人民。

本章根据社会质量的发展评价体系，从社会经济保障、社会凝聚、社会包容、社会赋权四个方面综合评估社会整体发展质量，依据2019年中国社会状况综合调查（CSS2019）的数据报告中的主要内容进行总结、归纳、分析、评估，并参照CSS2017的调查数据报告，对比出两期或多期调查数据分析中较明显的变化并加以分析。

第一节　中国社会经济保障水平评估

社会保障是社会质量理论用以考察社会质量的第一个维度。个体只有在物质上具有安全感，才有可能会对社会认同和参与社会建设。就我国当前来看，覆盖城乡居民的社会保障体系基本建立，人民健康和医疗卫生水平大幅提高，保障性住房建设也在稳步推进。但是，通过数据可以看出，当前我国的社会保障也存在着一些问题，对整个社会质量的提升构成了一定的负面影响。

一 家庭财务状况评估

（一）收入充足性

当前在家庭收入水平上，整体而言我国居民家庭收入充足，但六大区之间存在较大差异，其中，华东地区状况最佳，而东北地区、西南地区的收入情况存有隐忧。根据调查数据，2018 年我国居民家庭总收入的均值为 91286 元，消费性总支出均值是 62098 元，前者是后者的 1.47 倍。华东地区的总收入均值超过一万，收支均值比为 1.65，居各地区之首；东北地区和西南地区的收支均值比都低于 1.3，中位值比分别为 1.37 和 1.15。

消费结构上，医疗保健和文教娱乐支出总计占比与饮食支出占比相当。我国居民家庭恩格尔系数在 30% 左右，生活较为富裕。以家庭总支出为基数时，我国居民家庭饮食支出占比为 30.5%，医疗保健支出占比是 14.3%，文教娱乐支出占比是 15.2%；而以家庭总收入为基数时，饮食支出占比为 21.5%，医疗保健和文教娱乐支出占比分别为 10.0% 和 10.2%。

家庭收支平衡上，我国居民家庭中约有 67.4% 的家庭收支状态良好，收支达到平衡，或有盈余。但区域差异明显，其中我国华东地区有将近四分之三的家庭不存在过度支出的情形，收支盈余空间比较大，收支情况较为平衡，而西南地区能实现满足支出的家庭仅为六成，家庭收支较为不平衡。而且人们对收支充足程度的感知较为悲观，我国居民中认为家庭收入能满足支出的家庭比例约为六成，比客观估算低了 7 个百分点。西南、西北地区自评和计算结果差异超过了 10 个百分点。

（二）收入保障

贫困线以上家庭占比上，我国有 85.0% 以上的家庭人均收入水平在省低保线以上，但地区差异明显，其中西南地区情况最差。我国居民家庭人均收入高于本省低保线的比例为 85.4%，城市居民家庭这一比例为 88.4%，比农村居民家庭高出 7.4 个百分点。西南地区有 80.6% 的家庭人均收入在低保线以上，与最高的东北地区、华东地区相差 6.7 个百分点。

家庭主要收入来源上，全国范围内工资性收入在各项收入中依然占据绝对优势。我国有大约四分之三的家庭拥有工资性收入，大约三分之一的家庭拥有农业生产收入，拥有经营性收入的家庭占比为7.8%，所有家庭都有财产性收入和转移性收入。全国接近一半的家庭主要依靠工资性收入，有7.7%的家庭高度依赖转移性收入，有5.9%的家庭高度依赖农业生产收入。

家庭经济困难的主观感知上，居民认为物价、收入、房价、医疗是家庭经济困难的主要问题，这些问题在西南地区居民的感知中最为严重。2018年我国居民认为家庭遇到"物价上涨，影响生活水平""家庭收入低，日常生活困难""住房条件差，建/买不起房"和"医疗支出大，难以承受"方面的困难比例分别为46.6%、42.5%、35.3%和32.4%。西南地区的比例均高于全国水平。

（三）收入不平等

城乡居民家庭人均收入之比上，我国城乡家庭人均收入之比约为2，值得注意的是农村居民家庭医疗保健方面的负担较重。我国城镇居民家庭的人均收入均值比为1.9，中位值比为2.1。城乡均值比在西南地区最高，为2.7；城乡中位值比在东北地区最高，为2.5。城乡之间差异最大且统计显著的支出项目是医疗保健，城镇居民家庭中在这方面支出的占比为12.4%，农村家庭中为18.1%，前者比后者低了5.7个百分点。在文教娱乐、居住和衣着方面的支出上，我国城镇居民家庭的占比显著高于农村家庭，城乡估计值的差异分别为3.0、2.5和2.3个百分点。

最高收入组和最低收入组上，在家庭人均收入、医疗保健负担方面差异显著。我国最高和最低收入组家庭人均收入均值比为30.0，中位值比为19.4。各地区高/低收入组均值的比值大多在30.0左右，只有东北地区比值最低，为18.8。中位值比最高的是华北地区，为23.3，最低的仍然是东北地区，为14.1。最低收入组家庭中医疗保健支出占比为24.7%，而最高收入组这方面支出的占比为10.2%，前者比后者高出14.5个百分点。最高收入组的饮食支出比例显著低于最低收入组，而在家用电器、家具、家用车辆等方面的支出上，比例显著高于最低收入组。

总体来说，2018年我国居民家庭的财务状况普遍良好，但也存在可提高可改善的空间，其中西南地区的发展和居民的社会经济状况需加强关注，以缓解地区发展不平衡不充分问题，满足人们日益增长的美好生活的需要。

二　住房与社保评估

（一）住房状况

住房套数上，目前我国城乡居民家庭绝大多数都拥有自有住房，自有住房率高达94.06%，与2017年基本持平；拥有两套以上住房的比例已超过20.00%，与2017年相比拥有多套自有住房的比例明显上升。分城乡来看，农村居民的住房自有率高于城镇居民，前者比后者高出4.31个百分点；而城镇居民拥有多套住房的比例明显高于农村家庭（23.62%∶19.11%），说明城镇居民的房产除满足自住的需求外，还有一定投资增值比例。分区域看，西南地区住房自有率最高，为96.28%，华北地区最低，为89.71%；对于多套房的自有率，华东地区最高，为27.52%，东北地区最低，为12.51%。基本上呈现南方高于北方、东部高于西部的特点，与各区域经济发展状况密切相关。从住房所在地区来看，大多数购置第二套住房的居民，会选择与第一套住房相同的地区类型；农村和乡镇的居民，呈现出在更高层级的地区购置新房的趋势。

人均住房面积上，2019年居民家庭人均建筑面积为45.38平方米，农村略高于城市；与2017年相比人均住房面积区域变化明显。华北地区人均住房面积最大，为51.22平方米，高出全国人均住房面积6.03平方米，其次是华东、西北、西南、中南、东北地区，分别为50.12平方米、47.16平方米、42.71平方米、40.84平方米、36.54平方米。其中东北地区人均住房面积变化最为明显，人均住房面积由最多变为最少，由53.3平方米减少至36.54平方米。

住房性质上，我国自有住房性质依然以自建住房为主，在所有住房中占64.26%；商品房已成为城镇地区（直辖市、省会城市、县级市、县城）居民自有住房的最主要来源。城乡差异显著，农村地区自有住房中自建住房占比高达93.3%以上，而城镇地区自有住房性质主要以商品房为主，占比为50%以上，尤其是省会城市城区和直辖市城区自有住房中商品房占比均超过60%。

住房增值情况上，2019 年数据显示住房平均增值 8.87 倍，与 2017 年平均增值 4 倍左右相比，增值幅度较为明显。分城乡看，城市居民住房增值情况是农村居民的 2 倍多。分区域看，华北地区住房增值最为明显，平均为购房（或自建）价值的 17.83 倍；住房增值最低的地区是西北地区，平均为购房（或自建）价值的 4.60 倍。从自有住房性质看，增值幅度较大的是原公房和自建房，而增值幅度较低的是商品房和小产权房。这与房屋年代、成本、房屋交易政策等有一定关系。

现居住住房状况上，城乡居民住房均以自有住房为主，但城乡之间也存在明显差异。农村地区 93.85% 的居民居住在自有住房中，而城镇居民为 76.85%，超过 20% 的城镇居民以租住、借住或集体宿舍等形式居住。

（二）城乡社会保障状况

社会保障享有率上，我国医疗保险享有率最高，超过八成的居民都享有医疗保险，其次是养老保险，其享有比例超过一半，而失业保险、工伤保险和生育保险的享有率较低，均不到两成。分城乡看，社会保障水平城乡差异明显，城镇居民的社会保障水平普遍优于农村。分区域看，社会保障水平存在一定的地区差异，养老保险方面，西北地区享有率最高，大约七成的居民享受养老保险，东北地区最低，仍有一半的居民未能享受养老保险；医疗保险方面，区域差异并不明显；在失业保险、工伤保险和生育保险方面，华东地区居民的享有率均处于领先地位；而在城乡最低生活保障方面，除华东、中南经济较发达的地区外，其他地区在城乡最低生活保障方面享有率差异不大，华北地区的享有率最高。

养老保险享有情况上，城镇职工基本养老保险、农村社会养老保险其覆盖范围和享有率仍需进一步提升。受养老保险的政策影响，城镇居民享有的养老保险类型多为城镇职工基本养老保险，大约有一半的城镇居民都享有该保险；而农村居民享有的养老保险类型多为农村社会养老保险，不过仅有不到四成的农村居民享有该保险。

医疗保险享有情况上，我国的医疗保险改革取得了一定的成效，全国新型农村合作医疗保险在各类医疗保险中享有率最高，达 50.26%；但值得注意的是，城乡居民大病保险的享有率均处于较低水平，二者都不足 5%。收入方面，收入越高，在城镇职工基本医疗保险、公费医疗、大病保险的享有率也越高；而低收入组的新型农村合作医疗保险的享有率高于其他类型的医疗保险；我国医疗保险享有情况呈现出区域不平衡，不同保障类型的区域差异特征不同的现象。

社会保障状况的总体评价上，公众的满意度较高，但低收入居民的满意度有待提升。从年龄看，高年龄（60 岁以上）的居民满意度更高，满意度最低的是 30—39 岁年龄组；从城乡来看，城镇居民对我国社会保障状况的满意度比乡村居民满意度更高；从收入来看，中低收入居民对我国社会保障状况的满意程度最高，其次是高收入居民，而低收入居民满意度最低，因此，我国社会保障资源应适度向低收入群体倾斜，以提高其对社会保障的满意度；从区域来看，西北地区居民对我国社会保障状况的满意程度最高，其次是西南地区居民，而东北地区居民对我国社会保障状况的满意度最低，因此，我国社会保障资源应适度向东北地区倾斜，以提高其对社会保障的满意度。

社会经济保障认知情况上，公众对社会经济保障的认知具有倾向性，认为政府应该承担主要责任；而且公众对社会经济保障的认可度偏低。大多数公众认为当前的社会保障水平偏低，因此需要进一步提升我国公众的社会保障水平，让民众感受到真正受益。

三 就业和教育评估

（一）就业的基本形势

职业分布上，2011 年以来的 CSS 的调查数据显示，“毕业后未工作”的群体所占比例呈明显下降趋势；近半数非农劳动者通过入职私营企业和成为个体工商户实现就业；但当前我国仍有相当一部分劳动力从事农、林、牧、渔、水利业的生产和劳动，占比超过三成。“毕业后未工作”的群体所占比例从 2011 年的 25.9%，下降到 2013 年的 13.2%，再到 2015 年的 10.9%，再到 2017 年的 4.03%，2019 年，这一比例进一步降至 3.78%。

工作收入上，各类职业或单位间就业人员的平均工资差距较大，各类职业或单位内部的工资差距同样明显，收入不平等的问题较为突出。各类职业平均时薪差距较大，国家机关、党群组织、企业、事业单位负责人的平均时薪最高，达到了 76.13 元；时薪最低的是劳动时间最短的农、林、牧、渔、水利业生产人员，为 16.66 元。

工作时间上，不同职业类型差别明显，农、林、牧、渔、水利业生产人员中部分劳动者的工作内容具有季节性，总体上每月劳动时间最少；商业、服务业工作人员的平均工作时间最长。从事非农工作的劳动者平均每周工作工作时间较长，为 46.86 小时，略高于《劳动法》规定平均的每周工作时间。不过，中国社会状况综合调查所定义的从事非农工作的劳动者与《劳动法》适用的劳动者概念并不完全一致。

工作技能上，只有近四分之一的在职人员拥有经过认定的专业职称或技术等级，但 66.61% 的劳动者认为自己的工作至少需要一些专业技能。分职业群体看，专业技术人员对自身职业所需专业技能的评价较高，认为自己的工作不需要专业技能的只有 2.29%，符合该职业群体从事专业活动的特征；其次是“警察及军人”和“国家机关、党群组织、企业、事业单位负责人”这两类群体，其工作所需技能也较高；农、林、牧、渔、水利业生产人员对现在从事的非农工作表示不需要专业技能的占比最高，达到了 53.15%。

（二）就业稳定性

订立劳动合同上，劳动合同的签订比例在不同年龄段、不同职业类型、不同单位/公司类型上差别明显。其中值得注意的是，“4050 人员”的劳动合同签订比例较低，工作稳定性和权益保障有待加强；“农、林、牧、渔、水利业生产人员”“生产工人、运输工人和有关人员”“服务性工作人员”和“商业工作人员”，这四类职业未签订劳动合同的比例高于全部职业未签订劳动合同的平均比例，其劳动保障状况需要加强关注；从单位构成来看，超过半数的劳动者通过私营企业或个体工商户实现就业，非公有制经济提供了大量的就业岗位，成为满足就业的主要形式。

主观失业预期上，2015 年以来的 CSS 的数据显示，非农就业劳动者的失业预期较为稳定，但总体上并不乐观，近四分之一的非农劳动者预期未来处在不稳定就业状态。从职业类型看，主观失业预期较高的职业类型有“农、林、牧、渔、水利业生产人员”“生产工人、运输工人和有关人员”“服务性工作人员”以及“商业工作人员”，其他几类职业的稳定性较强，警察及军人的主观失业预期最低；分单位/公司性质看，与非国有部门相比，国有部门的预期失业风险更小，劳动者表示“完全有可能”或“有可能”失业占比前三位的是私营企业、个体工商户和集体企业。

(三) 就业评价

工作满意度上，非农劳动者的总体工作满意度较高，东部地区的工作满意度高于中、西部地区，工作满意度与经济发展水平存在一定关系。分单位类型看，平均工作满意度最低的是个体工商户和私营企业，两类劳动组织的劳动保障和工作稳定性相对较弱，从而影响了劳动者的工作满意度。

就业机会评价上，就业公平感在城乡、性别、年龄、受教育程度上有较明显的差别。具体来说，表现为：农村地区人群、女性群体、低学历群体、中老年群体的就业机会公平感相对较低，相应地，其就业保障工作有待加强。

政府就业保障的评价上，民众对政府的就业保障工作的满意度不高，但超过七成的受访者对地方政府增加就业的工作持肯定的评价。民众对政府的就业保障工作的满意度不高，这可能是因为部分劳动者的工作稳定性较差、工作保障程度较低。但超过七成的受访者对地方政府增加就业的工作持肯定的评价，可见，我国政府在扩大就业、创造就业机会方面的工作成效显著，在保障就业方面则有待加强。

(四) 教育

人均受教育年数上，城镇地区的平均受教育年数比农村地区高 2.51 年；男性比女性高 1.17 年；人均受教育年数在不同职业类型中差别明显。“国家机关、党群组织、企业、事业单位负责人”“专业技术人员”“办事人员和有关人员”“警察及军人”四类职业的平均受教育年数较高，平均受教育年数均在 13 年以上，明显高于全国平均受教育年数。农、林、牧、渔、水利业生产人员的平均受教育年限最低，仅为6.9 年，其他各类职业的平均受教育年数均在 9 年以上。

地方政府教育工作评价上，近八成受访者持肯定态度，与促进就业的满意度相比，公众对地方政府教育工作的满意度更高。不同区域民众对政府教育保障的满意度相差不大，说明尽管中、西部地区在基础设施、师资力量等方面与东部地区存在一定差距，但近些年中、西部政府投入了大量资源用于改善当地的办学条件，提升教育质量，得到了当地民众的认可。

综上所述，我国居民在家庭财务状况、居住与社保以及教育和就业三个维度上的测量结果显示，我国现有的社会保障水平有待提升，需要进一步扩大社会保障的覆盖范围，提升享有率。要提升社会治理水平，就必须将完善以民生为重点的社会保障体系作为切入点，切实满足人们日益增长的美好生活需要，进一步完善社会经济保障资源的分配格局，大力推进收入分配制度改革，最大限度地提高社会经济保障水平，让社会公众共享改革发展成果。

第二节 中国社会凝聚状况评估

社会凝聚是社会质量理论用以考察社会质量的第二个维度。十九大报告提出，我国社会的主要矛盾转变为“人民日益增长的美好生活需要和不平衡不充分的发展之间的矛盾”，这一转变将人民群众对美好生活需要的广泛性置于新的高度，这意味着一个高质量的社会不仅要提供丰富的物质生活条件，还要丰富人们的精神生活，筑牢中华民族共同体意识，使得个体与个体之间关系紧密、互动频繁，使社会成员享有一套共同的价值观念，避免社会分裂等现象及其不良后果。而社会凝聚强调集体认同感，致力于使社会成员享有一致的价值观念、遵循共同的社会规范，从而有助于促进社会整合与社会团结。

一 社会信任评估

人际信任上，2019 年我国社会的人际信任水平（6.28 分）较 2017 年（6.09 分）有所增加，但整体水平依然存在较大的进步空间。值得关注的是，人际信任水平在城乡、受教育水平、收入和职业等领域存在不均衡不充分的现象。低收入、低学历、低职业地位等在社会结构中处于不利地位的群体持有相对更低的人际信任水平。建议党和政府进一步聚焦民生建设，让在社会分层中处于不利地位的群体共享社会发展福利，为民众提供更多的安全感保障，增强其对社会的信任水平；我国建立信任社会的重点应放在人际信任水平较低的低收入群体上，通过完善信任危机的教育体系，创造良好的社会信任环境，重塑低收入群体的信任观。

制度信任上，2019 年公众对各制度的信任水平普遍高于 2017 年，但对乡镇政府、慈善机构、医院的信任水平有所下降；此外，“90 后”群体对慈善机构和新闻媒体的信任水平较其他代际群体明显偏低。公众对中央政府的信任程度最高，有超过九成的受访者表示对其信任，对保险公司的信任程度最低，仅有六成的受访者表示信任该机构，不同机构间的信任水平差异较大。此外，民众对慈善公司的信任水平明显低于制度信任的平均水平，仅六成的居民表示信任该机构。保险公司、慈善机构作为社会力量对国家力量的补充，在居民社会风险应对中发挥着重要作用，但其制度信任却处在相对较低的水平。为此，建议政府建立健全相关的法律法规，加强监管，严惩慈善机构的违规行为，建立透明的财务公开制度，提升其公信力。

政府信任上，总体呈现出差序政府信任格局，与 2017 年相比，政府信任层级差有所扩大。具体来说，有超过九成的受访者对中央政府表示信任，但仅有六成的受访者表示信任乡镇政府。这在一定程度上与近些年基层政府贪污腐败、官僚主义、形式主义等负面新闻频发有关，也受到我国传统政治文化、政治体制设计等的影响。较低的地方政府信任度不仅会导致行政成本的增加，还会干扰社会秩序的运行，影响社会凝聚力水平。因此，建议加强对基层政府的监管力度，铲除官僚主义作风，树立服务人民的基本观念，同时坚持不懈反腐倡廉，塑造清廉公正的基层政府形象，提高民众对基层政府的信任水平。

总的来说，我国居民整体社会信任水平稳中有升，城乡差异并不明显。但无论是在人际信任，还是在制度信任方面，都存在发展不平衡、不充分等现象。

二 社会规范与价值观评估

社会信仰水平上，公众的社会信仰水平较 2017 年略有下滑，社会分层中处于更加有利位置的群体如高学历、高收入家庭、高职业地位在社会信仰水平方面还有较大的提升空间。在物质生活水平不断提高的时代，信仰的缺失会带来社会成员原子化的危险，直接危害到社会团结，只有围绕共同的信仰，民众才更有可能形成社会共识，提高社会凝聚力。为此，建议政府重点推进社会主义精神文明建设，整合社会多元价值规范，加快建成共同的国民价值信仰体系，推动中国社会不断向高质量社会发展。

遵纪守法水平和道德水平上，我国法治建设和公民道德建设工作取得了初步的成效，整体社会规范水平较 2017 年稳步上升。但仍有两个较为突出的问题：一是社会地位较低的群体在社会道德与社会遵纪守法方面的评价较为负面；“8090 人员”相较其他代际群体对社会正式规范和非正式规范遵从程度都有显著较低的评价。为此，建议政府在再分配中更加注重公平正义，让不同阶层的群体都能享受平等的资源待遇、共享经济社会发展带来的福利，防止社会向两极分化的陷阱滑落，避免不同阶层之间的社会矛盾和冲突的加剧；要加大社会规范的监管力度，建立相应的信任管理制度，对失信人实行严厉惩罚，打造积极友好的社会规范环境；加大中青年群体参与到社会主义精神文明建设和法治建设中的鼓励力度，协助他们养成责任意识和公德意识，进一步提升我国的社会质量。

在价值观方面，我国正向价值体系进步明显，公众已初步形成统一的集体主义和规范性价值取向。当面对个人利益和集体利益冲突的情景，有近七成的受访者倾向于集体主义的价值取向，当面对人情关系和社会规范的取舍时，有超过八成的受访者更愿意通过社会规范实现目标，这表明我国正向价值体系进步明显。社会上大部分成员具备统一的价值取向，是社会具有凝聚力的标志，当前我国社会成员共同尊重社会规范的效力，自觉维护集体利益，正推动我国向高质量社会前进。

总体而言，我国居民在正式规范和非正式规范的遵守状况方面保持较高水平，统一的集体主义、规范性价值倾向正逐步形成。但是，我国居民共同信仰建设略有下滑，仍需进一步努力。

三　社会认同评估

国家认同上，公众对国家的认同感总体处于较高水平，且与 2017 年相比有所提升，但值得注意的是，低学历、低收入、低社会地位的群体相对具有更低程度的国家认同感。建议政府继续大力发展生产力，进一步增强综合国力，在做大蛋糕的同时加强社会保障制度建设，保障弱势群体的基本权益不受侵犯，使每位公民都能充分享受到社会发展的福祉；其次，不断推进精神文明的建设，弘扬优秀的中华传统文化，满足人们的精神文化需要，激发人们的文化认同感和荣誉感，以教育为手段提升民众的国家归属感。

党的拥护程度上，公众对党的拥护程度较高，但社会相对弱势的群体、青年群体对党的拥护程度还有一定的提升空间。具体表现为：有93.2%的受访者对“没有共产党，中国就会陷入混乱”这一观点表示认可；农村居民、低收入及中低收入群体等在社会分层中处于不利地位的群体对党的拥护程度相对偏低；“8090人员”对党的拥护程度也明显低于社会普遍水平。中国共产党作为中国特色社会主义事业的领导核心，对党的拥护直接影响到我国居民的社会认同感，为此，建议加强党的建设，坚持群众路线，充分了解弱势群体的需求，不断增强服务群众的能力和水平，切实解决弱势群体生产生活上的困难，保障改革开放的成果惠及全体人民；另外，我们需要充分利用互联网等新技术积极改进和创新党的宣传方法，让更多的年轻人参与到党的宣传互动中，提升弱势群体和年轻人对党的拥护程度，整体提高我国国民的社会凝聚力，建成一个真正的高质量社会。

总体而言，我国居民持有较高水平的国家认同感，对党的拥护程度也处于高水准，我国民众对党的拥护程度与国家认同感的相关数据持平，说明我国国家认同感与党的拥护水平处于均衡发展的状态。但需要注意的是，社会弱势群体和青年群体在社会认同方面的表现还有较大的提升空间。

综上所述，我国居民在社会信任、社会规范与价值观以及社会认同三个维度上的测量结果显示，当前我国整体的社会凝聚水平仍有一定的提升空间。共建共治共享的社会治理格局，需要我们进一步提升社会价值观的内聚力和意识理论的整合功能，从提升社会公平公正水平出发，提升个体对社会的认同度。

第三节　中国社会包容性发展水平评估

社会包容是社会质量理论用以考察社会质量的第三个维度。国家的经济发展与社会发展紧密相连，在一个高质量的社会中，高速发展的社会经济应当与较高的社会包容水平相匹配。在人们物质经济生活有所保障的基础上，要想实现发展成果更多更公平地惠及全体人民，需要进一步提升全社会的包容水平，构建包容性社会，以此来满足人民日益增长的美好生活需要。随着社会结构进入快速转型时期，社会各阶层进入新的分化阶段，一些社会问题如贫富差距拉大、社会排斥及阶层流动壁垒等也逐渐凸显，加强对当前社会包容状况的研究显得迫切而必要。

一　社会宽容水平评估

社会宽容度水平与2017年相比得到了一定程度的提升，但我国目前的社会宽容仍然处于较低水平，尤其是在对同性恋群体、艾滋病群体的接纳方面。从年龄看，社会宽容度与受访者年龄成反比，越年轻的群体社会宽容度越高，而较老世代在近两年的社会宽容度也有所提升；从教育水平、城乡群体来看，城镇居民的教育水平越高社会宽容度越高，而受教育程度低的民众以及农村居民社会宽容度在逐步提升；从地域来看，不同地域之间的公众对不同特殊群体的社会宽容度存在差异，经济发展水平高的地域通常表现出对不同生活方式和性取向更高的宽容度，而经济发展水平较低的区域则表现出对乞讨者、刑满释放者等弱势群体更强的包容度；从收入水平来看，收入水平和社会宽容度呈现比较复杂的关系，在对婚前同居、不同宗教信仰者、艾滋病患者的态度上，收入越高的群体越倾向于宽容；在对待同性恋者的态度上，呈现出低收入群体和高收入群体宽容度较高、中等收入群体宽容度较低，这可能与中等收入群体的保守性有一定的关系。

二　社会歧视水平评估

从公众对社会不公正待遇评价来看，因家庭背景及社会关系、受教育程度、职业、户口、年龄、性别等原因的社会歧视较为广泛地存在于社会中，离多元化和高度包容性的社会还存在一定的距离，相对而言，种族/民族和宗教信仰方面的不公正待遇较少，这说明我国的歧视性待遇更经常发生在年龄、性别、阶层之间。从年龄看，年龄越大越容易感受到年龄方面的歧视，而年轻人由于受到性别平等意识的启蒙，更容易感受到性别方面的不公正待遇；从教育、职业和家庭背景及社会关系方面看，年轻世代、高教育水平的群体感受到更大的不公正待遇，这与年轻世代、受教育程度高群体的平等意识觉醒有关，也与当前就业市场中的学历、职业及家庭背景的不公正待遇较为普遍有关。

三 社会公平感评估

整体来讲公众的社会公平感相对较高，在大部分领域相较2017年有所提升，但在公共医疗和养老等社会保障方面的提升不明显。从代际看，各代际群体的社会公平感评价存在一定差异，“90后”的不公平感相对最低，这说明新生代感受到了更大的社会公平感；从受教育程度看，对比2017年的数据，2019年的数据显示受教育水平高的群体的不公平感显著降低，而初中及以下群体的不公平感升高，另外受教育水平较低的群体对于基本保障类制度的不公平敏感度更高，而高等教育群体对于不可见的资源和财富分配领域的不公平敏感度更高；从城乡来看，城乡之间社会不公正待遇评价方面不存在巨大差异。

综上所述，我国居民在社会宽容水平、社会歧视水平、社会公平感三个维度上的测量结果显示，当前社会宽容程度相对偏低，各类社会歧视还在一定程度上存在，部分领域的社会公平感评价不高，离多元化和高度包容性的社会还存在一定的距离，我国的社会包容水平需要进一步提高。实践和历史证明，社会建设与经济建设同样需要引起足够的重视，只有实现经济与社会的同步发展，才能真正提高社会整体的发展水平，提高社会成员的生活质量。社会的包容程度作为衡量其社会发展水平的重要标志之一说明，只有通过提高社会宽容水平，减少社会歧视，提高社会成员的社会公平感评价，才能提升社会整体包容水平，建设更加多元、更加包容的现代社会。

第四节 中国社会赋权状况评估

社会赋权是社会质量理论用以考察社会质量的第四个维度。“社会赋权”指通过社会关系的增进来推动人们社会行动能力的提高，强调个体有能力在社会、经济、政治生活等方面有效参与且最大限度地发挥个体能力和保有个人尊严，其核心目的是在实现社会与个体良性互动的基础上提升个体的社会能动性，促进个体发展。在现代社会治理模式下，一个高质量的社会应当能够充分调动个体的社会能动性，赋予个体社会参与的能力，实现个体和公共领域间的有效互动。

一　社会参与水平评估

我国当前的社会参与水平仍有较大的提升空间。线上社会参与水平呈现出较为明显的代际、受教育程度、收入、职业以及城乡等差异；上网的个体中，线下社会参与水平不高且低于线上社会参与水平。线上活动参与方面，代际越近，参与率越高；受教育程度越高，参与率越高；收入越高，参与率越高；线上活动参与率同职业特征的相关性显著；城镇居民的参与率略高于农村居民。线下活动参与方面，同样是代际越近，个体参与率越高；受教育程度越高，参与率越高；收入越高，参与率越高；线下社会活动参与率同职业特征的相关性显著；城镇居民的参与率高于农村居民。居民线上社会活动参与率和线下社会活动参与情况的差异，以及在二者内部所表现出来的代际、受教育程度、收入、职业以及城乡归属等方面的差异在一定程度上反映了社会参与的主体构成，也反映了不同群体对社会参与所需的时间、精力和接受程度等的条件性要求不同。

二　政治参与水平评估

年轻群体、受教育程度高的群体、收入高的群体、职业现代化程度较高的群体其内部参与意愿和参与程度较高，但我国居民的政治参与水平仍有较大的提升空间。从村（居）委会的选举参与状况和日常政治生活参与状况来看，居民参与村（居）委会选举和日常政治参与的比例均较低，这也就意味着我国居民的政治参与水平整体较低，但就居民的参与意愿而言，半数以上的未参与过村（居）委会选举的居民表示愿意参与村（居）委会选举，表现出了较强的政治参与意愿。村（居）委会选举参与方面，代际越远，参与比例越高；受教育程度越低，参与比例越高；个体收入水平同其近两年来参与村（居）委会选举的比例呈倒“U”形关系，即参与率先是随着收入的增加而提高，之后是随着收入的增加而下降；农村居民参与比例高于城镇居民。在村（居）委会选举参与意愿方面，“90后”及以后群体参与意愿最高；参与意愿在受教育程度上的差异并不明显；就收入而言，参与率最高的群体参与意愿也最强；居民的参与意愿同其职业有一定的相关性；农村居民的参与意愿高于城镇居民。日常政治行为参与方面，代际、受教育程度、收入、职业和城乡间的差异主要在参与的形式上。

三 政治效能感评估

政治效能感上，我国居民的政治效能感整体偏低。个体效能感方面，通过测量居民对“我有能力和知识对政治进行评论”的同意程度发现，居民的个体效能感存在一定的代际差异；受教育程度越高，个体效能感越强；不同收入群体的个体效能感存在差异；不同职业群体的个体效能感存在差异；农村居民的个体效能感高于城镇居民。政府效能感方面，代际越近，政府效能感越强；受教育程度越高，政府效能感越强；不同收入群体的政府效能感存在差异；不同职业群体的政府效能感存在差异；城市居民的政府效能感略高于农村居民。

综上所述，我国居民在社会参与、政治参与和政治效能感三个维度上的测量结果显示我国当前整体的社会赋权水平不高，有待提升。这在一定程度上体现了我国现阶段社会发展的质量水平，也揭示了未来提升社会质量水平的可能性方向。社会公共性的持续增长是社会建设、社会治理的重要任务，而社会赋权是社会建设成效的重要体现，因此，社会建设需要在个体赋能的基础上，进一步提升个体的社会参与水平、增强个体能动性，提升中国社会整体的社会赋权水平，同时也要进一步增强社会的公共性，形成真正意义上的共建共治共享的共同体，从而进一步提升我国的社会质量，造福于人民。

第九章

社会质量对居民主观幸福感的影响
——基于 CSS2019 数据的分析

第一节 引言

随着我国政治现代化以及经济现代化的不断深入，我国经济逐步稳定增长。截至 2019 年，中国 GDP 总值约为 99 万亿美元，早已成为世界第二大经济体。然而据有关数据显示经济的稳步增长并没有显著提升我国居民幸福感。2019 年世界幸福报告显示，中国幸福指数排名有所下降，由 2018 年的第 86 位下滑至第 93 位，幸福指数仅为 5. 191。该报告的调查对象囊括了全球 156 个国家和地区，调查指标包括居民收入、健康情况、寿命长短、权利自由、社会支持等因素。这使我们意识到，经济因素并不是左右居民幸福感的唯一因素。经济发展的根本目的是提高居民的获得感与幸福感。有学者指出一般在经济发展较为低迷的时期，居民收入与居民幸福感之间存在一定的正相关关系，但是随着经济增速的提高，经济发展进入较快阶段，居民收入水平与居民幸福感之间的正相关关系逐渐变得微弱甚至消失了，即存在“幸福——收入之谜”的伊斯特林悖论[①]。而近年来中国居民人均可支配收入有了较大提高，居民幸福感虽然也在提升，却并未与收入同步。中国似乎也存在伊斯特林悖论的谜题。学者林卡认为应该超越经济的和心理的因素全面考察社会因素来研究居

① Easterlin, R. A., “Does Economic Growth Improve the Human Lot? Some Empirical Evidence”, In Nations and Households in Economic Growth: Essays in Honor of Moses Abramowitz. by Paul A. David & W. Melvin, Reder. New York: Academic Press, 1974, pp. 89 – 125.

民幸福感。许多社会因素，包括社会经济保障、社会资本、社会公正公平、人口环境因素，都对幸福感产生重要的影响。这些影响因素涉及社会保障、公共秩序、社会安定、社会凝聚力、社会参与等，都会影响人们对于幸福感的判断①。由此，本章从社会质量理论出发，从社会质量的4个维度，即社会经济保障、社会凝聚、社会包容以及社会赋权及其细分指标来探讨其对居民幸福感的影响②。

第二节 文献综述

一 社会质量视角下国外学者对居民幸福感的研究

国外学者对居民幸福感的探讨大概可分为四个视角。一是社会学视角，如学者 Kwan 等人研究发现，拥有和谐的人际关系的人群居民的幸福感较高③。二是经济学视角，Haller&Markus 研究发现经济不平等影响居民幸福感④。三是社会人口学视角，学者 Alesina 和 Schuknech 研究发现女性的幸福感要高于男性⑤。四是社会质量视角，许多欧洲学者的研究发现社会质量对欧洲民众的幸福感有着不可小觑的影响。如通过对欧洲社会质量调查数据的实证分析，国外学者 Bohnke 和 Abbottd 等探讨了社会质量如何作用影响居民幸福感。研究发现欧洲各国社会质量越高其居民的幸福感越强，尤其是社会信任对幸福感的影响具有稳

---

① 林卡、吕浩然：《社会质量与幸福感：基于中国三个城市调查数据的比较研究》，《湖南师范大学社会科学学报》2016 年第 1 期，第 69—78 页。

② 张海东：《社会质量研究：理论、方法与经验》，社会科学文献出版社 2011 年版。沃尔夫冈·贝克等：《社会质量：欧洲愿景》，社会科学文献出版社 2015 年版。劳伦·范德蒙森：《社会质量：从理论到指标》，社会科学文献出版社 2011 年版。邹宇春、崔岩、任莉颖、李炜等：《当代中国社会质量报告》，中国社会科学出版社 2018 年版，第 32—38 页。

③ Kwan VS. Y, Bond. M. H, Single is. T M. , "Pan Cultural Explanations for Life Satisfaction: Adding RelationshiHarmony to Self - esteem", *Journal of Psychology Andsocial Psychology*, 1997, 73 (5), pp. 1038 - 1051.

④ Haller Max, Markus Haller, "How Social Relations And Structure Can Produce Happiness and Unhappiness: An International Comparative Analysis", *Social Indicators Research*, 2006 (2), pp. 169 - 216.

⑤ Alesina. A, Angeloni. I, Schuknecht. L, "What does the European Union Do?", *Public Choice*, 2005, pp. 275 - 319.

定显著性①。在社会质量下设的社会经济保障指标下，Borsch Supan 基于德国 GSOEP 的数据发现，一个国家的社会保障支出越高，居民的主观幸福感越强，青年以及中年群体对这一作用更为敏感②。Hessami 研究发现社会保障支出与居民幸福感呈倒“U”形关系，而医疗卫生支出与居民幸福感呈“U”形关系③。

二　社会质量视角下国内学者对居民幸福感的研究

事实上，国内不乏学者从社会质量细分的单一维度出发讨论了其对居民幸福感的影响。学者孙凤从社会经济保障单一维度探讨了社会保障与主观幸福感的关系④。卜芳、肖立国研究发现社会保障支出不仅对农村居民幸福感有显著的正向影响，而且社会保障力度越大，农村居民因收入差距过大对幸福感带来的不利冲击就越小⑤。从社会资本角度上看，学者亓寿伟探讨了其对居民幸福感的影响⑥。从社会凝聚维度出发，学者孟祥斐研究发现社会凝聚越强，居民幸福感越明显⑦。以上这些研究都是基于社会质量单一维度对居民的幸福感的探讨。当然也有很多学者从综合视角出发探讨社会质量对居民幸福感的影响。如学者袁浩等以上海为调查对象，分析了社会质量对居民幸福感的影响，发现特殊信任越高，社

---

① Bohnke P.，“Does Society Matter?”，*Life Satisfaction in An Enlargeged E Social Indicators Research Urope.* 2008，87，pp. 189 – 210. Abbott，P.，Wallace C.，*A Virtuous Spiral of Development? Changing Quality of Life in Central and Eastern Europe.* Paper given at the IX international conter – ence of the international society for the quality of lifestudies，Flolorence，2009. Abbott，P，Wallace，C.，“Social quality：A way to measure the quality of society”，*Social Indicators Research*，2012，108（1），pp. 153 – 167.

② Borsch，S. A.，and Hendrik，J.，*Early Retirement*，*Social Security and Well – Being in Germany.* NBER Working Paper，2006.

③ Hessami，Z.，2010，“The Size and Composition of Government Spending in Europe and Its Impact on Well – being”，Kyklos，63（3），pp. 346 – 382.

④ 孙凤：《主观幸福感的结构方程模型》，《统计研究》2007 年第 2 期。

⑤ 卜芳、肖立国：《收入差距、社会保障支出与农村居民幸福感》，《科学决策》2017 年第 3 期，第 19—34 页。

⑥ 亓寿伟：《转型期中国居民主观幸福感的计量分析》，博士学位论文，华中科技大学，2010 年。

⑦ 孟祥斐：《社会凝聚与居民幸福感研究——基于深圳与厦门的数据考察》，《天府新论》2014 年第 1 期，第 122—130 页。

会组织参与程度越频繁，等等，人们的主观幸福感就越高。相反，社会保障缺失，社会失范会降低人们的主观幸福感[①]。孟祥斐利用深圳和厦门的数据分析得知：社会质量在不同程度上对居民幸福感产生了显著影响，相比个体特征和地区经济因素，社会质量对居民幸福感的影响更为显著。[②] 韩莹莹以广东四县为调查对象，运用社会质量理论探讨居民幸福，研究表明，除社会凝聚外，社会经济保障、社会融入、社会赋权均对居民幸福感具有统计上的显著性。[③]

三　总结

综上，国内外学者对居民幸福感的研究已经十分深入。但是从整体上看学者们更倾向于研究社会质量这一大的维度下不同细分指标对居民幸福感的影响。如国外学者 Borsch Supan 等人研究的社会保障支出对居民的主观幸福感的影响。[④] 国内学者亓寿伟以社会资本为自变量探究其对居民幸福感的影响，[⑤] 学者袁正等人的研究表明社会信任对居民幸福感有显著的正向作用。[⑥] 当然如前文所述，综合考虑社会质量这一大维度对居民幸福感的研究也存在。国内学者韩莹莹在研究社会质量与居民幸福感的时候，基于社会质量这一大视角，分别从四个维度（社会融入、社会经济保障、社会赋权和社会凝聚）以广东四县（区）为考察对象进行了探究。[⑦] 学者林卡基于杭州、厦门、深圳三市，研究社会质量对居民幸福感

---

① 袁浩、马丹：《社会质量视野下的主观幸福感》，《吉林大学社会科学报》2011 年第 4 期。

② 孟祥斐：《社会质量与居民幸福感——基于深圳与厦门的实证分析》，《特区经济》2015 年第 8 期，第 28—31 页。

③ 韩莹莹：《社会质量与居民幸福感——以广东四县（区）为考察对象》，《中国行政管理》2016 年第 8 期，第 109—114 页。

④ Borsch，S. A.，and Hendrik，J.，*Early Retirement*，*Social Security and Well - Being in Germany*. NBER Working Paper，2006.

⑤ 亓寿伟：《转型期中国居民主观幸福感的计量分析》，博士学位论文，华中科技大学，2010 年。

⑥ 袁正、夏波：《信任与幸福：基于 WVS 的中国微观数据》，《中国经济问题》2012 年第 6 期，第 65—74 页。

⑦ 韩莹莹：《社会质量与居民幸福感——以广东四县（区）为考察对象》，《中国行政管理》2016 年第 8 期，第 109—114 页。

的影响，该篇以社会质量理论作为分析的基本框架，分别从四个维度探讨居民幸福感。① 韩、林两位学者都是基于宏观的社会质量的角度研究居民幸福感。但笔者认为其数据只是基于特定的省份与城市，而采用全国性的调查数据，从社会质量的四个维度对居民幸福感进行实证研究，暂时还没有发现。因此本章基于社会质量这个大的视角，使用 CSS2019 的数据，尝试探究社会质量对居民幸福感的影响，在上述文献回顾的基础上，提出了以下研究假设：

假设 1：社会保障的改善会显著提高居民获得幸福的可能；

假设 2：社会凝聚的提高会显著提高居民获得幸福的可能；

假设 3：社会包容的提升会显著提高居民获得幸福的可能；

假设 4：社会赋权的扩大会显著提高居民获得幸福的可能。

第三节　研究设计

一　数据来源

本章采用了 2019 年中国社科院开展的中国社会状况综合调查（CSS2019）的数据。该调查的问卷设计借鉴了西方社会质量理论②，并根据我国国情对相应指标进行了处理，使之更加适应中国的国情，从社会质量理论的四个维度社会经济保障、社会凝聚、社会包容和社会赋权对当前我国社会质量状况进行全面考察。调查对象涉及全国 30 个省、市、自治区（不包括新疆维吾尔自治区、台湾、香港及澳门）的 10283 名城乡居民，覆盖范围广，样本量大。就调查的抽样方案而言，其采用了多阶段混合 PPS 抽样方法（Proportional Probability Sampling，PPS），具有全国代表性。基于该数据集，我们获得了受访者的客观社会状况、主观幸福感以及一些个人、家庭及工作特征的客观变量。由于在调查的时

---

① 林卡、吕浩然：《社会质量与幸福感：基于中国三个城市调查数据的比较研究》，《湖南师范大学社会科学学报》2016 年第 1 期，第 69—78 页。

② 张海东：《社会质量研究：理论、方法与经验》，社会科学文献出版社 2011 年版。沃尔夫冈 · 贝克等：《社会质量：欧洲愿景》，社会科学文献出版社 2015 年版。劳伦 · 范德蒙森：《社会质量：从理论到指标》，社会科学文献出版社 2011 年版。邹宇春、崔岩、任莉颖、李炜等：《当代中国社会质量报告》，中国社会科学出版社 2018 年版，第 32—38 页。

候只有随机B卷问到了主观幸福感，在剔除指标缺失和回答异常的样本后最终得到5062个有效样本。其中男性样本2168个，占总样本的42.83%，女性样本2894个，占总样本的57.17%。

二 变量选择

1. 被解释变量

幸福感是本文研究的因变量。当前对幸福感的界定主要有两个不同的流派。一种是主观幸福感，其认为幸福感是人们对自身生活满意程度的主观判断评价和情感体验①；另一种则是人们自身潜能得以施展，潜能得以发挥进而获得价值的心理幸福感②。本章所定义的幸福感主要偏向于受访者对自身生活水平各方面的主观判断的主观幸福感。采用问卷中“总的来说，我是一个幸福的人”，选项包括“很同意”（1分）、“比较同意”（2分）、“不太同意”（3分）、“很不同意”（4分）4个，答题者根据自己所感受到的幸福程度对其进行打分，为方便解释，本章将其反向计分后作为因变量的取值。

2. 解释变量

本章研究的自变量为社会质量。根据Walker and Measen的社会质量理论，社会质量主要包含四个维度：社会经济保障、社会凝聚、社会包容和社会赋权，每个维度又可以进一步操作化为一系列测量指标。③社会质量是一个集主观与客观指标的综合性概念，为保持研究的延续性，本研究的解释变量参考邹宇春等在《当代中国社会质量报告》中提及的“社会质量指标体系”，由4个维度、15个二级指标、23个三级指标及更多的子指标组成，具体参见表9—1。④

---

① Diener E., Eunkook M. S., Richard E, et al., “Subjective Well - Being: Three Decades of Progress”, *Psychology Bulletin*, 1999, 125 (2), pp. 276 - 302.

② Deci, E. L. and R. M. Ryan. “On Happiness and Human Potentials: A Review of Research on Hedonic and Eudaimonic Well - being”, *Annual Review of Psychology*, 2001, 52, pp. 141 - 166.

③ Walker A. C. and L. J. G. van der Maesen, “Social Quality and Quality of Life, in W. Glatzer, S. von Below and M. Stoffre - gen (eds), Challenges for Quality of Life in the Contemporary World”, The Hague, London, Boston: Kluwer Academic Pub - lishers, 2004, pp. 13 - 31.

④ 邹宇春等:《当代中国社会质量报告》，中国社会科学出版社2018年版，第32—38页。

（1）社会保障

社会保障涉及的是个人生存发展的物质基础，以及为保障居民基本生活由政府提供的基本制度保障，主要包括收入、消费、住房、社保水平、就业、教育等6个二级指标。通过询问被访者2018年“全家总收入”以及“构成总收入的家庭人口数量”两个问题来获得人均收入；询问被访者2018年“全家总消费”以及“构成总消费的家庭人口数量”两个问题来获得人均消费；询问“自有住房数量”获得住房情况属性；询问被访者“参与的社会保障项目数量”“对社会保障状况的满意度”“对社会保障的态度”等问题，用熵值法[①]获得社会保障水平的属性；询问被访者对地方政府“扩大就业，增加就业机会”的满意度来获得就业质量属性；询问被访者的“受教育程度”“教育支出”以及对地方政府“提供优质教育资源，保证教育公平”的满意度等问题，用熵值法获得教育质量的属性。在此基础上，使用熵值法对6个二级指标进行计算，获得社会保障维度的分值。

表9—1　　　　社会质量指标体系

<table>
<tr><th></th><th>一级指标</th><th>二级指标</th><th>三级指标</th></tr>
<tr><td rowspan="10">社会质量</td><td rowspan="10">社会保障</td><td>收入情况</td><td>人均收入</td></tr>
<tr><td>消费情况</td><td>人均消费</td></tr>
<tr><td>住房情况</td><td>自有住房数量</td></tr>
<tr><td rowspan="3">社会保障水平</td><td>参与的社会保障数量</td></tr>
<tr><td>对社会保障状况的满意度</td></tr>
<tr><td>对社会保障的态度</td></tr>
<tr><td>就业质量</td><td>对当前工作的总体满意度</td></tr>
<tr><td rowspan="3">教育质量</td><td>受教育程度——教育年限</td></tr>
<tr><td>教育的支出</td></tr>
<tr><td>对地方政府教育工作的评价</td></tr>
</table>

① 熵值法：熵权法属于客观赋权法，根据各评价指标值之间的差异程度来确定权重，其原理是把评价中各个待评价单元的信息进行量化与综合，利用熵值来反映其提供给决策者的信息量大小，能避免主观确定权重所产生的偏误。参见朱喜安、魏国栋《熵值法中无量纲化方法优良标准的探讨》，《统计与决策》2015年第2期，第12—15页；胡宗义、罗柳丹：《基于熵权法的我国城镇化水平的综合评价》，《海南金融》2016年第8期，第17—21页。

续表

	一级指标	二级指标	三级指标
社会质量	社会凝聚	社会信任	人际信任
			机构信任
		社会规范与价值观	道德水平、遵纪守法水平
			国家认同
		社会认同	社会认同
			对特殊群体的接纳程度
	社会包容	社会宽容	不公平待遇
		社会歧视	社会公平感
		社会公平感	社会活动参与水平
	社会赋权	社会参与	志愿服务参与水平
			是否参与“村（居）委会”和“区县人大代表”的选举
		政治参与	个体效能感
		公众参与效能感	政府效能感

（2）社会凝聚

社会凝聚指的是社会价值观在何种程度上对社会团结凝聚起作用。在社会凝聚测量中，本章提取了社会信任、社会规范与价值观、社会认同3个二级指标。询问被访者对“现在人与人之间的信任水平”的看法和对“中央政府”等12个机构的信任程度等问题，用熵值法获得社会信任的属性；询问被访者对“人们普遍的道德水平和遵纪守法水平”的评价，取二者均值获取社会规范与价值观的属性；询问被访者对“为国家取得的成就而感到自豪”（反向计分）的看法和对“现在社会的总体评价”等问题，用熵值法获得社会认同的属性。在此基础上，使用熵值法对3个二级指标进行计算，获得社会凝聚维度的分值。

（3）社会包容

社会包容可以界定为社会制度以及社会关系对人们的支持程度，社会成员如何通过各种制度融入社会生活中。社会包容有3个二级指标，包括社会宽容、社会歧视和社会公平感。社会宽容指标通过询问被访者对包括婚前同居者、同性恋等6个特殊群体的接纳程度，用熵值法获得其属性；社会歧视指标通过询问被访者对年龄、性别等 8 个方面存在的不公正待遇看法的情况，用熵值法获得其属性；社会公平感指标通过询问被访者对高考制度、司法与执法等社会生活中的 8 个方面存在的公平程度的看法，用熵值法获得其属性。在此基础上，使用熵值法对 3 个二级指标进行计算，获得社会包容维度的分值。

（4）社会赋权

社会赋权是指国家通过各种政策使得人们在社会关系（网络和机构）中得到各种机会进行政治参与和民主决策，从而行使个人权利并实现个人发展。本章提取了社会参与、政治参与、公众参与效能 3 个二级指标。通过询问被访者 2017—2018 年 2 年中参与的包括“向报刊、电台、网络论坛等媒体反映社会问题，向政府部门反映意见”等在内的 4 个社会活动的参与数量及包括“儿童关爱、青少年辅导”等在内的 12 个志愿服务的参与次数；询问被访者 2014—2018 年 5 年中“是否参加过‘村（居）委会’和‘区县人大代表’的投票”来获得政治参与的情况；公众参与效能感则通过询问被访者对“我有能力和知识对政治进行评论（反向计分）、我的言论自由会受到政府部门的限制”等 5 个问题的同意程度，用熵值法获得其属性。在此基础上，使用熵值法对 3 个二级指标进行计算，获得社会赋权维度的分值。

3. 控制变量

学者布伦诺·弗雷等的研究指出，个体变量如性别、年龄、婚姻状况、户籍、教育水平等均对居民幸福感具有一定的影响①。由此，本章选取了性别、年龄、婚姻状况、户籍 4 个变量作为控制变量（受教育水平已经纳入了解释变量“社会保障”中）。所有变量的描述详见表 9—2。

表 9—2　　　　变量的描述性统计

变量类型	测量维度	变量名称	观测值	变量含义与赋值	比例（%）	均值	标准差
被解释变量		幸福感	5062	取值 1—4（正向）	—	3. 16	0. 80

① 布伦诺·弗雷、阿洛伊斯·斯塔特勒：《幸福与经济学：经济和制度对人类福祉的影响》，静也译，北京大学出版社 2006 年版。

续表

变量类型	测量维度	变量名称	观测值	变量含义与赋值	比例(%)	均值	标准差
控制变量		性别	5062	0 = 女	57.17	—	—
				1 = 男	42.83		
		年龄	5062	18—69 周岁	—	46.35	14.20
		婚姻状况	5059	0 = 未婚	19.65	—	—
				1 = 已婚	80.35		
		户口性质	5074	0 = 农业户口	68.56	—	—
				1 = 非农业户口	31.44		
解释变量	社会保障	社会保障	3164	取值 3.16—8.91，用熵值法计算所得	—	5.72	0.99
		收入情况	4493	取值 4.79—13.64，2018 年人均收入取对数	—	9.92	1.28
		消费情况	4184	取值 4.79—14.65，2018 年人均消费取对数	—	9.44	1.07
		住房情况	4758	0—6 套	—	1.27	0.56
		社会保障水平	4936	取值 0.47—6.01，用熵值法计算所得	—	3.17	0.94
		就业质量	4546	1—4 分（正向）	—	2.87	0.79
		教育质量	4318	取值 0.19—11.07，用熵值法计算所得	—	5.56	3.00
	社会凝聚	社会凝聚	4899	取值 1.09—8.34，用熵值法计算所得	—	5.75	1.23
		社会信任	5041	取值 1—8.15，用熵值法计算所得	—	5.34	1.52
		社会规范与价值观	5062	1—10（正向）	—	6.65	1.99
		社会认同	4914	取值 1—6.358，用熵值法计算所得	—	5.02	0.87
	社会包容	社会包容	2978	取值 1.19—4，用熵值法计算所得	—	2.59	0.38
		社会宽容	4137	取值 1—4，用熵值法计算所得	—	2.05	0.59

续表

变量类型	测量维度	变量名称	观测值	变量含义与赋值	比例（%）	均值	标准差
解释变量	社会包容	社会歧视	3616	取值1—4，用熵值法计算所得（1 = 非常严重，4 = 没有歧视）	—	2.93	0.65
		社会公平感	3741	取值1—4，用熵值法计算所得	—	2.80	0.53
	社会赋权	社会赋权	4349	取值0.09—4.92，用熵值法计算所得	—	0.64	0.53
		社会参与	5062	取值0—7.71，用熵值法计算所得	—	0.40	0.73
		政治参与	5062	0—2次	—	0.48	0.65
		公众参与效能感	4349	取值1—4，用熵值法计算所得	—	2.46	0.53

三　实证模型

本章旨在研究探讨省际经济差和社会质量对居民幸福感的影响，作为因变量的幸福感，取值范围为1—4，分别表示很不幸福、不太幸福、比较幸福和很幸福。因此，在模型选择上，采用了定序逻辑斯回归模型，回归方程如下：

$$幸福感_i = \beta_0 + \beta_1 社会保障 + \beta_2 社会凝聚 + \beta_3 社会包容 + \beta_4 社会赋权 + \varepsilon_i$$

其中，β_0为常数项，β_1、β_2、β_3、β_4分别为社会保障、社会凝聚、社会包容和社会赋权的回归系数，ε_i为服从逻辑分布的随机误差项。

第四节　实证分析

实证分析使用Stata16.1进行，定序逻辑斯回归结果如表9—3所示。本次实证过程建立了3个模型，其中，模型1为基准模型，模型2是对社会质量的4个维度的实证，模型3则是对4个维度的15个细分指标的实证。经过多重共线性检验，结果显示，模型2所有自变量的VIF介于

1.05—1.78，均值为1.33；模型3所有自变量的VIF介于1.05—1.46，均值为1.19。两个模型自变量的VIF和平均VIF都在临界值10以下，自变量存在多重共线性的可能性较小。

一 基准模型

模型1代入的是性别、年龄、婚姻状况和户口性质这4个控制变量，统计结果显示，LR chi2 = 17.06，模型在99%的水平上显著，Pseudo R^2 = 0.0015。在4个控制变量中，婚姻状况的OR = 1.260，在99%的水平上显著，这表明，在控制其他变量的情况下，婚姻状况对居民的主观幸福感有着非常显著的影响。相对于未婚居民来说，已婚居民是"很幸福"相对于"比较幸福""不太幸福"和"很不幸福"的概率；或"很幸福"和"比较幸福"一起，相对于"不太幸福"和"很不幸福"的概率；或"很幸福""比较幸福"和"不太幸福"一起，相对于"很不幸福"的概率就会提高0.260倍。除此之外，其余3个控制变量均对居民幸福感没有显著影响。

二 社会质量对居民幸福感的影响

模型2在模型1的基础上，加入了社会质量的4个维度，即包括社会保障、社会凝聚、社会包容与社会赋权，综合考察对居民幸福感的影响。统计结果显示，LR chi2 = 176.94，模型整体上在99%的水平上显著，Pseudo R^2 = 0.0392。实证结果显示，婚姻状况的OR = 1.232，在90%的水平上显著，概率比和显著性都有所降低；而性别的OR = 0.866，在90%的水平上显著，这表明，在控制其他变量的情况下，性别对居民的主观幸福感有显著影响。相对于女性来说，男性居民获得幸福的概率比会降低0.134倍。

为了进一步了解社会质量的4个维度的细分指标对居民幸福感的影响，在模型1的基础上，加入了社会保障、社会凝聚、社会包容与社会赋权4个维度之下的15个细分指标，构建了模型3。统计结果显示，LR chi2 = 261.96，模型整体上在99%的水平上显著，Pseudo R^2 = 0.0581。实证结果还显示，婚姻状况的OR = 1.193，不再显著；性别的OR = 0.839，在95%的水平上显著，概率比有所降低，但显著性提高了。

（一）社会保障

在模型 2 中，社会保障维度的 OR = 0.995，不显著，说明随着社会保障的提高，居民获得幸福的可能性会不显著地降低，即假设 1 不成立。

进一步分析，在模型 3 中，纳入了社会保障包含的人均收入、人均消费、住房状况、社会保障水平、就业质量及教育质量 6 个指标。其中，只有人均收入和就业质量两个指标对居民的幸福感有非常显著的影响：人均收入的 OR = 1.093，在 95% 的水平上显著，这表明，在控制其他变量的情况下，居民收入的提高会显著增加其获得幸福的可能，随着人均收入每增加一个单位，居民获得幸福的概率比会提高 0.093 倍；就业质量的 OR = 1.205，在 99% 的水平上显著，这表明，在控制其他变量的情况下，随着居民对当前政府在就业工作方面的满意度增加一个单位，其获得幸福的概率比会非常显著地提高 0.205 倍。人均消费、社会保障水平、教育质量的提高会降低居民获得幸福的概率比，但不显著；住房的改善会提高居民获得幸福的概率比，也不显著。

上述结果表明，总体来说，社会保障的改善会不显著提高居民获得幸福的可能，但在该维度细分的 6 个指标中，人均收入和就业质量两个指标对居民的幸福感有非常显著的影响，均能提高居民获得幸福感的概率比。

表 9—3　　社会质量对居民幸福感影响的定序逻辑斯回归结果

变量名称	模型 1	模型 2	模型 3
性别（0 = 女）	0.976 （0.053）	0.866 * （0.075）	0.839 ** （0.073）
年龄	1.002 （0.002）	1.001 （0.004）	0.997 （0.004）
婚姻状况（0 = 未婚）	1.260 *** （0.092）	1.232 * （0.142）	1.193 （0.140）
户口性质（0 = 农业户口）	1.001 （0.057）	0.981 （0.089）	1.062 （0.107）
社会保障		0.995 （0.048）	

续表

变量名称	模型 1	模型 2	模型 3
社会凝聚		1.460*** (0.059)	
社会包容		1.738*** (0.218)	
社会赋权		1.167** (0.090)	
收入情况			1.093** (0.048)
消费情况			0.943 (0.043)
住房情况			1.032 (0.077)
社会保障水平			0.925 (0.047)
就业质量			1.205*** (0.079)
教育质量			0.991 (0.015)
社会信任			1.183*** (0.044)
社会规范与价值观			0.989 (0.029)
社会认同			1.463*** (0.093)
社会宽容			0.903 (0.073)
社会歧视			1.112 (0.084)
社会公平感			1.651*** (0.176)
社会参与			1.009 (0.057)

续表

变量名称	模型 1	模型 2	模型 3
政治参与			1.200 *** (0.084)
公众参与效能感			1.021 (0.094)
cut1	-2.739 (0.114)	0.205 (0.469)	1.233 (0.696)
cut2	-1.371 (0.100)	1.896 (0.460)	2.952 (0.692)
cut3	0.811 (0.099)	4.401 (0.468)	5.529 (0.700)
N	5044	2129	2129
Chi2	17.06 ***	176.94 ***	261.96 ***
Pseudo. R-Square	0.0015	0.0392	0.0581

注：*** 、** 和 * 分别表示在 1%、5% 和 10% 的水平上显著，括号里面的数值表示标准误差。

（二）社会凝聚

在模型 2 中，社会凝聚维度的 OR = 1.460，在 99% 的水平上显著，说明随着社会凝聚的提高，居民获得幸福的可能性会显著大幅度增加，即假设 2 成立，这也与学者孟祥斐①、邢占军②的研究结果相似。

进一步分析，在模型 3 中，社会凝聚维度包含社会信任、社会规范与价值观、社会认同 3 个细分指标。社会规范与价值观指标对幸福感的影响是负向，但不显著；社会信任和社会认同 2 个指标都会非常显著地提高居民获得幸福感的概率比。具体来说，在社会信任方面，其 OR 为 1.183，在 99% 的水平上显著，这表明，居民对亲人、朋友、邻居、同事群体以及对党政机关等的机构信任越高，其主观幸福感越强。社会信任每增加一个单位，居民“很幸福”相对于“比较幸福”“不太幸福”和

① 孟祥斐：《社会凝聚与居民幸福感研究——基于深圳与厦门的数据考察》，《天府新论》2014 年第 1 期，第 122—130 页。

② 邢占军、张干群：《社会凝聚与居民幸福感》，《南京社会科学》2019 年第 7 期。

"很不幸福"的概率比；或"很幸福"和"比较幸福"一起，相对于"不太幸福"和"很不幸福"的概率比；或"很幸福""比较幸福"和"不太幸福"一起，相对于"很不幸福"的概率比就会提高0.183倍。这与我国学者袁正[①]研究社会信任对居民幸福感有显著的正向作用基本一致。社会认同的OR为1.463，在99%的水平上显著，表明社会认同程度的提升对居民幸福感的影响非常显著。社会认同每增加一个单位，居民"很幸福"相对于"比较幸福""不太幸福"和"很不幸福"的概率比；或"很幸福"和"比较幸福"一起，相对于"不太幸福"和"很不幸福"的概率比；或"很幸福""比较幸福"和"不太幸福"一起，相对于"很不幸福"的概率比就会大幅度提高0.463倍。

上述结果表明，总体上说，社会凝聚的提高会显著提高居民获得幸福的可能，在该维度细分的3个指标中，社会信任和社会认同2个指标对居民的幸福感有非常显著的影响，特别是社会认同，能够大幅度提高居民获得幸福感的概率比。

（三）社会包容

在模型2中，社会包容维度的OR=1.738，在99%水平上显著，说明随着社会包容的提升，居民获得幸福的可能性会显著大幅度增加，即假设3成立，这也与学者孟祥斐[②]的研究结果相似。

进一步研究发现，在模型3中，社会包容维度包括社会宽容、社会歧视和社会公平感3个细分指标。社会公平感的OR为1.651，在99%的水平上显著，表明社会公平感对居民幸福感的影响非常显著。社会公平感每增加一个单位，居民"很幸福"相对于"比较幸福""不太幸福"和"很不幸福"的概率比；或"很幸福"和"比较幸福"一起，相对于"不太幸福"和"很不幸福"的概率比；或"很幸福""比较幸福"和"不太幸福"一起，相对于"很不幸福"的概率比就会大幅度提高0.651倍。此外，社会宽容程度的增加会降低居民获得幸福的概率比，社会歧

---

① 袁正、夏波：《信任与幸福：基于WVS的中国微观数据》，《中国经济问题》2012年第6期，第65—74页。

② 孟祥斐：《社会质量与居民幸福感——基于深圳与厦门的实证分析》，《特区经济》2015年第8期，第28—31页。

视程度的降低会提高居民获得幸福的概率比，但二者的影响均不显著。

总体来说，社会包容的提升会显著提高居民获得幸福的可能，在该维度细分的3个指标中，社会公平感对居民的幸福感有非常显著的影响，能够较大幅度提高居民获得幸福感的概率比。

（四）社会赋权

在模型2中，社会赋权维度的OR = 1.167，在95%的水平上显著，说明随着社会赋权的扩大，居民获得幸福的可能性会显著增加，即假设4成立，这也与学者孟祥斐[①]的研究结果相似。

进一步分析，模型3显示，社会赋权维度包括社会参与、政治参与和公众参与效能感3个细分指标。政治参与的OR为1.200，在99%的水平上显著，表明政治参与的增加对居民获得幸福的影响非常显著。政治参与每增加1次，居民“很幸福”相对于“比较幸福”“不太幸福”和“很不幸福”的概率比；或“很幸福”和“比较幸福”一起，相对于“不太幸福”和“很不幸福”的概率比；或“很幸福”“比较幸福”和“不太幸福”一起，相对于“很不幸福”的概率比就会提高0.2倍，这和当前我国政府大力提倡和扩大村委会、居委会的选举等基层民主权利有关。社会参与次数和公众参与效能感的增加均会提高居民的幸福感，但二者的影响不显著。

总体上说，社会赋权的扩大会显著提高居民获得幸福的可能，在该维度细分的3个指标中，政治参与的增加对居民的幸福感有非常显著的影响，能够较大幅度地提高居民获得幸福感的概率比。

第五节　结论

本章借助欧洲社会质量理论体系，探讨了在区域经济差异的背景下，社会质量的四个维度对居民幸福感的影响。

一　社会保障

研究发现，社会保障的增加会不显著地降低居民获得幸福的可能，

① 孟祥斐：《社会赋权对居民幸福感影响的实证研究——基于深圳与厦门的数据考察》，《淮阴工学院学报》2015年第8期，第10—15页。

但在其6个细分指标中，人均收入和就业质量两个指标对居民的幸福感有非常显著的影响，均能提高居民获得幸福感的概率比。良好的就业质量和较高的收入水平，可以使居民提高社会经济地位、壮大社会网络，所谓“手中有粮，遇事不慌”，在一定程度上降低了人们的心理焦虑，从而直接和间接地提升了幸福感。

值得注意的是，社会保障水平这个细分指标的增加会不显著降低居民的幸福感，这与德国学者 Borsch Supan① 等人基于德国国情探讨居民幸福感的研究不太一致，主要原因可能与我国目前社会保障制度中养老和医疗两大险种涉及的费用主要是由企业和个人承担有关。自己承担的费用每月/每年都要按时交，但与现实相比，由于养老保险待遇享受的延迟性，社会医疗保险的实际补偿比均低于标准补偿比②，其落差就越大，从而影响了幸福感的获得。

二　社会凝聚

社会凝聚的提高会非常显著、较大幅度增加居民获得幸福的可能。最近几年，党和国家努力建设和谐社会，也就是构建一个高质量、高凝聚力的社会。在这个过程中，居民的社会凝聚水平逐渐提高，生活境遇也有了显著改善，幸福感也随之而上升。

社会信任和社会认同2个细分指标都对居民幸福感产生了非常显著的正向影响，这与我国学者袁正③、国外学者 Bohnke④ 和 Abbottd⑤ 研究得出的社会信任对居民幸福感有显著的正向作用的结论基本一致。同时

---

① Borsch, S. A., and Hendrik, J., *Early Retirement, Social Security and Well - Being in Germany*, NBER Working Paper, 2006.

② 贾志琴:《社会医疗保险公平性研究》,《中国经贸导刊》2019 年第 9 期，第 124—125 页。

③ 袁正、夏波:《信任与幸福：基于 WVS 的中国微观数据》,《中国经济问题》2012 年第 6 期，第 65—74 页。

④ Bohnke. P., “Does society matter?”, *Life satisfaction in an enlargeged E Social Indicators Research urope*, 2008, 87, pp. 189 - 210.

⑤ Abbott, P., Wallace, C., *A virtuous Spiral of Development? Changing Quality of Life in Central and Eastern Europe.* Paper given at the IX international conter - ence of the international society for the quality of lifestudies, Flolorence, 2009. Abbott, P, Wallace. C., “Social Quality: A Way to Measure the Quality of Society”, *Social Indicators Research*, 2012, 108 (1), pp. 153 - 167.

也与学者孟祥斐[①]、邢占军[②]的研究发现，社会凝聚越强，居民的幸福感越明显相吻合。也就是说，我们可以制定相应的社会政策来加大对社会信任和社会认同的进一步培育和发展，提高社会凝聚水平，进而提升居民的幸福感。

三　社会包容

要保持和谐社会的良性运行，必须增进社会包容，减少社会排斥。本研究的结论显示，社会包容的提升在总体上非常显著且大幅度增加了居民获得幸福的可能，也说明了建设一个包容性社会的重要性。

具体来说，社会包容维度强调了社会成员之间的彼此宽容，公民权利的公正待遇以及生活、工作机遇的公平获得。本章通过对社会包容的3个细分指标的进一步分析，发现社会公平感这个指标对居民幸福感的影响非常显著，说明公平公正的社会氛围更有利于促进居民幸福感，这与倪超军利用CGSS2015的数据得出的结论一致[③]，也提供了一条提高居民幸福感的重要途径，即通过在高考制度、司法与执法、公共医疗、工作与就业机会、养老等社会保障待遇、城乡差异等方面公平程度的进一步努力，来提升居民的社会公平感，使其获得幸福的可能性持续上升。

四　社会赋权

随着社会赋权的扩大，居民获得幸福的可能性会显著增加，与学者孟祥斐[④]的研究发现一致。社会凝聚越强，居民的幸福感也越明显。这说明改革开放以来我国的社会体制不断开放、透明，居民有更多机会参与社会治理，能够充分表达自己的观点，并得到政府有关部门的充分尊重和积极回应，进而从心理上感到幸福。

---

① 孟祥斐：《社会凝聚与居民幸福感研究——基于深圳与厦门的数据考察》，《天府新论》2014年第1期，第122—130页。

② 邢占军、张干群：《社会凝聚与居民幸福感》，《南京社会科学》2019年第7期，第52—60页。

③ 倪超军：《机会不均等、社会公平与幸福感》，《世界农业》2020年第2期，第14—24页。

④ 孟祥斐：《社会赋权对居民幸福感影响的实证研究——基于深圳与厦门的数据考察》，《淮阴工学院学报》2015年第8期，第10—15页。

进一步分析发现，在社会赋权的 3 个测量指标中，政治参与对居民幸福感的影响非常显著，通过参加“村（居）委会”和“区县人大代表”的投票，实现了基层民主的权利，体现了主人翁的地位，获得了满满的幸福。但数据也显示，社会参与和公众参与效能感这 2 个指标对幸福感的获得影响很小，且不显著。所以，我们一方面要持续保障和提高居民政治参与的基本权利和积极性；另一方面，要在社会参与方面更加努力，如通过对“人民网地方领导留言板”等信息互动渠道的宣传，增进居民参政议政信息的可获得性，积极鼓励民众参与社会政策的制定过程，公开表达自己的诉求和意愿，实现与社会管理部门的良性互动，提高公众参与效能感，进而提升幸福感。

第十章

社会质量视域下的基本公共服务供给研究

——基于CSS2019数据的分析

基本公共服务体系建设是近年来我国社会建设的重点内容之一。为进一步推动社会整体发展水平，保障公众能够享有大致均等的基本公共服务，全国各地均在积极推进基本公共服务的均等化进程。基本公共服务均等化的核心政策取向是通过推进城乡之间的体系融合以确保不同群体之间的权益均等化，将一个区隔分割、不均衡的旧政策框架逐步再造为一个融合普惠、均等共享的新制度体系。然而就理论层面而言，当前学界尚未对基本公共服务体系提炼出明确一致的理论源流。源于欧洲的社会质量理论，从社会经济保障维度为我们揭示了基本公共服务的理论意涵。在社会质量理论体系中，基本公共服务是社会质量理论框架中社会经济保障维度的重要内容。在基本公共服务体系中，服务体系的融合度和一体化水平、服务供给的普惠性和均等化程度以及社会公众对基本公共服务的感知度，都有可能影响人们对当前社会整体发展水平的评价。基于全国性实证调查数据，本章深入分析了城乡居民的基本公共服务供给水平感知度对社会质量评价的影响，希望在理论和实践层面进一步丰富和拓展当前我国的基本公共服务的研究。

第一节　文献综述

社会质量理论起源于20世纪90年代的欧洲，当时欧洲国家长期存在重视经济政策而对社会政策有所忽视的现象，因而导致其社会在发展过程中出现诸如失业、贫富差距扩大、种族歧视和社会隔离等一系列社会问题。基于这样的社会背景，一些欧洲学者于 1997 年，在荷兰阿姆斯特丹欧盟会议上提出了“社会质量”（social quality）概念，并且签署了《阿姆斯特丹社会质量宣言》，该宣言的签署也标志着欧洲社会质量理论的正式形成。宣言中指出：“我们不希望看到欧洲社会出现越来越多的乞讨者、流浪者和无家可归的人员。同时，我们也不希望看到欧洲社会出现越来越多的失业人员，不断增长的贫穷人口以及仅享有有限的医疗服务和照顾的社会成员。与此相反，我们更希望看到欧洲社会不仅在经济上取得巨大成就，同时希望通过推动社会的公平正义，提升公众的社会参与水平，使得欧洲成为一个具有较高社会质量的社会。”① 社会质量理论提出的最初目的是希望通过政府实施和颁布相应的社会政策，推动经济政策和社会政策的均衡发展，在以效率和效益为主流思想的社会中，维护和促进社会平等和公正。② 欧洲社会质量理论提出后，学者们对其概念、研究维度以及社会政策制定等问题进行了丰富的研究。

就社会质量的概念而言，Beck 等学者认为，所谓社会质量是指“个体在参与社会、经济生活中基于来自社会社区等各种限定性条件下为提高个体生活和潜能所具有的能动空间”③。从社会质量的研究维度看，早在 2001 年，Beck 等人在《社会质量：欧洲愿景》（*Social Quality：A Vision for Europe*）一书中明确了社会质量研究的四个主要维度：一是社会经济保障；二是社会凝聚；三是社会包容；四是社会赋权。④ 以此框架为指导，之后的一些学者们又进一步对各个维度的具体内涵、次级指标以及政策指导意义等方面进行了深入阐述和分析。从社会政策的制定看，Demeyer 等提出要通过构建真正可测量的指标为社会政策（如反贫困政

① IASQ（International Association on Social Quality），“Amsterdam Declaration on Social Quality”，10 June. 1997，htps：//socialquality，org/about-iasq/amsterdam-declaration-of-1997.

② Beck. W. A.，L. J. G. Maesen &A. G. Walker，“Social Quality：From Issue to Concept”，In Beck W. A.，Maesen L. J. G. &Walker A.（Eds.），*The Social Quality of Europe.* The Hague；Kluwer Law International，1997.

③ Beck W. A.，L. J. G. Maesen &F. Thomese et al.，*Social Quality：A Vision for Europe*，The Hague：Kluwer Law International，2001.

④ Ibid.

策）的制定提供依据和指导，从而改善社会上一些弱势人群（如妇女、儿童）的生活状况和生存条件。[①] Berman 将社会质量作为一种社会政策的评估工具来对欧洲的家庭社会政策进行评估，他认为社会质量理论既可以作为评估家庭政策的范式，也可以作为制定家庭政策的标准。[②]

中国目前有关社会质量的研究，重心在于如何在中国社会结构转型和体制转轨的社会背景下，通过对当前社会整体发展水平的衡量和评价，完善和调节相应的社会政策，实现我国经济政策和社会政策的均衡发展。在不断提升公众物质生活水平的同时，提升社会整体凝聚力和包容性，促进个体的均衡发展和全方位提升。综合来看，当前学界对社会质量理论的研究，多聚焦于以下两个方面。

一是对社会质量研究的重要性和理论意义的探讨。林卡指出社会质量理论在当前我国社会发展和建设过程中具有重要的指导作用，有助于我们展开社会政策的比较研究，进而探索“中国模式”的特点。[③] 张海东认为社会质量理论把握到了社会发展的目的和本质，并且在系统应对风险、构筑安全社会方面提供了有益的思考，对增进人们的福祉，为人的自我实现创造条件提供了新的思路。[④] 崔岩提出，社会质量理论对社会治理实践具有重要的借鉴意义，能够为实现可持续发展的社会改革提供思路。[⑤] 二是通过经验数据以等权重的方式分析和探讨当前中国社会发展的状况。韩莹莹以广东四县（区）为考察对象，研究发现社会融入、社会经济保障以及社会赋权与居民幸福感之间存在显著的相关性。[⑥] 任莉颖以公众对社会的总体评价为准则变量分析了社会质量四个维度与公众

---

① Demeyer, Barbara & Fintan Farell, “Indicators of Social Quality and the Anti-Poverty Strategies”, *The European Journal of Social Quality* 5 (1-2), 2005.

② Yitzhak Berman , “Social Quality as a Tool for Policy Analysis: The Place of Children in Family Policy”, *The European Journal of Social Quality* 3 (1-2), 2001.

③ 林卡：《社会质量理论：研究和谐社会建设的新视角》，《中国人民大学学报》2010 年第 2 期。

④ 张海东：《从发展道路到社会质量：社会发展研究的范式转变》，《江海学刊》2010 年第 3 期。张海东：《社会质量视角中的社会风险应对》，《江海学刊》2011 年第 3 期。曾红颖：《我国基本公共服务均等化标准体系及转移支付效果评价》，《经济研究》2012 年第 6 期。

⑤ 崔岩：《社会质量与我国社会治理创新》，《光明日报》2016 年 1 月 18 日。

⑥ 韩莹莹：《社会质量与居民幸福感——以广东四县（区）为考察对象》，《中国行政管理》2016 年第 8 期。

社会评价之间的关系，发现社会质量四个维度上的多数指标与社会评价相关。[①] 黄永亮以“90后”青年为研究对象，分析发现“90后”和非“90后”群体对社会质量的不同维度的评价在社会整体发展质量评价中的影响效益存在一定的差异。[②]

综合以上国内外相关研究，可以发现社会质量理论从提出到现在，经历了理论探索、指标体系构建和政策实践应用三个主要阶段。在这三个发展阶段中，学者们更多是从宏观整体层面对社会质量进行研究和分析，而就某一维度进行具体、深入分析的研究则相对偏少。笔者认为社会质量理论研究的下一个阶段除了实现其在全球范围内的拓展，进行国际比较研究外，还应当基于推进政策实践的考量，着重考虑从某一特定维度出发，研究该维度对社会质量整体的影响效应，为提升社会整体发展水平提出切实有效和有针对性的对策建议。本章尝试以公众基本公共服务供给水平感知度为研究对象，分析其对当前我国城乡居民社会整体发展质量评价的作用效应。就基本公共服务供给的具体内容来看，其属于社会质量理论体系的社会经济保障维度。Keizer在对社会经济保障进行研究时指出，社会经济保障是指在一定时间范围内，社会能够在多大程度上为个体提供足够的生存和发展的资源，其主要覆盖的领域包括财政资源（收入充足、收入保障）、居住与环境（住房保障、住房质量和居住环境）、健康和医疗（医疗服务供给保障、健康照顾服务质量等）、就业（就业保障和就业质量）以及教育（教育保障和教育质量）。[③] 而就基本公共服务所覆盖的内容来看，曾红颖认为我国基本公共服务能够保障公众的基本生存权、基本健康权和自我发展权，其范围包括就业服务、基本养老保险、基本生活保障、基本住房保障、公共医疗卫生、基本医疗

---

① 任莉颖：《社会质量测量与公众社会评价》，《华中科技大学学报》（社会科学版）2018年第6期。

② 黄永亮：《中国“90后”青年的社会质量评价研究——一项基于2017年“中国社会状况综合调查”的分析》，《青年研究》2019年第3期。

③ Keizer M. 2004, “Social Quality and the Component of Socio-economic Security”, Paper submitted to the European Network on Indicators of Social Quality of the European Foundation on Social Quality, Amsterdam. https://www.socialquality.org/wp-content/uploads/import/2014/10/Socio-Economic-Febr-2004.pdf.

保险以及公共教育等方面。[①] 郁建兴也提出当代中国公共服务体系涉及就业保障与就业服务、义务教育、基本医疗保障与公共卫生服务以及基本养老保障与养老服务等方面。[②]

因此，本章将尝试使用公众基本公共服务供给水平感知度，分析其对城乡居民关于当前社会发展质量评价的影响，希望能够在社会质量理论框架的指导下，在一定程度上深化我国当前城乡基本公共服务的研究，从而更为精准地判断城乡居民对于各类基本公共服务项目的需求水平，为基本公共服务资源的有效投放和公共服务质量的持续改善提供理论和实证依据。

第二节　研究问题、调查数据与统计模型

一　研究问题

目前，随着我国社会经济的不断发展与进步，社会发展迈入新阶段，我国城乡的基本公共服务供给水平也逐步得到了提升。然而，也有学者注意到，当前城乡间基本公共服务的差距，在某些领域甚至有扩大趋势，而这直接影响了农村居民获得公共服务供给水平的高低以及获得自身发展的机会，减弱了为缩小城乡收入差距出台的诸多政策效应，影响了农村发展并加剧了城乡居民的收入差距。[③] 某种意义上，有着深刻历史渊源的城乡之间基本公共服务的差异化供给，扩大了市场分化带来的社会不平等。有鉴于此，近年来国家大力推进基本公共服务均等化进程，以此作为提高发展成就的共享水平、促进社会公平的重要机制。其中，城乡之间的均等化水平明显提升。但就现状而言，城乡间公共服务供给水平还存在不小的差距，而这种供给水平的差距，可能在一定程度上影响着

---

① 曾红颖：《我国基本公共服务均等化标准体系及转移支付效果评价》，《经济研究》2012年第6期。

② 郁建兴：《中国公共服务体系：发展历程、社会政策与体制机制》，《学术月刊》2011年第3期。

③ 李丹、裴育：《城乡公共服务差距对城乡收入差距的影响研究》，《财经研究》2019年第4期。任莉颖：《社会质量测量与公众社会评价》，《华中科技大学学报》（社会科学版）2018年第6期。

城乡居民对我国当前社会整体发展质量的评价。此外，客观上，由于经济社会地位的不同，城乡居民对当前基本公共服务的需求也存在一定的差异性。换言之，当前我国城乡居民对不同类别基本公共服务关注的重点可能会有所不同。因此，需要我们深入了解城乡居民对基本公共服务的差异性的需求，针对性地制定和调整相应的社会政策以满足城乡居民的不同需要。因此，本章将着重关注不同类别公共服务供给水平对当前我国城乡居民社会质量评价影响效应的差异性，并运用全国性调查数据构建定量模型加以分析。

二 数据来源

本研究所使用的数据来自中国社会科学院社会学研究所组织的全国性的大型调查——2019 年中国社会状况综合调查（CSS2019）。这项调查以当代中国社会质量研究为主题，在问卷设计上借鉴了西方社会质量理论，依据社会质量四个主要维度对当前我国社会整体发展水平进行评价。调查采用 PPS 概率抽样和入户问卷访问方式，一共访问了 10000 余名城乡居民。中国社会状况综合调查在抽样设计上采用了多阶段复合抽样（Multi-stage Composed Sampling）的方法，即分县/市/区、居委会/村委会、居民户、居民 4 个阶段抽样，每个阶段采取不同的抽样方法。最终共抽取 151 个县/市/区下属的 604 个村委会/居委会。调查所收集的数据具有全国代表性。在 CSS2019 的调查问卷中，公众公共服务供给水平的感知度是调查的重要内容，主要包括养老保障、医疗保障、就业保障、城乡最低生活保障（低保）、基本住房保障以及总体社会保障状况，为本章分析不同类别基本公共服务供给水平对我国城乡居民社会质量评价的影响提供了数据支撑。

三 变量说明

本章的因变量是我国公众对当前社会整体发展水平的评价，2019 年中国社会状况综合调查的问卷中关于社会发展质量评价测量的题目是“请用 1—10 分，来表达您对现在社会的总体情况的评价，1 分表示非常不好，10 分表示非常好”这一问题来进行测量，测量变量为连续型变量，测量尺度从 1 分到 10 分。本章的自变量是公众对不同类别的公共服务供给水平的评价，包括养老保障、医疗保障、就业保障、城乡最低生活保障（低保）、基本住房保障以及总体社会保障评价水平。这里需要说明的是，本章的因变量和自变量均为主观变量，二者之间可能会因为混淆偏误而出现一种虚假相关的结果。有学者指出，这种混淆偏误并不是传统意义上的由于外在变量的遗漏而产生的选择性误差，而是因为自变量和因变量具有共同的潜在心理特质基础。[①] 在应对“主观解释主观”的方法选择上，本章采用变量测量的策略，[②] 选取多个测量变量，然后利用数据降维的方法，通过因子分析将多个测量变量汇总为一个可控的心理倾向变量，从而估计自变量和因变量的真实关联。具体而言，本章通过因子分析，采用具有 Kaiser 标准化的正交旋转法，对 CSS2019 问卷中几个方面的公众评价进行了旋转投影，得出一个公众评价的心理倾向变量，因子分析计算得到的 KMO 球形检验值为 0.53（见表 10—1）。

表 10—1　　因子分析结果（$N=10283$）

项目	因子载荷
公众信仰水平评价	0.595
自身环保能力评价	0.404
个人信息安全评价	0.337
专家可信度评价	0.469
生活保障水平评价	0.695

注：采用主成分分析法。

本研究的控制变量主要为受教育程度、性别、年龄以及收入状况和公众评价的心理倾向。模型变量的基本统计量见表 10—2。

表 10—2　　模型变量基本统计量（$N=10283$）

变量	变量定义	百分比（%）	变量	变量定义	百分比（%）
受访者性别	1 男性	42.9	户口性质	0 农业户口	68.6

① 胡安宁：《倾向值匹配与因果推论：方法论评述》，《社会学研究》2012 年第 1 期。

② 胡安宁：《主观变量解释主观变量：方法论辨析》，《社会》2019 年第 3 期。

续表

变量	变量定义	百分比（%）	变量	变量定义	百分比（%）
	0 女性	57.1		1 非农户口	31.4
教育程度	1 未上学	9.5			
	2 小学	22.3	婚姻状况	1 未婚	11.8
	3 初中	31.4		2 已婚	80.5
	4 高中	13.1		3 其他	7.7
	5 中专	4.5			
	6 职高技校	1.0	年龄	均值	标准差
	7 大学专科	8.5		47.6	14.3
	8 大学本科	8.9			
	9 研究生	0.8			

注：在 CSS2019 问卷中，户口性质包括农业户口、非农户口和居民户口，本章的分析将非农户口和居民户口统一归为非农户口。

四 统计模型

本章使用一般线性回归模型来分析公共服务供给水平对城乡居民社会整体发展质量评价之间的差异性。模型的具体形式为：

$$y_i = \beta_0 + \beta_1 x_1 + \cdots + \beta_m x_m + \varepsilon_i \quad (1)$$

上述公式中 y_i 指的是公众的社会质量评价水平，β_0 为截距项，即零模型状态下的公众的社会质量评价水平，m 表示解释变量的个数，x_1，x_2，$\cdots$，x_m 为解释变量，β_1，β_2，$\cdots$，β_m 为解释变量的偏回归系数，表示当其他解释变量保持不变时，该解释变量每增加或减少一个单位，因变量增加或减少的值，ε_i 为随机扰动项。

在式（1）的基础上引入个体心理倾向变量 x'。x' 即代表控制的公众评价的心理倾向变量。

$$y_i = \beta_0 + \beta_1 x_1 + \cdots + \beta_m x_m + \beta_b x' + \varepsilon_i \quad (2)$$

由于本章需要对城市和农村两种不同户籍的人群进行比较研究，分析不同类别的基本公共服务供给感知度对不同户籍人群社会质量评价影响效应上的差异性。因此，本章除了需要对不同户籍人群的社会发展质量评价分别建立回归模型之外，还需要对其系数进行进一步的比较研究，也就是需要对不同系数进行跨模型的比较研究，分析比较不同自变量对因变量在两个不同模型之间影响效应的差异性。对于系数在不同模型间的比较问题，一方面可以通过建立核心变量和分类变量的交互项，在回归中进行分析；另一方面可以通过建立似无关方程进行关联分析。①

第三节　实证分析

一　基本频数分析

从人们对当前社会发展质量的整体评价情况来看，数据分析显示，当前我国公众对社会整体的评价得分均值为7.31分。然而从城乡地区划分来看，城市地区人群社会整体发展质量评价的均值得分要低于总体评价的均值得分，农村地区人群的社会整体发展评价均值得分则要高于总体评价的均值得分。具体来看，城市地区人群对当前社会整体评价的均值得分为7.20分，农村地区人群的均值得分为7.44分（$t=6.328$，$\alpha<0.001$）。

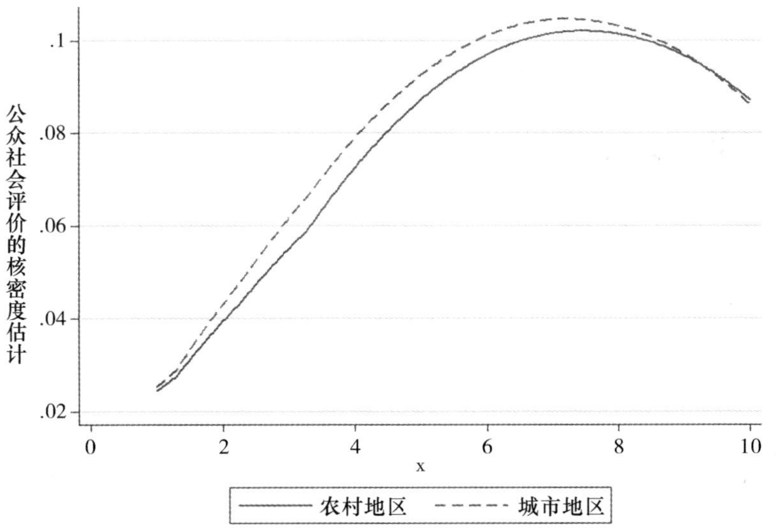

图10—1　城乡居民对社会发展整体评价

① 崔岩、黄永亮：《中国社会质量研究——不同阶层社会质量评价分析》，《浙江大学学报》（人文社会科学版）2019年第2期。

二 回归模型分析

（一）总体人群 OLS 回归分析

就总体人群数据分析而言，本章重点讨论不同类别的基本公共服务供给水平感知度对当前我国公众社会发展质量评价的影响效应。从表10—3 的数据分析结果中可以发现，在公共服务供给体系中，养老保障、医疗保障、基本住房保障以及总体社会保障等维度对公众的社会整体发展质量评价的影响具有统计上的显著意义。具体来看，就养老保障水平评价而言，公众对当前社会养老保障水平评价的高低会对其整体社会发展质量的评价产生显著性的影响，公众对养老保障水平评价越高，对社会整体发展质量的评价也越高（$\beta = 0.036$，$p < 0.05$）。就医疗保障水平评价而言，公众对当前社会医疗保障水平的评价越高，对社会整体发展水平的评价也越高（$\beta = 0.054$，$p < 0.01$）。同样，从公众的就业保障水平评价来看，社会公众对就业保障水平的评价越高，其对社会整体发展质量的评价也越高（$\beta = 0.040$，$p < 0.05$）。最后，就总体社会保障评价水平来说，公众对总体社会保障的评价水平越高，其对当前社会整体发展质量的评价也越高（$\beta = 0.273$，$p < 0.001$）。

表 10—3　　公共服务供给水平对公众社会质量评价的回归分析（$N = 10283$）

	β 系数	标准误差	显著性
常数项	3.862	0.174	0.000
自变量			
养老保障	0.036	0.018	0.042
医疗保障	0.054	0.018	0.003
就业保障	0.040	0.016	0.014
城乡最低生活保障	0.021	0.015	0.174
基本住房保障	0.014	0.017	0.422
总体社会保障	0.273	0.023	0.000
控制变量			
公众评价的心理倾向	−0.010	0.030	0.745

续表

	β系数	标准误差	显著性
性别（男=1）	-0.176	0.058	0.002
受教育程度	0.006	0.015	0.679
年龄	0.013	0.002	0.000
调整后 R^2	0.302		

值得注意的是，数据分析结果显示，公众对当前城乡最低生活保障水平的评价，并未显著影响其对社会整体发展质量的评价（$\beta=0.021$，$p=0.174$）。这一数据分析结果在一定程度上说明了当前我国已经构建了相对完善的最低生活保障体系，最低生活保障（简称“低保”）已经基本实现了相关人群的全覆盖，其保障范围和最低保障水平也能满足被保障对象的基本生活需求，获得了较高的认同和肯定。

（二）不同户籍人群 OLS 回归分析

从表10—4的数据分析结果中可以发现，对农村户籍人群而言，养老、医疗和住房是这部分人群关注的重点，养老保障、医疗保障和住房保障均会对其社会整体发展质量的评价产生显著影响。具体来看，就养老保障而言，农村人口对当前社会的养老保障水平评价越高，其对社会整体的评价水平也越高（$\beta=0.036$，$p<0.1$）。在医疗保障方面，他们对医疗保障水平的评价越高，对社会整体发展质量的评价也越高（$\beta=0.057$，$p<0.01$）。另外，从就业保障方面来看，农村户籍人群对当前的就业保障水平的评价越高，其对社会发展质量的评价也越高（$\beta=0.053$，$p<0.05$）。与此同时，我们也发现，对于农村户籍人群而言，城乡最低生活保障水平评价和基本住房保障水平评价对其社会整体发展质量的评价的影响并不具备统计意义上的显著性（$\beta=0.021$，$p=0.276$；$\beta=0.025$，$p=0.246$）。

整体而言，农村户籍人群对社会公共服务供给的需求与城市户籍人群有着较明显的区别。对于农村户籍人口来说，当前他们对社会公共服务供给的需求更多聚焦在养老、医疗和就业三个方面，而基本住房保障和城乡最低生活保障则并不会对其社会整体发展质量评价产生显著性影响。从养老保障来看，我国自 2009 年推行新型农村社会养老保险制度（简称“新农保”）以来，农村居民的养老保障水平与以往相比有了较大的提升。“新农保”的实施不仅提高了农村养老保险水平，同时也提高了全国养老保险水平和全国社会保障水平。[①] 然而，不可忽视的是，当前我国农村养老保障的给付水平还不高，对农民基本生活的保障依旧处于较低水平；与城市居民养老保障相比还有较大落差。因此，养老保障水平会对农村居民社会整体发展水平评价有显著的影响。从医疗保障来看，新型农村合作医疗（简称“新农合”）从实施到现在，尽管在一定程度上改善了农村居民的看病贵的问题，但“看病难、看病贵”依然是农村居民的最大生活风险和最大民生痛点。城乡医疗保障的差距以及医疗资源分配供给的差距，均在一定程度上影响了农村居民对当前社会整体发展质量的评价。同时，从就业保障来看，随着我国城镇化进程的不断加快，大量农村劳动力涌入城市，根据国家统计局 2018 年发布的《农民工监测调查报告》显示，全国农民工数量已经达到 2.88 亿人，其中 1980 年及以后出生的新生代农民工占农民工总数的比例已经高达 51.5%。[②] 新生代农民工在城市的就业保障水平与城市居民相比仍然有着较大的差距。相比于城市居民而言，这一群体对就业保障有着更为迫切的需求和渴望。但低收入、低就业保障水平的叠加，正在给农民工群体、特别是新生代农民工带来巨大的生活压力和心理负担，因而就业保障水平，会对其社会整体发展水平的评价产生显著影响。

表 10—4　　农村户籍人群的社会评价（$N=7032$）

	β 系数	标准误差	显著性
常数项	3.591	0.237	0.000
自变量			
养老保障	0.036	0.021	0.091

① 穆怀中、沈毅、樊林昕、施阳：《农村养老保险适度水平及对提高社会保障水平分层贡献研究》，《人口研究》2013 年第 3 期。

② 国家统计局：《2018 年农民工监测调查报告》，http://www.gov.cn/xinwen/2019-04/30/content_5387773.htm。

续表

	β 系数	标准误差	显著性
医疗保障	0.057	0.022	0.009
就业保障	0.053	0.020	0.010
城乡最低生活保障	0.021	0.019	0.276
基本住房保障	0.025	0.022	0.246
总体社会保障	0.256	0.028	0.000
控制变量			
公众评价的心理倾向	-0.040	0.038	0.298
性别（男=1）	-0.188	0.077	0.014
受教育程度	0.027	0.023	0.257
年龄	0.017	0.003	0.000
调整后 R^2	0.302		

与农村户籍人群相比，不同类别基本公共服务供给感知度对城市户籍人群的社会整体发展质量评价有着显著的差异。从表10—5的数据分析结果中可以发现，除了总体社会保障水平评价会对城市户籍人群的社会整体发展质量评价产生显著性影响外（$\beta=0.314$，$p<0.001$），养老保障、医疗保障以及住房保障等对城市户籍人群的社会整体发展质量评价的影响均不显著（$\beta=0.034$，$p=0.291$；$\beta=0.039$，$p=0.258$；$\beta=0.004$，$p=0.884$；$\beta=0.022$，$p=0.393$；$\beta=-0.008$，$p=0.779$）。对于城市居民而言，其养老保障水平、医疗保障水平、就业保障水平、最低生活保障水平和住房保障水平均相对较高，保障制度也更为完善。因此，这几个方面对其社会整体发展质量的评价并不像农村居民那样显著。

表10—5　　城市户籍人群的社会评价（$N=3219$）

	β 系数	标准误差	显著性
常数项	4.157	0.290	0.000
自变量			
养老保障	0.034	0.032	0.291
医疗保障	0.039	0.034	0.258

续表

	β系数	标准误差	显著性
就业保障	0.004	0.028	0.884
城乡最低生活保障	0.022	0.025	0.393
基本住房保障	-0.008	0.028	0.779
总体社会保障	0.314	0.041	0.000
控制变量			
公众评价的心理倾向	0.057	0.047	0.224
性别（男=1）	-0.135	0.084	0.107
受教育程度	0.012	0.023	0.606
年龄	0.008	0.004	0.029
调整后 R^2	0.300		

（三）对不同户籍人群回归系数比较分析

从回归系数的比较结果来看，农村户籍人群和城市户籍人群在回归系数的显著性上存在一定差异（见表10—6）。具体而言，在医疗保障方面，农村户籍人群的回归系数为0.057，城市户籍人群的回归系数为0.039，二者的系数差值为0.019，并且具有统计上的显著意义（$p<0.1$）；在就业保障方面，农村户籍人群的回归系数为0.053，城市户籍人群的回归系数则为0.004，两者之差为0.049，同样也在统计上具有显著性（$p<0.1$）。综合以上数据分析结果，可以发现，不同类别公共服务供给水平对城乡居民的社会质量评价的影响具有一定的差异性。他们对当前基本公共服务供给关注的侧重点有所不同，农村居民关注的重点更多集中在养老、医疗和就业保障三个方面，而城市居民则更多关注社会总体保障方面。这反映了当前我国城乡居民对基本公共服务的需求呈现出差异性的趋势。同时，值得我们注意的是，相比于城市居民而言，农村居民对更多领域公共服务的供给有着更高的需求和渴望。

表10—6　　回归系数比较

	农村户籍	城市户籍	系数差值	Chi2	p-value
养老保障	0.036	0.034	0.002	0.00	0.485

续表

	农村户籍	城市户籍	系数差值	Chi2	p-value
医疗保障	0. 057	0. 039	0. 019	0. 14	0. 079
就业保障	0. 053	0. 004	0. 049	1. 32	0. 094
城乡最低生活保障	0. 021	0. 022	-0. 001	0. 00	0. 494
基本住房保障	0. 025	-0. 008	0. 033	0. 47	0. 293
总体社会保障	0. 256	0. 314	-0. 057	0. 64	0. 243

第四节　政策意涵及理论展望

实证数据的分析结果显示，当前中国城乡居民的基本公共服务供给水平感知度对社会质量评价的影响，特别是部分保障类服务项目对社会质量评价的影响，具有统计上的显著性。与此同时，不同类别公共服务供给水平对当前我国城乡居民社会质量评价的影响效应也具有差异性。具体而言，总体上城乡居民对就业、医疗、养老三大基本服务项目的感知度，显著影响他们对当前社会质量的评价。另外，城市居民和农村居民对不同基本公共服务项目的关切也存在明显不同：对于农村居民而言，他们对养老保险、医疗保险和就业保障的保障不足均有着强烈的感知，这种感知显著影响其对当前社会发展质量的评价。对于城市居民而言，养老保障、医疗保障和就业保障对其社会质量评价的影响则并不显著。

基于上述结果，我们不难发现中国当下基本公共服务体系建设的一些政策意涵。一方面，推进基本公共服务均等化，作为一个自上而下的、系列化的政策行动，的确找准了并有效回应着最普遍的社会关切，在实务层面正有效地推动着中国的社会建设；通过基本公共服务均等化建设，减少社会排斥、增进社会包容、促进社会公平，正是提升中国社会质量的有效路径。因此，未来一段时期，这依然是一个长期的政策目标。国家在相关文件中也已明确了时间表：到 2035 年，基本公共服务均等化基本实现，现代化水平不断提升；并且明确了要以基本公共服务的标准化建设推进均等化。另一方面，各地正在力推的基本公共服务标准化建设，应切实坚持需求导向和问题导向，即针对城乡居民不同的服务供给和受益水平、不同的感知度和需求强度，明确重点项目清单以及推进时序。当前，国家出台的基本公共服务清单，包含九大领域，涵盖了人一生中整个生命历程各阶段所需的、关乎生存和发展的且绝大多数社会成员无法进行自我供给的各类服务项目，谱系齐全。但就财力状况而言，这个谱系完整的基本公共服务清单的全面落实，在不少地区困难较大。而城乡居民迫切需求的服务，目前高度集中于与生活风险相关的几个项目，例如，农村居民的养老、医疗保障一直属于公共服务供给的基本项，但结合本章的分析，我们发现这几个方面目前依然属于政策短板。因此，它们依然是当下及未来民生需求的重点，可能需要在较长一段时期内予以优先安排并继续提高供给水平。更不应忽视的是，长期以来处于政策盲区的新型农民工群体的就业保障，已经成为现实而强烈的需求，有必要尽快进行政策预研，提供可行的政策方案。

相比于政策实践的不断推进和系统化，基本公共服务作为一个议题，似乎难以在理论上进行深化。事实上，基本公共服务在社会建设的实践领域举足轻重。中国近 20 年的社会建设历程，基本上沿着“服务”和“治理”两条主线展开，即基本公共服务体系建设和社会治理创新，二者共同构成了社会建设的两大主体内容。而从欧洲引入的社会质量理论，所涉及的四个维度——社会经济保障、社会凝聚、社会包容、社会赋权，各自都涵盖了若干次级指标，在对其指标体系进行本土化研究后，完全可以将其应用到我国的社会服务和社会治理主线之中。结合本章的分析，可以发现，基本公共服务是社会经济保障维度的重要内容，也是评价社会质量的重要指标之一。只有全面提升我国基本公共服务供给水平，找准当前城乡居民基本公共服务差异化的需求，加大农村基本公共服务的投资力度，推动城乡基本公共服务供给的均衡发展，才能提高城乡居民对社会整体发展质量的评价，提升社会服务和治理水平，建设高质量的现代社会。

第十一章

地方政府社会治理能力评价指标体系构建与验证

——基于 CSS2019 数据的分析

第一节　问题的提出

推进国家治理体系和治理能力现代化是我国全面深化改革的目标，社会治理作为国家治理体系的重要组成部分，社会治理能力现代化是实现国家治理能力现代化的必然要求。地方政府作为党和国家意志的推行者以及区域内政治、经济、文化等领域的综合管理机构，是推进社会治理体系和治理能力现代化的一线执行者和组织者。地方政府社会治理能力的高低，直接影响社会治理的有效性和国家治理水平的提升，影响人民安居乐业、社会安定有序和国家长治久安。提升地方政府社会治理能力不可避免地涉及评价问题，没有准确的评价，就无法了解目前的治理水平，也就难以改善。评价是一种导向和“指挥棒”，不同的评价会引发不同的政府行为，在我国“政治锦标赛体制”下这种作用更加显著，一套能充分体现地方政府社会治理能力的内容和要求、科学有效的评价指标体系，有助于引导和规范地方政府的社会治理工作，提升社会治理能力和社会治理水平。

第二节　文献综述

中国学术界关于地方政府社会治理的学术研究涵盖了国家治理、地方治理以及治理能力的相关研究，但“社会治理能力”的专门研究相对缺乏。在中国知网（CNKI）以“主题＝社会治理能力”进行检索，共有期刊912篇，第1篇“社会治理能力”相关研究成果出现在2004年，2005年至2012年每年的成果数量增长缓慢只有1—5篇，2013年十八届三中全会召开之后，在2014年猛增至128篇，此后每年保持在130篇左右，截至2020年6月20日，其中2020年有96篇。这些数量与社会现实的需要相差甚远，反映出学者们对社会治理能力的关注度不够。已有的与政府社会治理能力及其评价相关的研究主要从以下几个方面展开：

一是从社会治理方式的角度研究社会治理能力提升路径。通过社会组织①、媒体智库②和社会资本介入③形成多元治理主体协同共治，通过政府廉洁④和法制化建设⑤把社会治理活动纳入法制轨道，通过大数据⑥等现代科学技术手段提高社会治理的精细化和高效化，通过培训造就高素质、专业化的社会治理人才队伍。随着“社会化、法治化、智能化、专业化”的社会治理方式的不断完善，从而不断提升政府的社会治理能力。

二是从社会治理过程的角度研究社会治理能力的构成要素。张钢等依据资源基础理论，提出政府在治理过程中需要具备运用资源、获取资源、配置资源和整合资源的能力⑦；祁海军认为“地方政府社会治理能力包括基本保障能力、宏观调控能力、财政能力和基层自治能力，并建立

---

① 周学荣：《社会组织参与社会治理的理论思考与提升治理能力的路径研究》，《湖北大学学报》（哲学社会科学版）2018年第6期，第109—115页。

② 陆先高：《媒体智库如何创新服务社会治理能力》，《社会治理》2019年第11期，第84—86页。

③ 田野：《从社会资本角度论推进社会治理能力现代化》，《中共福建省委党校学报》2017年第11期，第79—86页。

④ 廖振民：《“互联网＋”：提升地方政府廉洁治理能力现代化的新途径》，《黑龙江社会科学》2019年第2期，第56—61页。

⑤ 彭中礼：《智慧法治：国家治理能力现代化的时代宣言》，《法学论坛》2020年第3期，第29—39页。

⑥ 熊光清：《大数据技术的运用与政府治理能力的提升》，《当代世界与社会主义》2019年第2期，第173—179页。

⑦ 张钢、徐贤春、刘蕾：《长江三角洲16个城市政府能力的比较研究》，《管理世界》2004年第8期，第18—27页。

了相应的评估指标体系"[①]；鹿斌、金太军认为现代社会治理能力是一个包含着表达能力和行动能力的结构性功能体系，构成了社会治理能力现代化的行为框架[②]。

三是从社会治理内容的角度构建社会治理评估体系。根据社会治理的内容，"中国社会治理评价指标体系"设立了人类发展、社会公平、公共服务、社会保障、公共安全与社会参与6个评价维度[③]。包雅钧认为政府对社会事务的管理和社会自治是社会治理的主要内容，从而构建了包括社区治理、社会组织、公共服务、环境保护、公民权利、社会公平、社会稳定、居民主观幸福感8个环节的社会治理评估体系[④]；彭莹莹则认为社会治理包含治理主体、治理方式、治理平台、治理对象、治理绩效，并设计了相应的评估指标[⑤]。

四是从社会治理效果的角度评价社会治理能力。"社会治理是完善社会福利，保障改善民生，化解社会矛盾，促进社会公平，推动社会有序和谐发展的过程"[⑥]。因此，"治理能力反映的是政府治理行为的水平和质量，较高的治理能力意味着政府能够较好地提高社会成员的总体福利水平。"[⑦]

现有成果在地方政府社会治理能力方面进行了有益的探索，但在评价方面多属于定性研究，已有的定量研究往往缺乏具体指标赋值和标准化建构，正是因为如此，对地方政府的社会治理能力评价的实证研究更少。本章的目的在于通过借用政府能力理论和善治理论与我国社会治理实践相结合，分析地方政府社会治理能力的构成要素，并以构成要素为基础提出一套地方政府社会治理能力评价指标体系，并进一步利用

---

① 祁海军：《地方政府社会治理能力评估——以河南省为例》，《学习论坛》2015年第8期，第73—77页。

② 鹿斌、金太军：《社会治理能力的结构体系及现代化转型》，《晋阳学刊》2016年第3期。

③ "中国社会管理评价体系"课题组、俞可平：《中国社会治理评价指标体系》，《中国治理评论》2012年第2期，第2—29页。

④ 包雅钧：《当前中国社会治理评估的思考》，《科学决策》2011年第7期，第80—91页。

⑤ 彭莹莹：《社会治理评估指标体系的设计与应用》，《甘肃行政学院学报》2018年第2期，第89—98、125、127—128页。

⑥ 姜晓萍：《国家治理现代化进程中的社会治理体制创新》，《中国行政管理》2014年第2期，第24—28页。

⑦ 胡鞍钢、魏星：《治理能力与社会机会—基于世界治理指标的实证研究》，《河北学刊》2009年第1期，第118—121页。

CSS2019 的调查数据对其进行实证检验。

第三节 地方政府社会治理能力测评指标体系构建

一 地方政府社会治理能力的要素选择

政府社会治理能力源自政府能力，是政府能力在“社会治理领域”的具体体现。政府社会治理能力作为政府能力的组成部分，在根源上与政府能力高度相关，在本质上都是对于政府应该具有什么能力和能实现什么能力的界定。关于对政府能力的理解，一些学者将政府能力视为政府活动的结果或效果。美国学者拉斯韦尔指出，较差的政府绩效不利于提高政府解决问题的能力①；安德森认为政策评价方式就是“通过对系统客观的评价去衡量它们的社会效果和实施预定目标的程度”②；约翰·葛兰姆认为政府实现政策追求目标的能力即为政府的能力③；阿尔蒙德等认为“政府能力就是政府通过制定和执行政策，实现维护公共秩序和维护合法性等目标的能力”④。我国学者李国青把政府能力界定为“政府通过合理设定并有效履行自身职能，用相对较低的成本促进社会全面持续进步和人民福祉不断增进的本领和能量”⑤；张成福等认为，在治理社会的过程中政府目标达成情况的好坏反映了政府的能力⑥。综上学者观点，政府能力的高低取决于政府实现预定目标的程度，政府提出的预定目标是一种应然状态，政府在管理实践活动中所取得的实际效果是一种实然状态，实然与应然的比较就是政府能力大小的反映。对于地方政府社会治理能力而言，本区域社会治理实际效果与社会治理目标之间的差距就是其评价标准。

---

① 参见［美］拉斯韦尔《政策科学》，斯坦福大学出版社 1951 年英文版。

② 参见［美］安德森《公共决策》，唐亮译，华夏出版社 1990 年版，第 184—185 页。

③ 时和兴：《关系、限度、制度：政治发展进程中的国家与社会》，北京大学出版社 1996 年版，第 153 页。

④ Gabriel Abraham Almond，Bingham，*Compara-tive Politics*：*A Developmental Approach*. Boston：Little Brown Publish，2007.

⑤ 李国青：《中国政府能力建设研究》，东北大学出版社 2011 年版，第 32 页。

⑥ 胡宁生、张成福等：《中国政府形象战略》，中共中央党校出版社 1998 年版，第 222 页。

关于我国社会治理目标的阐释与善治的精神具有内在一致性。善治是公共利益最大化的管理过程①及对治理效果的肯定②，世界银行（WB）、经济合作与发展组织（OECD）和欧盟（EU）等国际组织认为善治标准主要包括政府行为的责任性与合法性、公共部门的有效性与透明性、公民参与以及法治加强等方面③；联合国开发计划署（UNDP）将善治概括为八个特征：公众参与、法治、效能与效率、平等与包容、回应性、透明、负责、共识导向④；俞可平认为善治有合法性、法治、透明性、责任、回应、有效、参与、稳定、廉洁和公正十个要素⑤。我国社会治理的目标是通过不断创新社会治理体制，逐步实现公共利益最大化，正如习近平总书记提出的更好地实现人民群众的利益，实现人民对美好生活的向往。在国家层面的政策文件中关于社会治理目标的描述，十八届三中全会提出维护最广大人民的根本利益，确保社会和谐有序；十九大提出，加强民生建设，促进社会公平正义，打造社会协同、公众参与的共建共治共享社会治理格局，不断满足人民日益增长的美好生活需要。将善治与社会治理目标的具体内容相结合，本章认为社会治理目标的基本要素为民生保障、社会公平、社会秩序和社会凝聚力，因此，政府社会治理能力要素包括提升民生保障水平的能力、促进社会公平的能力、维护社会秩序的能力以及增强社会凝聚力的能力，如图 11—1 所示。

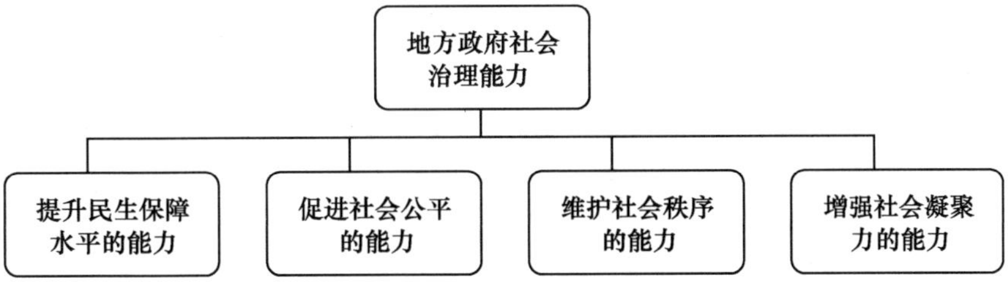

图 11—1　地方政府社会治理能力的要素构成

---

① 俞可平：《治理与善治引论》，《马克思主义与现实》1999 年第 5 期。

② 同非：《新时代乡村善治的路径探析——“枫桥经验”的启示》，《新西部》2020 年第 6 期，第 20—21 页。

③ 杨之林：《实践智慧与社会善治》，博士学位论文，大连理工大学，2019 年。

④ 鄢一龙：《党的领导与中国式善治》，《行政管理改革》2020 年第 1 期，第 16—25 页。

⑤ 俞可平：《善治与幸福》，《马克思主义与现实》2011 年第 2 期，第 1—3 页。

二　地方政府社会治理能力测量指标选择

测量指标的设计主要围绕地方政府社会治理能力的四个要素展开，以公众对当地政府社会治理效果的主观评价为基本判定依据。公众对民生保障水平、社会公平程度、社会秩序和社会凝聚力的主观评价构成了地方政府社会治理能力的评价指标体系。

（一）提升民生保障水平的能力

社会治理本质上是满足人民群众的民生需要，国家日益重视民生保障在社会治理中的核心作用，并不断完善民生保障制度与政策体系，因此，民生保障政策的执行是否能够有效提高民生保障水平，成为政府社会治理能力评价不可缺少的一部分。

十九届四中全会首次提出“民生保障”。“民生保障”是不同于西方社会保障及社会福利的我国特有的概念。有学者认为劳动就业和社会保障是民生保障体系的两大支柱①；也有学者提出，构建共享民生保障体系不能忽略家庭保障的作用，劳动就业、社会保障和家庭保障是有效的一体化体系②；还有学者认为民生保障涉及保民、安民、利民及富民四个层次的内容，民生保障类型相应划分为托底型、基本型、改善型和富裕型四种类型③；国务院发展研究中心“中国民生调查”课题组选取就业、收入、医疗、教育、住房、环境保护、食品安全、养老保障、政府服务 9 个重点民生领域进行民生水平的调查④。在我国顶层制度设计中对民生保障的阐释，十八届三中全会强调教育、就业、社会保障、医疗、住房、生态环境等问题是基本民生问题；十九大报告强调“民生领域还有不少短板，城乡区域发展和收入分配差距依然较大，群众在就业、教育、医

---

① 郑功成：《劳动就业与社会保障——中国基本民生问题的政策协调与协同推进》，《中国劳动》2008 年第 8 期。

② 王政武：《新时代共享民生保障体系构建——基于我国社会主要矛盾新变化的视角》，《长白学刊》2019 年第 5 期，第 114—121 页。

③ 高和荣：《新时代民生保障制度的类型转向及特征》，《社会科学辑刊》2020 年第 3 期，第 104—110、209 页。

④ 国务院发展研究中心“中国民生调查”课题组、张军扩、叶兴庆、葛延风、金三林、朱贤强：《中国民生调查 2018 综合研究报告——新时代的民生保障》，《管理世界》2018 年第 11 期，第 1—11 页。

疗、居住、养老等方面面临不少难题”①。综合以上学术界的研究以及权威政治文献的阐释，本章通过医疗、社会保障、环境保护、社会治安、收入、就业、教育、食品药品安全 8 个基本民生领域治理效果的满意度调查，来测评政府提升民生保障水平的能力。

（二）促进社会公平的能力

社会公平是社会成员向往的理想状态，是对社会是否“合意”的基本价值判断，促进社会公平是创新社会治理的关键②，因此，社会公平程度成为地方政府社会治理能力的重要评价指标。

关于社会公平，罗尔斯坚持两项正义原则：权利公平和分配公平③；Thibaut 和 Walker 提出了程序公平④；国内学者对社会公平的研究有三因素论：经济公平、保障公平和政治公平⑤；四因素论：分配公平、程序公平、人际公平和信息公平⑥；五因素论：制度公平、弱势公平、权利公平、互动公平和分配公平⑦；六因素论：分配公平、程序公平、互动公平、法律公平、机会公平和地位公平⑧。本章对地方政府社会公平能力的评价，主要从分配公平的角度进行测量，即公众对当地政府社会治理效果是否公平的主观感知，具体包括公民实际享有的政治权利、司法与执法、公共医疗、工作与就业机会、财富与收入分配、养老等社会保障待遇、城乡之间的权利待遇 7 个指标。

---

① 习近平：《决胜全面建成小康社会 夺取新时代中国特色社会主义伟大胜利——在中国共产党第十九次全国代表大会上的报告》，人民出版社 2017 年版。

② 张欢、胡静：《社会治理绩效评估的公众主观指标体系探讨》，《四川大学学报》（哲学社会科学版）2014 年第 2 期，第 120—126 页。

③ 约翰·罗尔斯：《正义论》，何怀宏等译，中国社会科学出版社 1988 年版。

④ J. A. Colguitt. “On the Dimensionality of Organizational Justice: a Construct Validation of a Measure”, *Journal of Applied Psychology*, 2001, Vol. 86.

⑤ 李炜：《社会公平感：结构与变动趋势（2006—2017 年）》，《华中科技大学学报》（社会科学版）2019 年第 6 期，第 110—121 页。

⑥ 张欢、任婧玲：《灾后救助政策公平感的测量——基于玉树地震灾区的研究》，《北京师范大学学报》（社会科学版）2011 年第 6 期。

⑦ 张媛：《中国青少年社会公平感的结构与测量》，硕士学位论文，华中师范大学，2009 年。

⑧ 方雪梅、陈松：《我国公民社会公正感量表的编制及信效度检验》，《华东理工大学学报》（社会科学版）2016 年第 1 期。

（三）维护社会秩序的能力

国泰民安是人们憧憬的社会美景，为了实现和维护这种境况，人们建立了政府，试图借助公共权威的力量建立和维系一定的社会秩序，避免社会动荡，使人们生活在相对安定的社会环境中。政府成为社会秩序的“卫道士”，维护社会秩序成为政府能力的基本内容之一。

美国社会学家罗斯提出，社会秩序的建立需要通过由同情心、互助性、正义感组成的“自然秩序”和由国家、人身依附关系、等级制度组成的“社会控制”两种途径实现①；马克斯·韦伯则认为社会秩序通过内在因素和外在因素得以保障，内在因素包括献身精神、价值理性、宗教因素，外在因素包括惯例、法律，不遵守会受到鄙视或强制性的惩罚②；哈贝马斯指出共同遵守的社会规范为生活世界确定了秩序，这种规范分为道德和法律③；中国学者梁漱溟在《乡村建设理论》中提出，通过社会教育培养具有良好道德品行的秩序化的个体，是维护社会秩序的重要手段④。关于影响社会秩序的因素学者表述不尽相同，但都可以概括为内在因素和外在因素，内化的道德提供基本的行为准则，外在的法律确定行为底线，道德和法律共同组成的社会规范使社会秩序得以维系。因此衡量社会秩序的标准是公众认同并遵守社会规范的程度，相应地，政府维护社会秩序的能力就是维护典则或法律的能力⑤，采用当地公众的道德水平和遵纪守法水平作为测量指标。

（四）增强社会凝聚力的能力

社会凝聚力代表着社会成员聚合在一起齐心协力实现目标的力量，既是维持社会秩序的关键因素，也是社会发展的内生动力。现代社会是价值多元化的社会，是群体组合或利益集团高度分化和社会化的社会，如何增强社会凝聚力，提高社会合力，成为检验政府能力的主要标准之一。

---

① E. A. 罗斯：《社会控制》，华夏出版社 1989 年版，第 49 页。

② 马克斯·韦伯：《社会学的基本概念》，上海人民出版社 2000 年版，第 48 页。

③ 杨礼银：《哈贝马斯社会整合理论中共同体的三个基本层面》，《哲学研究》2019 年第 10 期，第 116—125 页。

④ 黄琳：《社会教育何以重建社会秩序——梁漱溟〈乡村建设理论〉评述》，《成人教育》2018 年第 38 卷第 5 期，第 31—36 页。

⑤ 张国庆：《行政管理学》（第二版），北京大学出版社 2008 年版，第 564—567 页。

社会凝聚力产生于社会成员对整个集体极其巨大力量的崇拜和认同。[①] 首先，表现为对社会集体所拥有的某些特质（比如，血缘、价值、文化等）的认同与崇拜，在古代社会，共同血缘把人们凝聚在一起，而在现代社会，对民族和种族的认同、对共同文化的崇拜仍然是社会凝聚力的来源之一。其次，整个集体在实践活动中，会形成领导其发展壮大的核心力量，社会成员对集体及其力量的认同逐步具体化为对其领导核心的认同。中国共产党是我国全面发展的领导核心，是社会凝聚力的“主心骨”，社会成员对党的核心领导地位的拥护和遵从，是增强社会凝聚力的重要保证。最后，对共同特质、领导核心的认同都集中于对共同理想的认同，共同理想是全体社会成员的奋斗目标，是社会凝聚力的凝聚方向，“一个国家，一个民族，要同心同德迈向前进，必须有共同的理想信念做支撑”[②]，否则，社会凝聚力就没有了指向，难以形成合力。当代中国的共同理想是实现中华民族的伟大复兴，每个社会成员都自觉参与其中并以此为荣。因此，社会凝聚力的重要衡量指标是社会成员对价值、文化、身份、政治制度和共同社会发展目标的感知和认可，本章通过民族归属感、党的认同度以及国家自豪感进行测量。

综上所述，地方政府社会治理能力测量指标体系设计如表 11—1 所示。

表 11—1　　　　地方政府社会治理能力测评指标体系

评价对象	构成要素	评价指标
地方政府社会治理能力	提升民生保障水平的能力	公共医疗卫生服务满意度
		社会保障满意度
		环境保护满意度
		社会治安满意度
		收入满意度
		就业满意度
		教育满意度
		食品药品安全满意度

① 鲁品越：《社会凝聚力简论》，《社会学研究》1992 年第 2 期，第 91—95 页。

② 习近平：《人民有信仰 民族有希望 国家有力量 锲而不舍抓好社会主义精神文明建设》，《人民日报》2015 年 3 月 1 日第 1 版。

续表

评价对象	构成要素	评价指标
地方政府社会治理能力	促进社会公平的能力	公民实际享有的政治权利公平度 司法与执法公平度 公共医疗公平度 工作与就业机会公平度 财富及收入分配公平度 社会保障待遇公平度 城乡权利待遇公平度
	维护社会秩序的能力	公众的道德水平 公众的遵纪守法水平
	增强社会凝聚力的能力	国家自豪感 民族归属感 党的认同度

第四节　地方政府社会治理能力测评指标体系的验证

一　数据来源

本章使用的数据来自 2019 年中国社会状况综合调查（Chinese Social Survey，CSS）。“提升民生保障水平能力”的测量数据来源于 CSS2019 调查问卷中的 G3 题项“您认为政府下列方面的工作做得好不好：提供医疗卫生服务、为群众提供社会保障、保护环境治理污染、打击犯罪维护社会治安、发展经济增加人们的收入、扩大就业增加就业机会、提供优质教育资源保障教育公平、保障食品药品安全”；“促进社会公平能力”的测量数据来源于 CSS2019 调查问卷中的 F4b 题项“您觉得当前社会生活中以下方面的公平程度如何：公民实际享有的政治权利、司法与执法、公共医疗、工作与就业机会、财富与收入分配、养老等社会保障待遇、城乡之间的权利待遇”；“维护社会秩序能力”的测量数据来源于

CSS2019 调查问卷中的 G2 题项“您对以下项目的评价：现在社会上人们普遍的道德水平、现在社会上人们的遵纪守法水平”；“增强社会凝聚力能力”的测量数据来源于 CSS2019 调查问卷中的 G1 题项“您在多大程度上同意下列说法：我经常为国家取得的成就而感到自豪、如果有下辈子我还是愿意做中国人、没有共产党中国就会陷入混乱”。以上所有题目的选项赋值均采用李克特 5 分量表进行相应转换，1 分表示评价最低，5 分表示评价最高。

随机把数据平分为两组，一组 5141 份数据作为探索性因素分析样本，另一组 5142 份数据作为验证性因素分析样本，对构建的地方政府社会治理能力测评指标体系进行信效度及拟合度检验。探索性因素分析采用 SPSS21 进行，探索性因素分析运用 AMOS24 进行。

二　探索性因素分析

探索性因素分析就是在众多原始观测数据中，通过整合变量提取少数有意义的潜在因素，确定数据背后的内在结构。对其中一组 5141 份的数据进行探索性因素分析，采用主成分的最大方差旋转法，选取特征值大于 1 的因子，得出 KMO 值为 0.890，Bartlett 球形检验 $\chi^2 = 28664.120$，$df = 171$，$p < 0.001$，表明研究数据适合进行因素分析。对因子数目的确定过程需要根据已有理论内容满足以下标准：首先，因素特征根大于 1；其次，抽取因子旋转前至少解释 5%—10% 的数量变异；最后，每一个因素负荷大于 0.3。经过正交旋转后发现，符合以上标准的因子有 4 个（见表 11—2），表明 20 个数据所测量的共同潜在因素有 4 个：提升民生保障水平的能力、促进社会公平的能力、维护社会秩序的能力和增强社会凝聚力的能力，初步验证了“地方政府社会治理能力”四要素构想。

表 11—2　　　　政府社会治理能力各维度因素负荷矩阵

测量指标	因素负荷			
	1	2	3	4
公共医疗卫生服务满意度	0.663			
社会保障满意度	0.691			

续表

测量指标	因素负荷			
	1	2	3	4
环境保护满意度	0. 637			
社会治安满意度	0. 602			
收入满意度	0. 743			
就业满意度	0. 730			
教育满意度	0. 690			
食品药品安全满意度	0. 651			
公民实际享有政治权利公平度		0. 573		
司法与执法公平度		0. 582		
公共医疗公平度		0. 635		
工作与就业机会公平度		0. 676		
财富及收入分配公平度		0. 696		
社会保障待遇公平度		0. 670		
城乡权利待遇公平度		0. 669		
国家自豪感			0. 691	
民族归属感			0. 743	
党的认同度			0. 691	
公众的道德水平				0. 839
公众的遵纪守法水平				0. 853
旋转前解释变异量	30. 168%	8. 536%	7. 730%	5. 936%
旋转前因素特征根	6. 034	1. 707	1. 546	1. 187
因素名称	提升民生保障水平的能力	促进社会公平的能力	增强社会凝聚力的能力	维护社会秩序的能力

三　验证性因素分析

虽然探索性因素分析提取了地方政府社会治理能力的四个要素，建构了理论模型，但是要素之间的关系以及所有的因素负荷都是未知的，验证性因素分析则可以解决这种不确定性，对建构的理论模型与数据拟合程度进行验证。用另一组 5142 份的数据，运用 Amos24 软件进行验证性因素分析，结果见表 11—3。

表 11—3　　　　　　一阶四因素模型聚敛效度检验结果

测量指标	S. E.	Std.	SMC	CR	AVE
公民实际享有政治权利公平度	0. 000 ***	0. 578	0. 334	0. 803	0. 411
司法与执法公平度	0. 021 ***	0. 603	0. 364		
公共医疗公平度	0. 023 ***	0. 626	0. 392		
工作与就业机会公平度	0. 022 ***	0. 607	0. 368		
财富与收入分配公平度	0. 024 ***	0. 608	0. 370		
社会保障待遇公平度	0. 024 ***	0. 629	0. 396		
城乡权利待遇公平度	0. 025 ***	0. 595	0. 354		
公共医疗卫生服务满意度	0. 000 ***	0. 658	0. 433	0. 859	0. 435
社会保障满意度	0. 018 ***	0. 717	0. 514		
环境保护满意度	0. 019 ***	0. 578	0. 334		
社会治安满意度	0. 015 ***	0. 554	0. 307		
收入满意度	0. 020 ***	0. 726	0. 527		
就业满意度	0. 019 ***	0. 711	0. 506		
教育满意度	0. 018 ***	0. 675	0. 456		
食品药品安全满意度	0. 018 ***	0. 636	0. 404		
国家自豪感	0. 000 ***	0. 530	0. 336	0. 620	0. 398
民族归属感	0. 032 ***	0. 611	0. 372		
党的认同度	0. 034 ***	0. 479	0. 331		
公民的道德水平	0. 000 ***	0. 783	0. 612	0. 742	0. 590
公民的遵纪守法水平	0. 022 ***	0. 753	0. 569		

注：*** $p<0.001$，S. E. 是指测量残差，Std. 是指标准化因素负荷量，SMC 是指多元相关系数，CR 是指组合信度，AVE 是指平均变异萃取量。

（一）多元相关系数（SMC）分析

SMC 是对单个题目信效度的检验。Bollen 指出，“构成一个有意义的潜在变量的最重要前提，是一组能够反映潜在构念意义的观察指标，如果构成潜在变量的题目不具有相当的信效度，就无法支撑一个潜在变量模型”①。信度是指测量结果一致性或稳定性的程度，主要考察测验的各

① Bollen, K. A., *Structural Equation Modeling with Latent Variables.* New York: John Wiley, 1989.

个题目是否测量了相同的内容；效度则反映测量的题目是否能够准确无误的测出潜在变量的特质。两者兼具，才能确保测量的质量。

对于组成一个因素的单个题目来说，Bagozzi 认为，测量模型当中的测量残差必须具有统计显著性，在此基础上，SMC >0. 33、标准化因素负荷系数大于 0. 5 即可宣称良好①。在表 13—3 中，20 个测量题目的测量误差达到显著水平，SMC 系数大于 0. 33，标准化因素负荷系数（Std. ）基本上大于 0. 5，说明这些题目对地方政府社会治理能力的测量具有较好的质量。

（二）组合信度（CR）分析

组合信度（CR）是一组题目信度的组合，表示测量一个潜在变量的所有题目一致性的程度。组合信度越高，表示这些题目的一致性越高，用一组题目测量潜在变量的可信度就越高。Bagozzi 建议组合信度达到 0. 6 即可②，在表 13—3 中，提升民生保障水平的能力、促进社会公平的能力、维护社会秩序的能力、增强社会凝聚力的能力 4 个维度的组合信度（CR）均大于 0. 6，说明这 4 个要素的测量题目内部一致性比较高，属于比较稳定的测量。

（三）平均变异萃取量（AVE）分析

平均变异萃取量（AVE）是一个潜在变量能被一组题目有效估计的聚敛程度指标，反映了一组题目估计一个潜在变量的能力，平均变异萃取量的判断标准是大于 0. 4。在表 13—3 中，维护社会秩序的能力的平均变异萃取量基本等于 0. 4，促进社会公平的能力、提升民生保障水平的能力和增强社会凝聚力的能力 3 个要素的平均变异萃取量（AVE）均大于 0. 4，说明 4 个要素具有比较理想的聚敛能力和良好的操作性定义。

（四）拟合度检验

地方政府社会治理能力是一个多维度的抽象概念，包括 4 个要素和 20 个测量指标，构建的指标体系与数据的拟合程度可以通过拟合指数来检验。地方政府社会治理能力测评指标体系与调查数据拟合指标见表 11—4。

---

① Bagozzi, R. P. , & Yi, Y. , "On the Evaluation of Structural Equation Models", *Journal of the Academy of Marketing Science*, 1989, 16 (1), pp. 74 –94.

② Ibid.

表 11—4　　地方政府社会治理能力测评指标
体系主要拟合指标（$N=5142$）

指标名称	GFI	AGFI	CFI	RMSEA	RMR
1 阶 4 因素模型	0.939	0.922	0.904	0.059	0.042
2 阶 1 因素模型	0.939	0.922	0.903	0.059	0.042
拟合标准	>0.9	>0.9	>0.9	<0.08	<0.05

注：GFI 为适配度指数，AGFI 为调整的适配度指数，CFI 为比较拟合指数，RMSEA 为近似误差均方根，RMR 为残差均方根。

由表 11—4 可知，拟合检定数据均符合拟定标准，由此研究认为构建的测评指标体系对数据拟合较好，接受地方政府社会治理能力是由 4 个一阶因子和 1 个二阶因子组成的模型假设，见图 11—2。

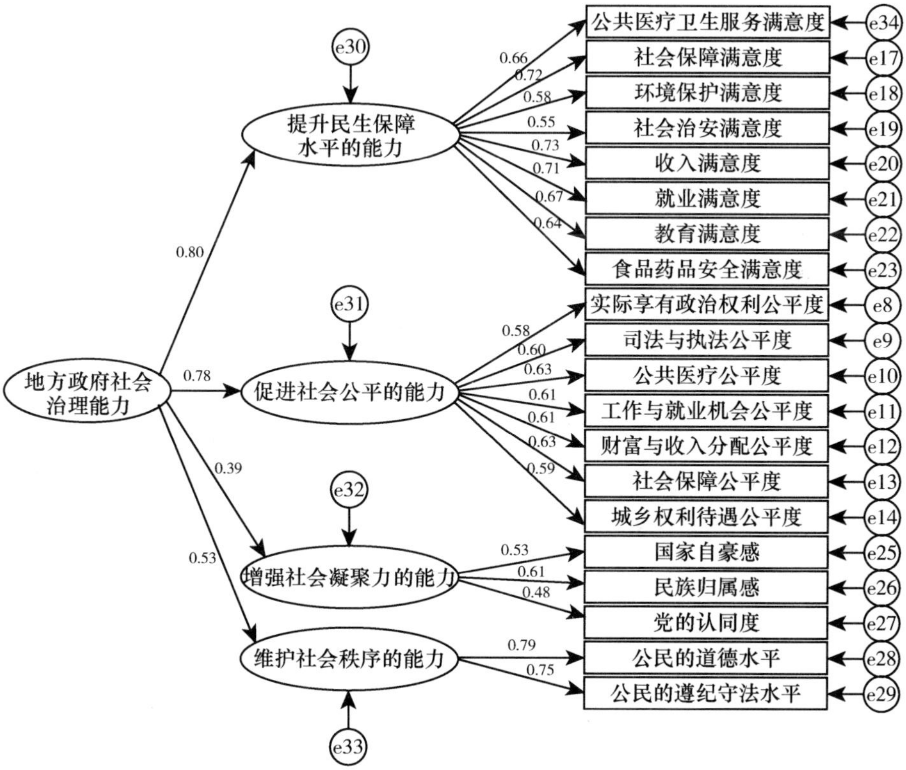

图 11—2　地方政府社会治理能力测评指标体系验证性分析

第五节 结论与展望

社会治理包括社会生活的诸多方面，随着经济社会的不断发展，社会治理也将面临新挑战和新要求，提升政府社会治理能力成为一项长期艰巨的任务，但对政府社会治理能力评估却非常困难，已有的政府社会治理能力测评存在不足。基于此，本章构建了由提升民生保障水平、促进社会公平、维护社会秩序和增强社会凝聚力四大能力要素组成的地方政府社会治理能力测评指标体系，并根据 CSS2019 相关调查数据运用因素分析对构建的指标体系进行检验。通过探索性因素分析验证了“地方政府社会治理能力”的四要素构想，通过验证性因素分析证明地方政府社会治理能力由 4 个要素 20 个测量指标组成的指标体系的合理性。综合验证分析表明，地方政府社会治理能力测评指标体系具有良好的信效度和拟合度，可以作为地方政府社会治理能力的测评工具。

社会治理具有时代特色和动态演变的属性，从“社会管理”到“社会治理”、从“社会稳定”到“社会和谐”的不断调整，意味着我国社会治理理念、体制、机制、方式的全面转型，对于社会治理能力的理论建构来说其核心内涵也会随之变化。因此，地方政府社会治理能力是一个动态、持续变化的过程，其测量指标数据不仅仅需要现时的截面数据，还需要历史的纵贯数据，后续研究将更加关注追踪不同时期的政府社会治理能力的连续变化形态，以期能构建出更加客观真实、科学有效的测评指标体系。

第十二章

城市贫困及其影响因素研究
——基于 CSS2019 数据的分析*

改革开放 40 多年以来，中国工业化和城镇化发展快速，人民生活水平不断改善，经济的持续高速增长使得中国在消除绝对贫困方面成效显著。在我国政府长期的努力下，农村贫困人口大幅减少，我国农村贫困问题得到很大改善。① 但伴随经济增长所出现的经济结构转型、城镇化推进、收入分配问题和人口结构变化，使得当前贫富差距问题突出，尤其是城市的贫富差距有逐步扩大的趋势。Ravallion② 发现虽然推进城镇化发展有助于减少农村贫困，但是并未有效消解城市贫困，因为城市贫困绝大部分是相对贫困。城市相对贫困和多维贫困以贫困人口的城乡流动、下岗失业人员为主体，主要体现为收入、社会公共服务获得上的不平等以及较低的养老、医疗、教育等社会保障水平③。城市贫困还带有鲜明的社会属性。与农村贫困群体相区别，城市贫困群体具有整体年龄偏大、人力资本储备不足、转岗转业困难等劣势，不仅面临着收入低下、就业机

---

* 本章系国家社科基金重大项目“中国经济下行阶段就业结构调整与防范失业战略研究”(16ZDA026)的阶段性成果。

① 程名望、Jin Yanhong、盖庆恩等：《农村减贫：应该更关注教育还是健康？——基于收入增长和差距缩小双重视角的实证》，《经济研究》2014 年第 11 期，第 130—144 页。

② Ravallion M, Chen S, Sangraula P., “New Evidence on the Urbanization of Global Poverty”, *Social Science Electronic Publishing*, 2007, 33 (4): 667 - 701.

③ 刘铮、曹苑达：《城镇化进程中新增城镇贫困人口问题研究——以上海郊区为例》，《毛泽东邓小平理论研究》2015 年第 000 卷第 2 期，第 40—44 页。李小云、许汉泽：《2020 年后扶贫工作的若干思考》，《国家行政学院学报》2018 年第 000 卷第 1 期，第 62—66 页。

会丧失的可能，还要承受城市的高昂生活成本。

城市贫困人口的增加以及贫困程度的加剧不仅导致贫困人口自身及家庭生活陷入困境，而且还容易引发广泛的社会问题。2020 年是我国"十三五"规划建设和脱贫攻坚的收官之年，中国的城镇化进程还要面对不少难题，最后的贫困堡垒还有待攻克，脱贫成果还有待进一步巩固提升。在积极推行城镇化的同时，李克强总理在 2014 年提出的"三个 1 亿人"① 问题不可忽略。已脱贫人群中不乏收入刚刚达标、超出贫困线不高的群体，存在一定的"返贫"可能。另外，2020 年年初开始暴发的新冠肺炎疫情，对部分困难群体、低收入和刚脱贫的群众造成了基本生活保障和收入来源减少等现实问题，"因疫致贫""因疫返贫"的可能性值得关注。

在这一关键节点上，城市贫困问题已经成为城市特别是大型城市的主要社会问题之一，而当前学术界对国内贫困问题的研究也多集中于无业贫困，针对工作贫困的研究则相对有限。此外，对于城市致贫原因的研究多为定性分析缺乏定量分析。鉴于此，本章以城市工作贫困群体和城市无业贫困群体为研究对象，从微观角度深入分析不同因素对两种城市贫困的影响程度，探讨城市贫困的特征和致贫原因。具体回答以下几个问题：（1）导致城市贫困产生的因素主要有哪些；（2）这些因素对城市工作贫困和无业贫困的影响程度是否相同；（3）缓解城市贫困问题的有效路径是什么。

第一节　相关研究

中国城市贫困问题始于 20 世纪 90 年代市场经济导向下的经济体制改革和国有企业改革。② 它与中国产业结构的调整所产生的结构性失业、市场化转型导致的竞争性失业以及国有企业改制出现的改制性失业相关。③ 从我

---

① "三个 1 亿人"问题，即促进约 1 亿农业转移人口落户城镇，改造约 1 亿人居住的城镇棚户区和城中村，引导约 1 亿人在中西部地区就近城镇化。详见 http://politics.people.com.cn/n/2014/0305/c70731-24534431.html。

② 李实、John Knight：《中国城市中的三种贫困类型》，《经济研究》2002 年第 10 期，第 47—58、95 页。

③ 佟新：《城镇失业性贫困及家庭生存战略》，《学海》2009 年第 1 期，第 62—68 页。

国城镇居民收入的来源及构成来看，城市居民收入来源已呈现出多元化的趋势，但就业收入仍是城镇居民收入的主体部分。这意味着一旦城市个体失去工作，主要收入来源中断，便有很大概率导致贫困。[①] 因此，国有企业大规模的下岗和失业工人以及涌入城市的农民工因缺乏社会保障成为城市贫困人群的主体。随着农业人口转移与城镇化的逐步推进，城市贫困问题日益成为值得重视的社会问题。[②]

一直以来，失业性致贫是我国城镇贫困人口致贫的主流，因而贫困往往被认为是劳动力市场排斥的结果。传统贫困理论认为，贫困是个人懒惰或缺乏劳动能力造成的，人们普遍认为只要一个人找到工作并且努力工作，就一定不会陷入贫困状态。[③] 基于这一点，扶贫政策也多以帮助劳动者恢复劳动能力和促进就业为主 。[④] 而自 20 世纪 70 年代以来，欧美等国家普遍出现一种反常现象，即一些劳动者即使拼命劳动，每周工作很长时间，依然不能避免陷入贫困。在他们身上，贫困和就业的关系似乎已从传统的对立变为共生，学者们将这种现象形象地称为“工作贫困”[⑤]。区别于传统的“无业贫困”，“工作贫困”是一种新型贫困现象，该群体即使实现了就业，但出于各种原因，其所从事的工作在劳动力市场中大部分处于边缘状态，多属非正规就业或临时就业。这些就业者所享受的权利不及正规就业者，时薪较低，用人单位往往没有提供各种保险及相关福利待遇，权益难以保障；甚至合法工资也有可能被恶意拖欠、克扣。这种低质量的就业状况造就了大批的“有工作的穷人”，这些弱势和接近贫困的人对政府援助的依赖程度较高。一旦经济受到大的外生冲击或是面临较强的不确定性，大量临时性工作岗位被优先裁减，许多人

---

① 车文辉：《城镇失业性贫困人口社会支持网络重构》，《求索》2004 年第 9 期，第 160—161 页。

② 陈志钢、毕洁颖、吴国宝等：《中国扶贫现状与演进以及 2020 年后的扶贫愿景和战略重点》，《中国农村经济》2019 年第 000 卷第 1 期，第 2—16 页。

③ 芦恒：《“工作贫困”及其社会风险探析——以韩国青年贫困现象为例》，《青年研究》2012 年第 000 卷第 3 期，第 53—62 页。

④ 涂丽、乐章：《城市工作贫困及其影响因素研究——来自 CFPS 数据的实证》，《人口与经济》2018 年第 230 卷第 5 期，第 24—34 页。

⑤ 尹海洁、王翌佳：《东北地区城市工作贫困群体就业质量研究——来自哈尔滨、长春和沈阳市的调查》，《中国人口科学》2015 年第 3 期，第 116—125 页。

的收入会明显下降，甚至失业。如果没有政府的救济，相当数量的弱势群体和近乎贫困的人将会直接进入贫困状态。

不同于传统的城市贫困问题，工作贫困问题的出现使得学术界开始对其进行反思和更具广泛意义的探讨。其中，最为著名的是 1998 年诺贝尔经济学奖获得者阿玛蒂亚·森（Amartya Sen），他对贫困的研究超越了古典福利经济学以福利、收入等为切入口的范畴，提出包含能力剥夺和社会排斥的全面贫困概念。阿玛蒂亚·森认为传统的贫困理论把收入误解为纯粹的经济现象，忽略了收入不平等的现象背后其实质是能力低下和社会权利的剥夺，在其看来，贫困的真正含义是贫困人口收入创造的能力和机会的贫困，例如疾病、人力资本不足、社会保障系统的不完善、社会歧视等都是造成人们收入能力丧失的不可忽视的因素。①

基于以上理论基础提出以下假设：H_{1a}：受教育程度较低和年龄较大（出现结构性失业的概率更大）的城市个体会因其拥有较低的人力资本而更容易陷入城市贫困；H_{2a}：政治面貌、民族和性别作为社会歧视的代理变量是造成个体陷入城市贫困的原因之一；H_{3a}：个体具有多子女、体制外就业、未签署合同等特征，因缺乏社会保障而有更高的概率陷入城市贫困。

第二节　数据与测量

一　数据来源

本章的数据来源于中国社会科学院社会学研究所于 2005 年发起的一项全国范围内的大型连续性抽样调查项目“中国社会状况综合调查”（Chinese Social Survey，CSS）。该调查是双年度的纵贯调查，采用概率抽样的入户访问方式，调查区域覆盖了全国 31 个省/自治区/直辖市，该数据包含了全国各省样本家庭的多种信息，其中具体包含个人基础信息、劳动与就业、家庭结构、家庭经济状况等内容，是一项全国性、大规模的社会跟踪调查项目。

① 马新文：《阿玛蒂亚·森的权利贫困理论与方法述评》，《国外社会科学》2008 年第 000 卷第 2 期，第 69—74 页。

根据本章的研究目的，我们选取了2019年调查数据中城市户口样本，为剔除在校生及退休样本，将研究样本的年龄限制在22岁至60岁。经筛选，符合本研究的城市劳动力样本总量为2279人。

二　因变量

要对城市贫困群体进行观测和实证，首先需要界定城市贫困群体的范围。然而由于中国官方未曾设立明确的城市贫困线，城镇贫困的量化尚缺乏统一标准，也没有官方的城镇贫困数据[①]，因此，学术界对城市贫困的界定也并没有一个相对统一的标准。

从工作维度划分，我国城市贫困群体主要由两类人群构成：一是传统的无业贫困，即收入完全丧失或者即使实现了再就业，所从事的职业也决定其是就业和收入来源很不稳定的下岗失业人员。二是工作贫困，即在业低收入者，学术界对工作贫困的描述性定义为：个体有工作且获得工作收入，但其个人及家庭依旧处于贫困之中。[②] 因此在本章的研究中，将城市贫困人口进一步区分为无业贫困和工作贫困两大类进行探讨。

从贫困维度来看，一部分学者采用世界银行所划定的官方贫困线来定义工作贫困。这种方法由于相对容易获取而被广泛应用，但世界银行所公布的大多数国家的官方贫困线是绝对贫困标准，而城市贫困更多的是相对贫困，因而以绝对贫困为标准线划分并不妥当，势必会遗漏一部分城市相对贫困群体。也有一部分学者采用最低工资来界定贫困群体，这种方法虽然能够准确地反映出参与工作的城市贫困者从劳动力市场获得收入的状况，但这种方法不能很好地反映贫困者的家庭收入状况，因为劳动者有可能除了工资之外还有其他收入来源，或者是其家庭成员的收入足以使整个家庭收入高出贫困线。[③]

基于以上对城市贫困测量方法的讨论，本章因变量划分如下：对于

---

① 陈志钢、毕洁颖、吴国宝等：《中国扶贫现状与演进以及2020年后的扶贫愿景和战略重点》，《中国农村经济》2019年第000卷第1期，第2—16页。

② 涂丽、乐章：《城市工作贫困及其影响因素研究——来自CFPS数据的实证》，《人口与经济》，2018年第230卷第5期，第24—34页。

③ 姚建平：《中国城市工作贫困化问题研究——基于CGSS数据的分析》，《社会科学》2016年第000卷第2期，第41—50页。

工作贫困群体，本研究采用家庭人均月收入低于各省划分的最低生活保障水平来定义，即在22—60岁的城市户口样本中，如果家庭人均月收入低于各省划分的最低生活保障水平，则属于工作贫困状态。对于无业贫困群体，则按照每月人均支出是否低于各省划分的最低生活保障水平，即如果家庭支出低于各省划分的最低生活保障水平，则判定为无业贫困状态。

三　自变量

为检验研究假设，本章中的自变量包括劳动者的性别、年龄、民族、婚姻和子女状况等人口学特征变量，代表人力资本水平的受教育程度变量，和个体所处劳动力市场相关的单位性质及合同签订情况变量，以及个体政治面貌。其中，年龄、收入为连续变量，受教育程度为有序变量，其余变量均为虚拟变量。此外，本章还将各省按照地理位置划分为华北、东北、华东、中南、西南和西北六大地区，并且引入地区变量作为控制变量，表12—1是模型因变量和自变量赋值情况：

表12—1　　模型变量赋值说明

因变量1		1＝工作贫困，0＝非贫困
因变量2		1＝无业贫困，0＝非贫困
自变量		
人口学特征	性别	1＝男，0＝女
	年龄	实际年龄
	民族	1＝汉族，0＝少数民族
	婚姻状况	1＝已婚，0＝未婚
	是否多子女	1＝子女数量＞1，0＝子女数量≤1
人力资本水平	受教育程度	1＝大专及以上学历，0＝高中及以下学历
劳动力市场特征	单位性质	1＝体制内，0＝体制外
合同签署情况		1＝签署合同，0＝未签署合同
政治面貌		1＝中共党员，0＝非中共党员

第三节　描述分析

本章对所用数据进行了基本的描述性分析，结果如表 12—2、图 12—1 和图 12—2 所示。表 12—2 分别给出了城市无业贫困样本和城市工作贫困样本的基本情况。由表 12—2 可知，从样本量上来看，符合条件的无业贫困群体的样本量为 478 个，占城市劳动力样本的 21.00%；工作贫困群体的样本量为 164 个，占城市劳动力样本的 7.20%。城市无业贫困的平均年龄为 47.78 岁，工作贫困的平均年龄为 44.96 岁。城市无业贫困群体性别比为 0.26，工作贫困性别比为 0.35。在家庭方面，城市无业贫困样本中已婚比例为 82.29%，家庭平均子女数量为 1.35 个，工作贫困样本中已婚比例为 83.30%，家庭平均子女数量为 1.43 个。从受教育程度的角度来看，城市无业贫困群体的受教育程度整体偏低，受教育水平主要集中在初中（33.68%）和高中（25.10%）上。城市工作贫困群体的受教育水平分布情况与城市无业贫困群体类似，该群体的受教育水平以初、高中为主，分别占总样本量的 34.15% 和 20.73%。从支出情况看，无业贫困群体家庭人均月支出仅为 917.71 元，而工作贫困的支出则相对较高，家庭人均月支出为 1956.28 元，对比中国国家统计局公布的 2019 年城镇居民人均消费支出的 2338.61 元，不难看出，不论是城市工作贫困群体还是城市无业贫困，其人均消费支出均小于平均水平。从描述性统计的结果来看，城市贫困群体具有平均年龄大，受教育程度低且大多数为女性的特征。这意味着，在劳动力市场中城市贫困群体具有年龄偏大、人力资本不足、转岗转业困难等问题，不仅面临着收入低下、就业机会丧失的危机，还要承受着城市高生活成本的压力。

表 12—2　　描述性分析

	变量	无业贫困	工作贫困
受教育水平（%）	未上过学	3.56%	0.61%
	小学	10.46%	8.54%
	初中	33.68%	34.15%

续表

	变量	无业贫困	工作贫困
受教育水平（%）	高中	25.10%	20.73%
	中专	7.74%	12.20%
	职高技校	1.46%	0.61%
	大学专科	9.00%	11.59%
	大学本科	9.00%	9.76%
	研究生	0%	1.83%
平均支出（元）		917.71	1956.28
平均收入（元）		—	1340.24
平均年龄（岁）		47.78	44.96
已婚比例（%）		82.29%	83.30%
平均子女数量（个）		1.35	1.43
性别比		0.26	0.35
贫困发生率（%）		21.00%	7.20%
样本量（个）		478	164

数据来源：2019 年中国社会状况综合调查。

为进一步观察城市贫困群体陷入贫困的原因，本章将关注城镇工作群体就业质量的问题，失业固然是城镇贫困群体陷入贫困的重要原因之一，但还要看到，在本次调查中，城市贫困群体中仍有 22.55% 的人处于劳动力市场中，他们实现了就业却仍然没有摆脱贫困。为此，本章将从工作贫困群体的就业单位类型以及书面合同签署情况两个方面探究城镇工作贫困群体的就业情况。图 12—1 展示了城市工作贫困群体所在单位类型的分布情况。

如图 12—1 所示，城市贫困群体的就业企业以私营企业为主，占总样本的 26.22%。其次为社区居委会、村委会等自治组织和个体工商户，分别占总样本的 15.85%。民办事业单位（民办非企业单位）和党政机关、人民团体、军队占比最少，均为 1.22%。可以看出，城市工作贫困群体

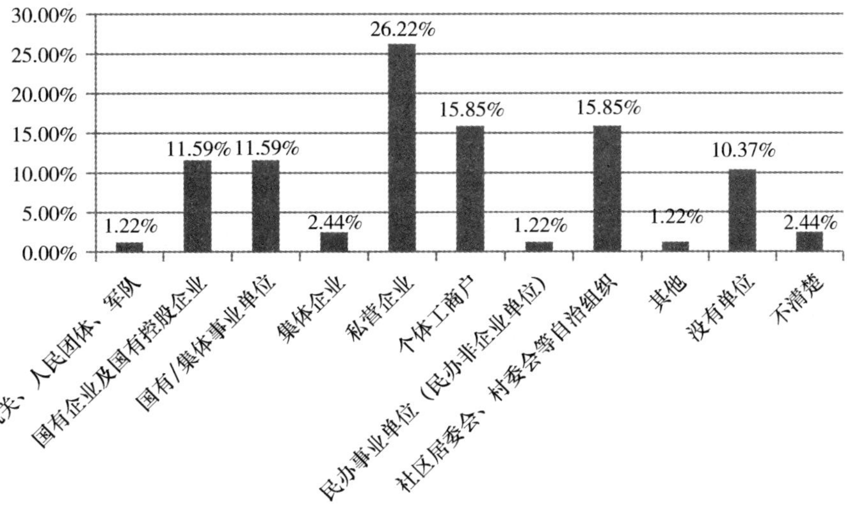

图 12—1　城市工作贫困群体所在单位类型

数据来源：2019 年中国社会状况综合调查。

以体制外[①]就业为主，占总样本的 61.59%。体制外就业所具备的门槛低、机制灵活等优点，为整体年龄偏大，文化程度较低，工作技能单一的城市贫困群体提供了大量的工作机会，但同时也存在规模小、就业与收入不稳定和工作流动性大等缺点。较低的准入门槛也使得学习、掌握新技能能力较差的城市贫困群体具有较高的可替代性。此外，体制外就业由于存在法制不健全、市场机制和环境不完善、劳动组织化程度低等问题，导致劳动者的合法权益得不到应有的保障[②]，在没有签署劳务合同的情况下，作为弱势群体的城市贫困工作者的劳动权益也极易受到侵害。

因此，在接下来的部分，本章将观测城市工作贫困群体的劳动合同签订情况，图 12—2 是城市工作贫困群体的劳动合同签订情况。

① 根据单位的性质，本章将党政机关、人民团体、军队、国有企业及国有控股企业和国有/集体事业单位划分为体制内，其余就业单位划分为体制外。

② 杨强：《农民工非正规就业的权益保障缺失及其矫治》，《福建师范大学学报》（哲学社会科学版）2007 年第 1 期，第 124—128 页。

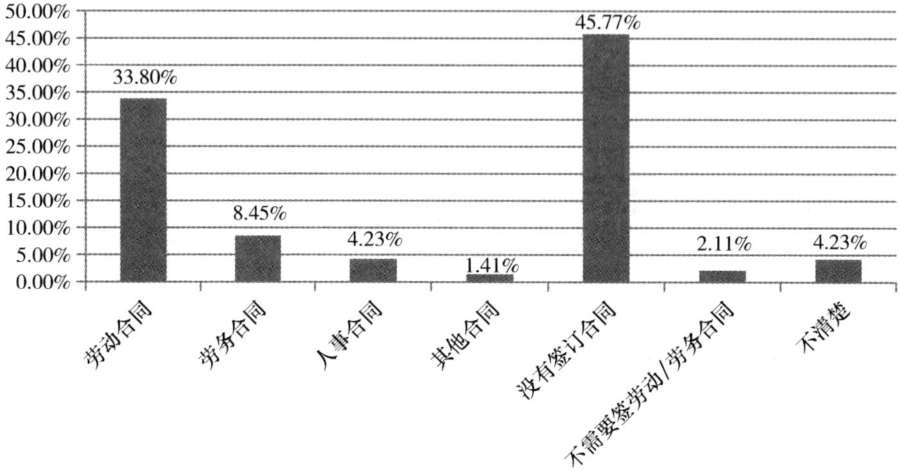

图 12—2 城市工作贫困群体的劳动合同签订情况

数据来源：2019 年中国社会状况综合调查。

从图 12—2 可以看到，在劳动合同签订的情况上，城市贫困群体的合同签署现状并不乐观。在 142 个样本中，有 45. 77% 的人没有签订任何合同，有 8. 45% 的人签署了劳务合同，而签署劳动合同的人群仅为 33. 80% 。这意味着，仅有 33. 80% 的城市贫困工作群体可以享受到单位为其缴纳五险一金的福利。而余下的 66. 20% 的城市贫困群体不仅无法享受到用人单位为其缴纳五险一金的福利，还要自行承担劳动风险。

综上所述，城市工作贫穷群体的就业质量并不乐观，虽然城市工作贫困群体实现了就业，活跃在劳动力市场当中，但这部分人口所从事的工作在劳动力市场中大部分处于边缘状态。这些就业者的社会权利低于体制内就业，工资报酬低，同时也往往享受不到各种保险和有关福利待遇，权益难以保障。在这种背景下，这种低质量的就业状况造就了大批的“有工作的穷人”①。城市贫困人口的增加以及贫困程度的加剧不仅导致贫困人口自身及家庭生活困难，而且还引发了一系列社会问题。

① 张勉：《城市贫困群体的就业质量研究》，《安徽科技学院学报》2008 年第 2 期，第 96—99 页。

第四节　模型分析

本章通过构建二项 logistic 回归模型，从个体、家庭和劳动力市场三个不同层面对城市贫困群体陷入贫困的原因进行实证检验，以进一步探究城市工作贫困和无业贫困的特征及其致贫原因。模型 1 以有工作的 1038 个城市劳动力样本为研究对象，将工作贫困者赋值为 1，非工作贫困者赋值为 0，该因变量表达的是城市有工作的劳动力陷入贫困状态的风险比率。模型 2 以无业的 956 个城市劳动力样本为研究对象，将无业贫困者赋值为 1，非无业贫困者赋值为 0，该因变量测量的是城市无业劳动力陷入贫困的风险比率。

模型 1 设定为：

$$logit\ P_1 = \ln\left(\frac{P_1}{1 - p_1}\right) = \alpha_0 + \sum_{i-1}^{k} \alpha_i x_i$$

其中 P_1 为陷入工作贫困的概率，x_i 为自变量，α_i 为回归系数，α_0 为常数项。模型中 $logit\ P_1$ 与自变量之间是线性关系，P_1 与自变量之间为非线性关系。在模型 1 中表示自变量的 x_i 包含个体、家庭和就业三个层面的变量，该模型可以测量相对于非工作贫困群体而言，个体陷入工作贫困的原因。

模型 2 为估计个体陷入无业贫困的计量模型，其中无业贫困取值为 1，非无业贫困取值为 0。该模型可以测量相对于工作改善的群体而言，个体陷入无业贫困的原因。根据因变量特征，采用二元 logit 模型进行参数估计，模型设定为：

$$logit\ P_2 = \ln\left(\frac{P_2}{1 - p_2}\right) = \beta_0 + \sum_{i=1}^{k} \beta_i x_i$$

其中 P_2 为陷入无业贫困的概率，x_i 为自变量，β_i 为回归系数，β_0 为常数项。式中 $logit\ P_2$ 与自变量之间是线性关系，P_2 与自变量之间为非线性关系。特别的，由于无业贫困群体没有进入劳动力市场，就业因素不适用于该模型，因此该模型中的自变量 x_i 只包含了个体和家庭两个层面的变量。

表 12—3 显示了 logistic 回归分析的结果。列（1）是对城市工作贫困

样本和非城市工作贫困的回归结果。从人口学特征来看，性别、年龄对于样本是否陷入工作贫困有显著影响，民族、政治面貌、婚姻以及多子女等变量并不显著。从性别角度上看，男性发生工作贫困的风险比是女性的0.357倍，这意味着相同条件下，女性发生就业贫困的风险比要远高于男性。从年龄的角度来看，年龄的风险比为1.054，这说明样本每增加1岁，陷入工作贫困的风险比大约增加0.5个百分点。从劳动力市场特征角度看，在体制内工作的个体陷入贫困的风险比是在体制外就业的0.537倍，即在体制外工作的个体更容易陷入就业贫困。从人力资本的角度来看，与未接受高等教育的个体相比，受过高等教育的个体陷入就业贫困的风险比仅有0.304，这一结果也符合我们的一般认知，即受教育程度越高，陷入就业贫困的概率越小。最后控制变量地区回归结果不显著。

表12—3　　回归结果

变量	(1) 模型1	(2) 模型2
	工作贫困	无业贫困
	风险比 Exp (B)	风险比 Exp (B)
性别	0.357***	0.196***
	(0.079)	(0.046)
年龄	1.054***	1.089***
	(0.015)	(0.019)
民族	1.159	0.905
	(0.568)	(0.381)
政治面貌	0.91	0.627*
	(0.237)	(0.126)
婚姻	1.691	0.368***
	(0.783)	(0.097)
是否多子女	1.110	1.759***
	(0.221)	(0.268)
受教育程度	0.304***	0.150***
	(0.088)	(0.028)
单位性质	0.537*	
	(0.135)	

续表

变量	（1）模型1	（2）模型2
	工作贫困	无业贫困
	风险比 Exp（B）	风险比 Exp（B）
合同签署情况	0.633 * （0.147）	
地区	0.99 （0.066）	0.921 （0.063）
样本量	1038	956

注：* $p < 0.05$，*** $p < 0.001$。

模型2是对无业贫困者和非无业贫困者的回归结果。虽然无业贫困与就业贫困同属贫困人员，但从回归结果上看，这两群体的致贫原因有显著差别。从人口学特征来看，性别、年龄和婚姻对于样本是否陷入无业贫困有显著影响，而民族和政治面貌的回归结果不显著，具体来看，男性陷入无业贫困的风险比是女性的19.60%，从年龄的角度来看，样本年龄每增加1岁，陷入工作贫困的风险比大约增加8.9个百分点。此外，在婚姻方面，已婚的个体陷入无业贫困的风险比是未婚个体的0.368倍，这意味着未婚的个体比已婚的个体更容易陷入无业贫困。在子女方面，拥有多子女的个体陷入贫困的风险比是拥有单一子女个体的1.759倍。最后，从人力资本的角度上看，接受过高等教育的个体陷入无业贫困的风险比是没受过高等教育个体的15.00%。

综上所述，本部分从工作贫困和无业贫困两个方面探讨和分析了影响我国城市贫困的因素，并进一步从个体、家庭和就业三个等层面对影响个体陷入工作贫困及无业贫困的影响情况进行了计量分析，实证结果证明阿玛蒂亚·森的城市贫困理论在我国仍然适用。研究得出以下几点结论：

第一，从描述性统计上看，我国城镇贫困以相对贫困为主。在工作贫困群体中，很多人在体制外找到了工作，但仅有少部分群体签署了劳动合同，由于缺乏相应的劳动法律制度的约束，不仅得到的劳动报酬偏低，而且用人单位或雇主有很大的随意性。此外，由于城市贫困群体中具有人力资本水平偏低，年龄偏大，并且以女性为主体的特征，这使得城市贫困群体的工作质量和稳定性较差。

第二，从个体的角度来看，回归结果显示，不论是工作贫困还是无业贫困，年龄和受教育程度均对其有显著影响，具体表现为受教育程度越低，年龄越大，个体因为缺少人力资本而陷入城市贫困的概率也在不断增加。此外，性别也是影响个体陷入城市贫困的主要因素之一，具体表现为女性比男性更容易陷入城市贫困，这意味着女性作为劳动力市场的弱势群体，面对劳动力市场上的性别歧视，女性比男性更难找寻工作，也更容易陷入无业贫困，但更为残酷的事实是即便女性找到了工作，也比男性更容易陷入工作贫困。受教育程度的影响显著，意味着提升个体的受教育程度对于降低陷入城市贫困的概率有最为显著的影响。

第三，从家庭的角度来看，回归分析结果显示，婚姻和多子女对于工作贫困没有显著影响，但对无业贫困影响显著，其原因可能是，城市贫困群体主要以女性为主，由于生育或照料子女和家庭的行为往往导致女性一方退出劳动力市场，所以该群体会有更高的概率陷入无业贫困而非工作贫困。

第四，从劳动力市场特征的角度来看，单位性质显著影响了个体陷入工作贫困的概率，但合同签署情况则并不显著。这说明，对于工作贫困者的收入而言，是否签署劳动合同对其收入影响并不显著，但其就业单位的性质对他们的收入影响更为显著。

第五节　政策建议

鉴于本章研究探讨了中国城市工作贫困和无业贫困的现状以及影响其发生的因素，本研究的结果对城市贫困政策的改革和发展具有一定的参考意义，具体而言，本章主要具有以下的政策含义：

第一，扶贫工作的关注点应适当向城市偏移，城市贫困问题与农村贫困问题同等重要，特别是在新冠肺炎疫情冲击之后，城市贫困群体的问题逐渐进入公众的视野。多年以来，我国扶贫工作重点都集中于农村地区和城市无业群体，城市贫困问题未得到足够的重视。相比于农村贫困群体，城市贫困群体虽然有一定的经济收入来源，但在城市较高的物价水平下，其收入微薄难以为继，生活状态长期难以得到有效保障。

第二，重视城市贫困群体人力资源的开发，提升城市贫困群体的劳动力质量。城市贫困群体具有年龄偏大、人力资本水平较低和以女性为主体的特征，提高该群体的文化程度和技能水平对增加收入、尽快脱贫的重要性不言而喻。通过帮助其掌握一门或者多门实用技术，提高城市贫困群体的人力资本水平可以显著增强其劳动能力和在劳动力市场上的竞争力，从而能够在短期内迅速提高其再就业的能力。为此政府部门和社会机构重点加强了对城市贫困群体进行实用性、应用性且有一定技术含量的就业技能培训，将显著增强他们的自我脱贫能力，缓解和降低贫困程度。

第三，着力对城市贫困家庭进行教育援助。加大对城市贫困群体的教育财政补贴，教育水平的提高对于抑制城市贫困的发生有显著作用。提高城市贫困群体下一代的受教育程度可以有效降低城市贫困代际传递发生率。

第四，拓宽城市贫困群体的就业渠道，为城市贫困群体打造就业机会。政府要重视为城市贫困群体创造脱贫条件，帮助城市贫困群体摆脱贫困。一方面，政府要积极促进社会经济高速、平衡发展，合理分布就业机会；另一方面，为城市贫困群体提供信息咨询和劳动监督与仲裁工作，保证城市贫困群体有公平竞争的机会，保障该群体的正当权益，尽量帮助城市贫困群体通过增加就业和提高就业质量的形势摆脱贫困。

第五，保障女性平等就业和劳动权益，消除就业性别歧视。用人单位应该打破传统的职业分割、给予女性更多技术培训机会，从而减少职业性别隔离。同时也应该鼓励企业对女性职工进行人力资本投资，营造性别平等的就业环境和社会环境。

第十三章

风险社会视域下流动人口的信任度研究

第一节 引言

信任作为社会资本的核心组成，历来被认为是决定国家地区经济增长与社会进步的重要因素。① 处于经济与社会转型的中国，信任对提高经济运行效率、促进制度发展、增加居民幸福感同样具有重要作用。② 流动人口作为促进城市经济建设，缩小城乡差距的重要力量，其信任度更是具有深远意义，不仅关乎流动人口的社会融入，也是城市能否可持续发展的关键。

在当前社会变迁与疫情全球化的语境中，我国的发展面临着社会转型、社会风险在特殊时空的叠加与套嵌③，流动人口的信任度也面临着社会转型与风险社会的双重挑战。

一方面，在这个经济社会发展转型与社会急剧变迁的关键时期，经济发展的高速化与社会发展的滞后性之间出现巨大的张力，使个人的发展与社会的发展出现了一系列的“无序”与“失范”。伴随着城市化进程的加快，理性的发展逻辑逐步取代感性的认知而在城市中占据主宰地位，

---

① Zak, P. J. and Knack S. ,“Trust and Growth”, *The Economic Journal*, 2001, 111 (4), pp. 29 - 321.

② 潘静、张学志：《市场化、城镇化与社会信任——基于 WVS 中国数据的实证研究》，《云南财经大学学报》2015 年第 6 期，第 34—44 页。

③ 陶建钟：《风险社会与中国社会转型：变量与结构的一种叙事》，《武汉大学学报》（哲学社会科学版）2016 年第 6 期。

相应的人与人之间的人情也逐渐被法律、利益等工具性价值取代，陌生化、流动性成为城市的主要特征。中国社会科学院发布的《社会心态蓝皮书——中国社会心态研究报告（2012—2013）》明确指出，不同阶层、不同群体之间的不信任程度在持续加深和固化，已经形成了恶性循环[①]。而经济社会转型造就的这一部分特殊的流动人口群体，穿梭在乡村“熟人社会”与城市“陌生人社会”之间，面临着生活方式、文化传统、环境与心理的一系列的调适，其信任度更加敏感。

另一方面，疫情的突发性、持续性、不可预测性、巨大的破坏性以及全球性的扩散，让人们对风险社会有了进一步的认知。贝克认为，我们已经处于无处不在的风险社会之中，阶级社会的驱动力“我饿”已经转变为风险社会的驱动力“我害怕”。由内心的恐惧、恐慌而衍生出来的普遍不信任，逐渐影响到人们的生产生活。风险社会语境下，人们的个体化释义增强，个人不再能够从社会和特定的集团中获取安全感，对“宏大叙事”产生怀疑，且只能依靠自身的感受来赋予事物意义[②]。因此，在社会中处于弱势的群体，在风险社会语境下受到的影响和冲击更严重。对于流动人口来说，缺少亲朋的情感支持与资源联结，在陌生的城市中能够赖以依托的资源更少，由此更容易滋生不信任感。

学界对信任和流动人口很早就有关注，但是将之联系起来，并将其置于风险社会语境下研究的很少。对信任的研究多采用城乡二分的视角，从宏观的制度背景、社会变迁以及政治、经济、文化等多个要素分析信任的现状以及影响因素，研究广泛且深入，但是缺乏对不同主体的信任的研究。近年来，一些学者已经意识到人口流动对“流入地”和“流出地”信任度的不同影响[③]，但仍旧是立足于宏观的人口流动与社会变迁视角，从流动人口本身出发研究其信任度的较少；对流动人口的研究，集

---

① 《中国社会科学院发布〈社会心态蓝皮书〉：社会总体信任度下降 社会冲突增加》，《信访与社会矛盾问题研究》2013 年第 1 期，第 129—131 页。

② 陈治国：《社会风险与风险社会——贝克风险社会理论建构探源》，《前沿》2010 年第 23 期。

③ 潘静、张学志：《市场化、城镇化与社会信任——基于 WVS 中国数据的实证研究》，《云南财经大学学报》2015 年第 6 期，第 34—44 页。

中于流动人口的政策、社会融入[①]、社会情绪、居留意愿、流动人口的聚居规律、对城市的态度、满意度、归属感以及返乡意愿的调查[②]，而对流动人口的信任度则有所忽视。

当前中国流动人口政策调整经历了逐步放开农民进城、要求公平对待流动人口、全面推进市民化三个阶段，流动人口共享改革发展成果的理念越发深入人心[③]。逐步破除流动人口城市融入的障碍，提高城市的社会包容度与城市质量，增加其居留意愿，是我们当前推进流动人口城市化的主要任务，也是以人为本发展理念的进一步贯彻和落实[④]。因此，借鉴 CSS2019 的调查数据，立足于风险社会的视角，分析流动人口的信任度现状以及影响因素，并从风险防范的视角提出增加流动人口信任度的路径，是提升流动人口应对风险能力的重要举措，也是推进流动人口城市化，实现“共治共建共享”目标的必由之路。

第二节　相关理论与文献回顾

一　风险社会理论

“风险社会”由德国社会学家乌尔里希·贝克提出，他认为风险社会是现代化不可避免的产物，风险是“预测和控制人类活动的未来结果，即激进现代化的各种各样、不可预料的后果的现代手段，是一种拓殖未来（制度化）的企图，一种认识的图谱”[⑤]。风险与早期的危险相对，是现代化的威胁力量以及现代化引致的怀疑的全球化相关的一些后果[⑥]。风险具有不可感知性、不可计算性、不可控制性、不可逆性和全球性，同时也具有启蒙功能（开启各种替代性、现代性的空间）、沟通性的世界主

---

① 杨菊华：《流动人口在流入地社会融入的指标体系——基于社会融入理论的进一步研究》，《人口与经济》2010 年第 2 期，第 64—70 页。

② 孟兆敏、吴瑞君：《城市流动人口居留意愿研究——基于上海、苏州等地的调查分析》，《人口与发展》2011 年第 3 期，第 11—18 页。

③ 国家卫生健康委员会：《中国流动人口发展报告 2018》，中国人口出版社 2019 年版。

④ 谭日辉、王涛：《留下、离开还是等待——流动人口城市化的群体分异及其治理》，《北京师范大学学报》（社会科学版）2019 年第 6 期，第 130—140 页。

⑤ ［德］乌尔里希·贝克：《世界风险社会》，南京大学出版社 2004 年版，第 4 页。

⑥ 同上书，第 19 页。

义逻辑（全球语境下的公共协商）及想象的世界主义共同体（通过大众传媒消解想象的“他者”）等诸多特性①。

国内外对风险社会的研究一直较多，主要从对风险社会的认识、风险社会的来源以及风险社会视角下各个问题深层次的解读与解决，尤其是全球性疫情的暴发，更是将风险社会的研究推向理论与实践的高地。但是将风险社会与治理理念结合起来进行研究的还处于起步阶段，2015 年之后才逐渐出现一定的规模，主要集中于风险社会的成因、发展演变以及对策研究，并集中于两大方面。一方面，常态化的风险社会的研究，从政府②、市场③、社会④以及公共安全等维度出发，以及各个不同地域发生风险的应对⑤；另一方面，聚焦重大公共事件如疫情⑥以及社会矛盾⑦的转变，着重解决突发情况的风险应对。

正如贝克所言，我们已经步入无处不在的风险社会之中，风险预防的常态化将是我国这一阶段工作的重点任务。一方面，在风险社会语境下，流动人口这一弱势群体更能感受到风险与自身力量的对比而产生的无力感，这对流动人口的整体信任造成极大的破坏，进而阻碍流动人口城市化的进程；另一方面，流动人口群体的信任度的下降也会增加越轨失范行为的概率，破坏社会的稳定与和谐。因此，风险社会的视角为我们提供了一把深层次理解流动人口心理变化以及研究流动人口信任度的钥匙。

---

① 贝克、邓正来、沈国麟：《风险社会与中国——与德国社会学家乌尔里希·贝克的对话》，《社会学研究》2010 年第 5 期。

② 黄德春、苗艺锦、张长征：《政府治理行为对社会风险信息传播的影响——以工程项目社会风险治理为例》，《资源与产业》2020 年第 4 期。Beck, U. , “Reflexive Governance: Politics in the Global Risk Society”, *Reflexive Governance for Sustainable development* , 2006 (2), pp. 31.

③ Schneider, A. , & Scherer, A. G. Corporate governance in a risk society. Journal of Business Ethics, 2015, 126 (2), pp. 309 – 323. 杨玲丽：《社会嵌入、企业声誉与海外投资经济风险治理——基于中国企业对“一带一路”沿线国家投资的研究》，《重庆大学学报》（社会科学版）2020 年第 3 期。

④ 余玲：《社会领域防范风险链的机制研究》，《智库时代》2020 年第 12 期。

⑤ 杨丹、欧成胜：《乡村社会的风险防范与治理探微——基于对湖南省四个村庄的考察》，《湖南行政学院学报》2020 年第 2 期。

⑥ 文军：《新型冠状病毒肺炎疫情的爆发及共同体防控——基于风险社会学视角的考察》，《武汉大学学报》（哲学社会科学版）2020 年第 3 期。

⑦ 沈一兵：《新时代社会风险与主要矛盾的转变及治理机制的创新——基于“风险—矛盾”双轴演变的视角》，《河南社会科学》2018 年第 12 期。

二 关于信任的研究

信任是指将自己的风险暴露给他人，相信他人的行为不会伤害到自己的一种意愿。福山认为："社会成员之间的信任乃是文化对经济的途径和表现形式，它会直接影响甚至决定经济效益。"理论上，个体间的信任可划分为个人化信任（particularized trust）和一般化信任（generalized trust），前者指个体对认识的人的信任，后者指个体对陌生人或者社会上大多数人的信任，也称作社会信任（social trust）。[①] 当前对社会信任的研究中，普遍将社会信任划分为人格信任模式与传统信任模式。人格信任模式是基于传统社会中流动性小和人们交往面窄而了解程度较深的一种关系模式；系统信任模式是指不依赖人们之间的熟悉程度和交往时间的长短，而是建立在合法的社会规章制度基础上，依靠整个法律系统和制度系统而形成的一种信任模式。当前城市化的过程与流动人口涌入城市的过程，就是逐步打破人格信任模式而逐渐建立系统信任模式的过程。

在对信任的测量上，Luhmann 将信任划分为人际信任与制度信任。人际信任是以人与人之间的情感作为纽带，常常发生于首要家庭以及次要群体之中，因人际关系的亲疏远近而具有强弱之分，与费孝通先生提出的"差序格局"具有一致性[②]。制度信任建立在"非人际"的关系上，以激励手段和强制措施为载体，努力向全体社会成员展示实体化组织机构所具有的合法地位、专业能力、执行效度以及公共意识，是一种由法律、政策、政治制度等引发的信任。

而当前对信任的影响因素的研究，主要从宏观和微观两个层面探讨。宏观方面，学者从社会结构、政治经济体制、社会发展等多个维度研究对信任度的影响。Farrell 和 Knight 认为制度形成一种对个体行为的激励和惩罚机制，约束个体之间的信任关系；另一方面制度也反映了社会个体所预期的行为，提供了行动者在制度环境下所遵循的行为的信息，而

---

① Berggren N and Jordahl. H. ，"Free to Trust：Eco-nomic Freedom and Social Capital"，*International Review for Social Sciences*，2006，59（2），pp. 141 – 169.

② 何可、张俊飚、张露、吴雪莲：《人际信任、制度信任与农民环境治理参与意愿——以农业废弃物资源化为例》，《管理世界》2015 年第 5 期，第 75—88 页。

这些信息让个体更好地了解潜在合作者的可信性，进而增加信任度①。

微观方面对信任度的研究，都是从个体与所在社区的维度，研究其性别、种族、年龄、户籍、教育水平、收入支出、婚姻状况、宗教信仰、健康与就业、社会网络、在社区居住时间的长短、社会组织的参与以及生活态度等因素。关于年龄对信任度的影响，研究发现年龄越大，居民的信任水平越高②；信任度随个体年龄增长而呈现先下降后上升的“U”形曲线趋势，青年和老年人的信任度较高。在性别方面，由于女性长久地处于弱势地位，因此更不容易相信他人，信任感更低③。除人口学先赋型变量之外，有工作外的其他收入来源、有宗教信仰、担任管理人员、职业变动越少、越乐观、对生活或工作的满意度越高的居民的信任水平越高；经济不平等和歧视性的福利政策会降低信任度④，社会治安水平较差的地区，人们往往缺乏安全感，其信任度更低。同时就社会环境方面来说，日常所讲语言不是其所在城市最通行语言、在出现经济困难时得到过街坊邻居和居委会或街道办的帮助、在本市居住的时间越长、在18岁之前就居住在本市、出生地在本省的居民的信任水平越高⑤。

三　风险社会语境下流动人口的信任度分析

流动人口是我国特殊国情下的衍生物，指常住地和户口所在地分离的人口⑥，是一个地区的非常住人口，具体是指离开户口所在地半年以上或者在居住地居住半年以上的群体。本章所研究的流动人口群体不同于“农民工”，主要包括从乡村迁移到城市的“乡——城流动人口”和从其

---

① Farrell H and Knight J. ，“Trust，Institutions，and Institutional Change：Industrial Districts and the Social Capital Hypothesis”，*Politics & Society*，2003，31（4），pp. 537 – 566.

② 李涛、黄纯纯、何兴强、周开国：《什么影响了居民的社会信任水平？——来自广东省的经验证据》，《经济研究》2008年第1期，第137—152页。

③ Alesina A and Ferrara L. ，“Who Trusts Others”，*Journal of Public Economics*，2002，85（2），pp. 207 – 234.

④ “Capital in Scandinavia”，*Scandinavian Politi-cal Studies*，2003，26（1），pp. 1 – 26. Rothstein B and Stolle D. Introduction：Social.

⑤ 李涛、黄纯纯、何兴强、周开国：《什么影响了居民的社会信任水平？——来自广东省的经验证据》，《经济研究》2008年第1期，第137—152页。

⑥ 刘香逸：《对北京地区青年流动人口特点的探究》，《智库时代》2018年第48期，第179—181页。

他中小城市迁移到大城市的“城——城流动人口”两部分。在流动人口涌入城市的过程中，随着外来人口的规模增大，各地区原本相对同质的社会结构被打破，人们面对的是一个差异程度更高的社会环境，信任度会相应降低。因此，本章主要以 CSS2019 的数据分析为主，回答以下几个研究问题：

（1）流动人口的信任度现状是什么？与社会整体的信任度相比，是否具有独特性？

（2）流动人口的先赋因素：性别、年龄、户籍是否会对流动人口的信任度产生影响？

（3）流动人口在城市社区居住的时间、所体验的社会公平感和社会安全感是否会对信任度产生影响？

（4）风险社会视角下如何实现防范社会风险与提升流动人口信任度的统一？

第三节　数据、变量和方法

一　研究数据

中国社会状况综合调查（Chinese Social Survey，CSS），是中国社会科学院社会学研究所发起的一项全国范围内的大型连续性抽样调查项目，并联合全国 30 余家高校及科研院所共同合作调查。调查采用概率抽样入户的访问方式，在全国 31 个省/自治区的 151 个县（区）、604 个居（村）委会开展调查，该项综合性的大调查，调查范围覆盖广、调查设计科学权威、样本量丰富、类型多样、代表性强，能够较为全面地反映中国社会的总体状况。本章研究数据基于 CSS2019 的调查数据，通过对 A4b（您目前的户口登记地）与 A4d（您来此地多长时间了）两个问题的控制，提取当前居住地与户口登记地不一致，且居住此地半年以上的人口为研究对象，找到符合条件的问卷 1086 份。

二　研究变量

自变量：流动人口的性别、年龄、户籍、社区居住时间、社会公平感和社会安全感。其中性别与户籍因为是分类变量，因此进行虚拟值处理，年龄为2019年与受访者出生年份的差值，社区居住时间为2019与受访者居住此社区时年份的差值。社会公平感来自F4b1和F4b4对公平感的测量，包括年龄、性别、民族、户口、宗教、受教育程度、职业、家庭背景和社会关系以及整体社会公正的评价，按照受访者的回答将非常不公平、不太公平、比较公平和非常公平分别赋值1、2、3、4分，并取其与社会公平正义评价（F4b4）的均值作为最终的社会公平感；社会安全感来自于F1c对社会安全感的测量，包括个人信息安全、商家使用规范以及法律保护，对“害怕信息泄露”的认可度非常同意、比较同意、不太同意以及完全不同意赋值1、2、3、4分，“商家使用规范”和“法律保护”因为与社会安全呈现反相关，因此对其认可度非常同意、比较同意、不太同意以及完全不同意分别赋值4、3、2、1分。取其平均值，由受访者对个人隐私以及信息的担忧程度反映社会的安全感。通过对以上六个变量的显著性与相关性分析，试图寻找出影响流动人口信任度的关键因素。

因变量：流动人口的信任度，包括人际信任与制度信任。人际信任取自流动人口群体对首要群体（如家庭）、次要群体（如邻居）的人与人之间的信任度；制度信任取自流动人口对具有明确规章制度的实体化机构的信任，包括中央政府、区县政府、乡镇政府、工青妇等群团组织、工作单位/组织/公司、慈善机构、新闻媒体、互联网、银行、保险公司、医院与法院等。流动人口的整体信任度取人际信任度与制度信任度的均值。

三　研究模型

经过文献的梳理可以发现，个体的先赋因素性别、年龄、户籍，以及在社区居住的时间、社会公平感和社会安全显著影响个体的信任度。通过各影响因素之间的相关性分析，发现各因素之间的相关系数未超过0.9，通过共线性诊断，可以进行线性回归分析。因此以流动人口的信任度为因变量，以流动人口的性别、年龄、户籍、社区居住时间、社会公平感和社会安全感作为自变量，建立逐步回归的四个模型（见表13—1）。首先根据模型的R以及调整后的R方可以看到，模型一到模型四的拟合度不断上升，说明逐步加入新的变量后，解释的力度逐渐增加。模型一表示流动人口的社会公平感对信任度的影响，模型二、模型三、模型四逐渐加入变量社会安全感、年龄、户籍，发现此四个变量对流动人口的信任度均有显著的影响。

表 13—1 流动人口信任度影响模型

变量	流动人口信任度			
	模型一	模型二	模型三	模型四
社会公平感	0.495 *	0.459 *	0.471 *	0.462 *
社会安全感		0.135 *	0.144 *	0.163 *
年龄			-0.004 **	-0.005 **
户籍				-0.095 **
F 值	172.36	95.60	66.70	51.82
调整 R 方	0.247	0.266	0.274	0.280

注：* P<0.001，** P<0.05，且均通过共线性诊断。

第四节 研究结果

一 风险社会下流动人口的制度信任度更高

流动人口的信任度包含两个维度，一是人际信任，二是制度信任。由表 13—2 可知，2019 年流动人口的整体信任度为 2.7041，处于中等偏上水平。其中制度的信任度为 2.9382，人际信任度为 2.424，流动人口对制度的信任度更高，这也与 CSS2017 的调查数据相一致①。说明流动人口群体更加信任具有明确的制度、法律规定等“刚性”建设的机构，而对“柔性”的情感与人际关系的信任度相对较低。

表 13—2 流动人口的信任度现状

	N	均值	标准差
流动人口整体信任度	1086	2.7041	0.52713

① CSS2017 的制度信任度均值为 2.7298，人际信任度均值为 2.5889。

续表

	N	均值	标准差
流动人口制度信任度	1086	2. 9382	0. 51659
流动人口人际信任度	1086	2. 424	1. 979

分析流动人口对不同机构的信任度（见表 13—3），发现制度信任度中对中央政府的信任度最高，高达 3. 4628，超出制度信任均值近 0. 5 个点，充分显示出中央政府的威信。其次是对银行、公司、公安部门以及法院的信任度较高，而对医院、乡镇政府、慈善机构和保险公司的信任度较低，对保险公司的信任度仅有 2. 6127。流动人口普遍对制度完善、条例健全规范、一定程度上代表着公平与正义、受政府直接管理的机构比较信任，对规章制度相对不完整、受市场逻辑支配、遵从效率和利益的机构的信任度较低。

表 13—3　　　　　　　　流动人口对不同机构的信任度

	N	均值	标准差
中央政府信任度	1063	3. 4628	0. 67249
区县政府信任度	1030	2. 8699	0. 81086
乡镇政府信任度	1016	2. 6919	0. 84840
工青妇群团组织信任度	879	2. 8521	0. 74459
工作单位公司信任度	729	3. 0617	0. 68962
慈善机构信任度	951	2. 6383	0. 79443
新闻媒体信任度	1006	2. 7982	0. 71518
银行信任度	1040	3. 1452	0. 62440
保险公司信任度	994	2. 6127	0. 82501
医院信任度	1061	2. 7974	0. 79351
法院信任度	988	3. 0354	0. 71442
公安部门信任度	1022	3. 0587	0. 72487

流动人口对制度、机构的信任在一定程度上反映出风险社会语境下

人们普遍的心理状态，普遍希望在无常、不确定的环境中寻找具有确定性的依托。与人的反复无常和充满不确定性相比，制度本身带有相对的稳定性。因此流动人口对具有一定规章制度规范和权力机关保障的机构倾注了更多的信任，规章制度越完善、国家权力机关能够提供的保障力度越大，流动人口对其越信任。

二 工作状况成为影响流动人口制度信任差异的因素之一

不同工作状况的流动人口其制度信任存在差异，人际信任差异较小。有工作的流动人口，人际信任度为2.424，没有工作的流动人口人际信任度为2.42，人际信任差异较小；与此相反的是，有工作的流动人口制度信任度为2.96，而无工作的流动人口制度信任度为2.88（见表13—4）。因此可以说，流动人口的就业在一定程度上提升了对制度的信任度。

表13—4　不同工作状况的流动人口信任度

	工作状况	N	均值	标准差
人际信任度	有工作	719	2.424	1.984
	无工作	367	2.42	1.972
制度信任度	有工作	450	2.96	0.492
	无工作	577	2.88	0.595

风险社会语境下，工作的获得为流动人口在城市的生活增加了一重保障，成为抵御风险的一道屏障，因此有工作的流动人口对制度的信任度更高。相反，没有稳定工作的流动人口直接暴露于风险社会的环境中，时刻面临着生存的压力。再加上流动人口本身的受教育程度、知识技能水平的不足，内外双重压力容易加剧流动人口群体内心的恐慌与不确定，内心的力量与可供支配的资源不够强大到足以支撑一切变化时，流动人口往往会将之归咎于外在，即机构和单位，因此对机构的信任度更低。相对而言，受到传统“熟人社会”深刻影响的流动人口群体，工作对人际关系的影响较小。

三　社会公平、社会安全、年龄与户籍是影响流动人口信任度的最显著因素

流动人口的社会公平感、社会安全感、年龄与户籍，与信任度具有显著相关性。其中年龄和户籍呈现负相关趋势，即年龄越大的流动人口信任度越低，户籍为城市户口的流动人口信任度越低；而社会公平感、社会安全感与信任度呈现正相关的关系，即流动人口的社会公平感与社会安全感越高，其信任度也就越高。同样，与所有受访者群体相比，流动人口群体的信任度也具有独特性，首先是性别的影响。传统研究中女性处于弱势地位，信任度相比较男性而言更低。但是流动人口群体中并没有此类现象，究其原因，流动人口中男女均为劳动力，经济独立的女性信任度更高；其次，社区居住时间对流动人口信任度的影响具有独特性。一般而言，个体在社区居住时间越长，信任度越高，而流动人口则未表现出此类特征。究其原因，流动人口由于流动性更强，因此社区的归属感培育难度更大。且由于当前“本地居民”对“外来人口”的社会包容度仍有待提高，因此居住时间更长的流动人口，信任度并没有相应提高。

风险社会语境中，流动人口的信任度是与流动人口抵御风险的能力直接相关的。这种能力包含两个维度，一是向外的延展，即流动人口所能借助的外力，包括社区、单位以及各种社会资源；二是指向个体自身，即流动人口本身固有的特征。年龄是至关重要的表征，在主要依据体力而不是经验的流动人口群体中，年龄越大意味着身体状况、体力等一系列竞争优势的丧失，抵御风险的能力降低，进而直接导致信任度的下降；户籍为农村的流动人口显示出更高的信任度，这与农村“熟人社会”的传统是分不开的。“熟人社会”的一整套生活方式、人与人之间的相处模式都为这部分流动人口群体打上了深刻的烙印。因此在城市化过程中，一个重要的挑战就是，如何使农村人口在城市化的过程中，依旧保有着传统熟人社会的信任？这个问题的解决不仅有助于推进流动人口的城市化进程，也有助于和谐社会的发展。社会公平感和安全感与信任度具有一致性，风险社会中能够感受到公平和安全，就能够以更大的善意去看待城市和社会，会倾注更多的信任，人们也更愿意将自身的命运同社会发展结合起来，产生归属感和主人翁意识。

第五节　风险社会视域下提升流动人口信任度的对策建议

风险社会视域为我们解读流动人口的信任度提供了一个新的视角，人们感受到的风险程度与信任息息相关，流动人口群体感受到的风险越大，则其信任程度就越低。因此，防范流动人口群体从潜在的社会风险向现实风险的转换，与提升流动人口群体的信任度具有一致性。因此，针对流动人口这一特殊的群体，从社会、社区和个人层面提出三位一体的建议，以期提升流动人口的信任度，促进其城市化的进程，早日实现“共建共治共享”的目标。

一　强化“制度建设”与法治保障，作为防范风险的第一道屏障

风险社会语境下，流动人口的制度信任度更高。流动人口更希望在不确定性中寻找相对稳定的依托。因此作为防范风险的第一道屏障，应对风险最直接有效的办法就是加强制度建设和法治建设，为流动人口群体提供强有力的支持。风险社会中充满了变化和不确定性，健全的制度和完善的法治体系具有相对的稳定性，能为流动人口提供在城市立身处世的依托。流动人口对权责明确、制度规范完整、有国家权力支撑的机构更加信任，这就表明了这一倾向。且影响流动人口信任度的显著性因素——户籍、社会公平感与社会安全感，也直接指向了户籍制度、司法制度与执法制度，包含着流动人口的期待。

城乡二元的户籍制度一直以来是阻碍流动人口顺利融入新城市的“高墙”，户籍制度不改革，即使获得进入城市的资格，那也极有可能造成流动人口群体整体信任度的下降；司法制度与执法制度代表着社会层面的公平公正，充当着民众“保护伞”的角色。因此，加强制度建设和法治建设是当前应对风险社会，提升流动人口信任的重中之重。首先，应建立一整套公平完整的户籍制度，完善户籍背后代表的一系列福利与便利。不仅要推动流动人口户籍的城市化，更要推动其更广泛的生活的、文化的城市化，加强社会认同与社会融入，提升流动人口的信任度；其次，强化法治建设，在立法、执法、司法的各个阶段都需要强化法制思

维，营造人人“执法、守法、用法”的安全氛围，以法治的相对稳定性抵御来自风险社会的不确定性，进而提升流动人口的信任度。

二　加强流动人口的职业技能培训，提升其抵御风险的内驱力

工作状况是影响流动人口制度信任的因素之一，流动人口的“流动性”是与工作密切相关的。风险社会语境下，人们更多地向自身寻求意义，尤其是外部资源缺乏的流动人口，更需要自身提供足以支撑的力量。而这种力量，除了年龄带来的体力优势之外，便是流动人口的劳动能力与劳动经验。因此加强流动人口的职业技能培训，既是提升其抵御风险的内驱力的重要途径，也是从国家劳动力金字塔底层素质出发，带动整个国家金字塔底座的上升。

首先，要强化终身学习的意识与观念，建设好学习型城市，营造出学习的氛围与环境；其次，做好与高职高专院校的衔接，为流动人口开展技能提升的课程教学等内容，提升流动人口的就业能力；最后，鼓励用工单位定期组织流动人口的就业培训，包括入职培训和定期的就业培训，提升其业务能力与劳动力素质水平。只有加强流动人口个人的能力建设与素质建设，才能真正为流动人口夯实城市化的路径，提升其城市融入的本钱与底气，从而提高其整体信任度水平。

三　加强社区建设，构建风险防范共同体

流动人口的社会公平感和社会安全感直接影响流动人口的信任度，也关乎流动人口群体的风险防范建设与社区参与。社区层面通过社区建设提升流动人口的归属感和认同感，构建全体居民风险防范共同体，是将风险隐患化解在萌芽、解决在基层的最直接、最有效的手段。流动人口融入城市要面临着从身份到心理等一系列的过程，是一个自我主动融入的过程，也是一个社区居民主动接纳的过程。但是就目前来看，流动人口的社会融入还存在一些挑战。既有流动人口信任度不高，不愿意融入、不主动认同的挑战，还面临着社区居民能认可但是不接纳的态度的阻碍。尤其是风险社会语境中，人口的流动性加剧了风险，使得社区居民对流动人口的接纳程度更低。因此，破解流动人口城市化的议题，加强其抵御风险的能力，提升流动人口信任度，就必须从社区层面出发，深层次

化解外来人口与本地居民这一矛盾。寻找到彼此利益联结的点，进而将利益对立的双方转化为合作的伙伴和共同抵御风险社会的同盟。

社区为流动人口和城市居民提供了彼此交流平等对话的舞台，因此社区是解决这两个群体矛盾的最有效的区域。一方面，社区人员应该加强对流动人口群体的关怀，尤其是在疫情期间。发挥专业社会工作的优势，为流动人口群体链接更多的资源，提供物质上和心理上的双重支撑；另一方面，社区应该组织更多的“破冰”与加强流动人口和居民互动的活动，在活动中彼此磨合，互相学习双方的文化、理解彼此的生活方式和生活习惯，提升彼此的包容力与认同度，逐步建立和谐的人际关系与社区氛围，形成抵御风险的共同体，强化社区安全，提升流动人口的信任度。